信息系统协会中国分会（CNAIS）

信息系统学报

CHINA JOURNAL OF INFORMATION SYSTEMS

第27辑

清华大学经济管理学院　编

科学出版社

北京

内 容 简 介

《信息系统学报》是我国信息系统科学研究领域内唯一的专门学术出版物，被信息系统协会中国分会指定为会刊。《信息系统学报》倡导学术研究的科学精神和规范方法，鼓励对信息系统与信息管理领域中的理论和应用问题进行原创性探讨和研究，旨在发表信息系统研究领域中应用科学严谨的方法论、具有思想性与创新性的研究成果。本书内容包括相关的理论、方法、应用经验等方面，涵盖信息系统各个研究领域，注重结合我国国情进行探讨，从而对我国和世界信息系统的研究与应用做出贡献。

《信息系统学报》主要面向信息系统领域的研究人员，其作为我国信息系统领域学术研究探索与发展的重要主流平台，为相关研究工作创造了一个友好而广阔的交流空间，推动着我国信息系统研究、应用及学科建设不断前进。

图书在版编目（CIP）数据

信息系统学报. 第 27 辑 / 清华大学经济管理学院编. —北京：科学出版社，2022.4
ISBN 978-7-03-071638-5

Ⅰ. ①信… Ⅱ. ①清… Ⅲ. ①信息系统-丛刊 Ⅳ. ①G202-55

中国版本图书馆 CIP 数据核字（2022）第 033905 号

责任编辑：陶 璇 / 责任校对：刘 芳
责任印制：张 伟 / 封面设计：无极书装

科 学 出 版 社 出版
北京东黄城根北街 16 号
邮政编码：100717
http://www.sciencep.com
北京虎彩文化传播有限公司 印刷
科学出版社发行 各地新华书店经销
*
2022 年 4 月第 一 版 开本：889×1194 1/16
2022 年 4 月第一次印刷 印张：11 1/2
字数：368 000
定价：128.00 元
（如有印装质量问题，我社负责调换）

《信息系统学报》编委会

主 编 单 位 清华大学（经济管理学院）

副主编单位 北京大学（光华管理学院）　　　　复旦大学（管理学院）
哈尔滨工业大学（经济与管理学院）　西安交通大学（管理学院）
中国人民大学（商学院）

参 编 单 位 北京大学（光华管理学院）　　　　北京航空航天大学（经济管理学院）
北京理工大学（管理与经济学院）　大连理工大学（经济管理学院）
电子科技大学（经济与管理学院）　东南大学（经济管理学院）
复旦大学（管理学院）　　　　　　哈尔滨工业大学（经济与管理学院）
合肥工业大学（管理学院）　　　　华中科技大学（管理学院）
南开大学（商学院）　　　　　　　清华大学（经济管理学院）
上海交通大学（安泰经济与管理学院）天津大学（管理与经济学部）
同济大学（经济与管理学院）　　　武汉大学（信息管理学院）
西安交通大学（管理学院）　　　　中国科学技术大学（管理学院）
中国人民大学（商学院、信息学院）中南大学（商学院）
中山大学（管理学院）

通 信 地 址
北京市清华大学经济管理学院《信息系统学报》，邮政编码：100084。
联系电话：86-10-62789850，传真：86-10-62771647，电子邮箱：CJIS@sem.tsinghua.edu.cn，网址：
http://cjis.sem.tsinghua.edu.cn。

信息系统学报

（第27辑）

目　录

China Journal of Information Systems

（Issue 27）

CONTENTS

主 编 的 话

本期《信息系统学报》是总第 27 辑，共收录 9 篇研究论文和 1 篇学科建设专论。

此次发表的 9 篇论文涵盖了移动学习、在线社区及社交媒体用户行为、电子商务消费者购买决策、疫情防控中的信息传递、网络视频平台策略、数字人文教育计划等多方面，采用了多样化的研究方法。罗霄等的论文在移动学习呈爆发式增长态势的背景下，以影响用户在移动学习过程中发布评论信息的动机作为切入点，运用扎根理论，对移动学习论坛中的真实评论数据进行分析，构建了"移动学习情境下口碑生成的影响因素模型"。李小琳等的论文在互联网金融快速发展的背景下，以投资者获取和交换信息的重要途径——在线金融论坛为研究对象，从论坛用户印象管理视角出发，对用户披露个人信息行为以及发布专业内容特征进行分析，识别了专业性导向的在线社区用户受关注度的影响因素。刘亚男等的论文面向迅猛发展的电商行业，针对消费者线上购物时难以快速在大量在线评论中获取有用信息的情况，设计组间实验并收集问卷数据，分析了结构化评论对消费者评论接受意愿和购买决策的影响。同样是针对消费者线上购物，周逸美和黄京华的论文从买卖双方即时通信中对话行为的视角，借鉴互动校准模型和人际协同理论，引入对话协调性概念，揭示了买卖双方即时有效的沟通交流对消费者购买决策的影响。王玮等的论文针对近年来社交媒体用户的使用行为逐渐由积极主动转变为消极被动的情况，引入"压力源—应变—结果"框架，构建社交媒体用户消极使用模型，对用户产生回避、卸载等消极使用行为的原因进行分析，发现了技术特征与心理特征对社交媒体用户消极使用行为的影响。李江等的论文在新冠肺炎疫情公共事件情境下，运用框架效应理论和叙事传输理论构建结构方程模型，分析社交短视频宣传标语对公众劝导的作用机制，提出了突发公共卫生事件情景下的宣传标语的建构策略。王文怡和石纯来的论文在网络视频行业竞争日趋激烈的背景下，基于网络视频平台的实际运营情况，对自制剧版权拥有平台和购买平台在社会影响和竞争环境下的策略均衡解及播放策略选择的变化进行讨论，探索网络视频平台发展的出路。郭强等的论文从零售商的视角出发，对零售商入驻电商平台开通线上代销渠道的潜在动机及开通后对平台和供应商的影响进行研究，分析了具有相同供应商的第三方零售商与平台型零售商竞争情形下第三方零售商代销渠道的开通策略。刘卫锋的论文针对人文学领域应用数字技术的新方法"数字人文"，以美国的大学、数字人文中心及大学图书馆实施的数字人文教育计划为例，从制度性层面、研究与教育层面及运用层面进行研究，为我国数字人文教育计划的发展和实施探索可供借鉴的经验。

此外，本辑学报还包含 1 篇题为"数智化转型背景下的信息管理与信息系统专业交叉与融合"的专论。这篇专论由许伟、程絮森、左美云三位老师执笔撰写，基于在 CNAIS2021 大会期间举办的第七届院长系主任论坛上的讨论内容，对数智化转型背景下信息管理与信息系统专业的发展现状和面临的挑战进行了回顾和梳理，探讨了新时代背景下信息管理与信息系统专业改革创新与交叉融合的实施路径，并结合实际案例提出了信息管理与信息系统发展的建议。

我们希望本期刊登的文章能够在促进科学探讨、启发创新思维、分享学术新知方面发挥应有的作用，同时也希望《信息系统学报》得到大家更多的关注并刊登更多高水平的文章。谨向关心和支持《信息系统学报》的国内外学者同仁及各界人士致以深深的谢意。感谢参与稿件评审的各位专家的辛勤工作，感谢各位作者对学报的支持以及在出版过程中的配合，感谢科学出版社在编辑和出版过程中的勤恳努力！

主　编：陈国青

副主编：黄丽华　李　东　李一军　毛基业　王刊良

2021 年 10 月于北京

基于学业情绪和心流体验的移动学习口碑传播意愿研究*

罗霄[1]，王娅[1]，蒋玉石[1, 2]，杨强[1]，苗苗[3]

（1. 西南交通大学 经济管理学院，成都 610031；2. 服务科学与创新四川省重点实验室，
成都 610031；3. 阳光学院商学院，福州 350015）

摘　要　本文首先从移动学习平台讨论区中提取了 4 454 条真实评论数据，通过质性分析挖掘出影响用户口碑行为的因素。随后，引入学业情绪和心流体验作为中介变量，构建了口碑传播意愿影响因素模型并进行实证检验。研究发现：感知移动学习情境价值和感知平台资源价值正向影响学业情绪和心流体验；学业情绪和心流体验正向影响口碑传播意愿；用户感知风险对学业情绪和心流体验没有显著影响。本文为移动学习情境下的口碑研究及相关管理提供了借鉴。

关键词　移动学习，口碑传播意愿，学业情绪，心流体验，实证分析

中图分类号　C93

1　引言

移动学习是"互联网+教育"的典型应用，能使用户不受时空限制获得学习资源和服务[1, 2]。根据第 45 次《中国互联网络发展状况统计报告》，截至 2020 年 3 月，我国移动学习用户规模已突破 4.2 亿人，较 2018 年增长了 2.26 亿人，移动学习是互联网络领域增长最快的应用[3]。特别是进入 2020 年后，由于受新冠肺炎疫情影响，2.65 亿名学生转向线上课程，移动学习的发展更是呈现出"井喷"之势[4]。由此可见，移动学习代表着教育信息化和现代化的发展方向。移动教育的迅猛发展加剧了平台间的市场竞争，如何推广移动学习平台成为营销人员关注的重点课题。

在移动学习平台中，用户留言系统为学员提供在线评论、反馈和交流的渠道。从本质上来看，这些在虚拟社区中发表的信息属于口碑（word of mouth，WOM）的展现形式[5]。已有研究认为，用户的口碑对其使用和推广移动学习平台有积极影响：一方面，口碑是用户获取教育资源信息、了解教学组织状态的有效方式[6]，它能帮助用户选择合适的课程，增强用户与移动学习产品之间的黏性，对于提高用户满意度，降低感知风险（perceived risk）有积极作用[7]；另一方面，口碑作为一种有效的社交新媒体宣传推广工具，可以提升用户对移动学习平台的信任度和忠诚度，扩大移动学习平台的知名度，从而影响移动学习平台的营销效果[8]。因此，明晰移动学习平台中影响用户口碑传播的要素及其影响机制具有重要的现实意义。

然而，关于在移动学习情境下影响口碑生成要素的研究目前尚不多见，虽有学者发现在移动学习中口碑会对用户行为产生决定性影响[9]，但平台中何种因素会引发用户进行口碑传播，这些因素如何影响用户口碑的内在机制尚未厘清探明。在已有研究结果中，虽然学者们通过传统模型发现移动学习平台的

---

　　* 基金项目：国家自然科学基金（72172129）；国家社会科学基金（20BSH103）；教育部人文社科项目（19YJC630060、19YJC860033、20YJC860006）。

　　通信作者：苗苗（1980—），女，阳光学院商学院教授，内蒙古呼和浩特人，研究方向：企业管理。E-mail：miaomiao@swjtu.cn。

功能和学习资源会影响用户的口碑传播意愿[10, 11]，但所探明的影响因素均限于研究者自身关注的视角和经验性的总结，或将传统的网络学习口碑影响要素进行移动学习情境下的考察[12, 13]。

鉴于移动学习领域的研究刚起步，部分学者认为质性分析方法在虚拟学习环境的研究中具有很好的有效性[14]。Strauss 认为扎根理论是从自然语境中收集文本数据的方法[15]，质性分析是对现实的客观表述，更能发现蕴含在数据中的理论。但目前还鲜有学者基于这一方法，从移动学习平台留言系统的大规模口碑数据出发，挖掘影响用户口碑传播的要素。这一研究空缺使得实践领域和学术界难以清晰地认知引发移动学习口碑传播的核心要素，用户产生口碑的内在机制研究更是无从谈起，这不利于移动学习的健康和可持续发展。

为弥补以上研究不足，本文拟通过质性研究和实证分析的方法解决以下问题：①基于扎根理论的质性研究方法对多个移动学习平台的真实评论数据进行整理归纳，以揭示在移动学习情境下口碑生成的核心影响因素。②在此基础上，以 S-O-R（stimuli-organism-response，刺激—机体—反应）模型为分析框架，引入学业情绪（academic emotions）和心流（mental flow）体验作为中介变量，通过大样本实证检验，构建移动学习口碑传播意愿的内在机制。本文结论在移动学习口碑传播领域具有一定的理论意义，研究发现能为发展和建设移动学习平台提供合理的实践建议。

2　理论基础

2.1　移动学习口碑传播的诱因

口碑传播被认为是人们获取产品和服务信息最值得信赖的方式[16]，现有研究较多关注的是购物应用过程中的口碑传播[17, 18]，有关移动学习领域的研究还相对较少。为了明晰影响移动学习口碑传播的具体因素，本文对已有文献进行梳理发现，移动学习口碑传播的诱因大体可以划分为两类。第一类是基于移动学习平台角度总结的客观影响因素，包括移动学习平台的品牌形象[19]、技术支持、学习氛围[20]及学习内容的趣味性[10, 11]、有用性[21]，学习资源的显示效果[22]、可获得性[23]等。第二类是基于用户角度总结的主观影响因素，包括移动学习用户进行口碑分享的心理动机。例如，Fu 等基于社会激励[24]，Tennie 等基于自身利益等分别进行了探讨[25]。还有学者指出用户的个体特征[26]、个人能力[20]、风险感知水平[27]等也会影响其移动学习口碑传播意愿。但在移动学习中用户口碑传播影响因素错综复杂，上述研究结论在现有移动学习情境下并不完善。一方面，以上研究结论均基于学者们研究视角的偏好，研究数据也并非移动学习平台的原始数据，并不能完整客观地概括出移动学习口碑传播的诱因。另一方面，现有相关研究侧重考察移动学习口碑传播的前因或效用，对移动学习口碑传播是通过何种中介机制影响用户分享意愿的研究较少涉及。实际上，探明影响移动学习口碑传播的刺激因素及其中的中介机制，对于填补现有研究空缺及营销实践至关重要。

情绪长期以来是口碑研究中关注的焦点[28]，它反映个体的心理状态[29]，被认为是理解消费者行为的核心因素之一。情绪在消费体验中扮演着重要角色[30]，直接影响用户的口碑传播行为[31, 32]。例如，在电影消费市场中，Mishra 等通过建模的方法证明了唤起愉悦的情绪对用户发表积极口碑有直接影响[33]；李研等对新浪微博真实口碑数据进行分析后也指出积极情绪能直接促进用户生成口碑[34]。Balaji 等发现，用户的消极情绪更容易促发其在网络环境中发表负面口碑等消极行为[35]。此外，在用户学习情境下，心流体验作为用户刺激—反应—行为关系的重要纽带，也通常被认为是预测用户行为的关键因素[36]。例如，网站通过美学设计提高用户的心流体验以增强其购买数量和重复购买意愿[37]；用户凭借愉快有趣的体验进行积极的口碑传播，进而提升自己的价值和地位[38]。Renard 还以心流体验为中介变量评估了在线推广游戏对用户口碑传播意愿的影响，发现心流体验会对用户传播信息和分享品牌意愿产生积极作用[39]。鉴于此，本文认为学业情绪和心流体验是影响移动学习用户口碑传播意愿的关键因素。

综上所述，虽然已有研究主要集中于移动学习口碑的效用上[9, 40]，但对营销人员来说，重要的是了解促使用户进行口碑传播的原因。所以本文试图通过扎根理论全面考察影响移动学习口碑传播的刺激因素及其关系。另外，本文还相信移动学习口碑传播的诱因通过学业情绪和心流体验对口碑传播意愿产生影响。因此，本文拟通过实证分析，验证影响移动学习口碑生成要素作用于用户口碑传播意愿的内在机制。

2.2 学业情绪和心流体验的影响

学业情绪是指学习者在学习过程中产生的各种与学业相关的情绪体验[41]。学业情绪具有多样性、情境性和动态性三个特征[42]。根据效价和唤起程度的不同，学业情绪可分为高唤醒积极（快乐、希望、自豪、感激）、低唤醒积极（轻松、放松）、高唤醒消极（愤怒、挫折、焦虑、羞愧）和低唤醒消极（厌烦、悲伤、失望、绝望）四种类型[43]。根据情绪认知理论（cognitive theory of emotion），情绪的产生是"情景刺激→评估→情绪"的过程，个体和环境两方面因素均会使用户产生学业情绪[44]。其中，个体因素包括用户的自我认知[40]、成就目标[44, 45]、认知能力[46]等；环境因素包括课堂氛围、他人期望、同伴水平、教师反馈、互动交流等[40]。在移动学习情境下，由于其非接触的学习方式，用户普遍面临学业情绪方面的问题[47]。他们既可能因为学习平台或学习资源等技术问题而感到紧张和焦虑，又可能因为掌握了新的学习方式且能够与更多人交流而感到兴奋和激动[48]。因此，学业情绪是探讨移动学习行为中不可回避的重要心理环境变量。

心流的概念最早由美国心理学家 Csikszentmihalyi 于 20 世纪 70 年代提出。心流所体现的是一种极致的最佳体验，指人们在从事某项活动时，长时间专注而不知疲倦，在生理和心理上深度沉浸于其中而无视其他事物的存在。这种状态犹如水流（flow）一般，故将其称为"心流"[49]。Chen 在 Csikszentmihalyi 的基础上提出，心流体验可分为事前（antecedent）、经验（experience）和效果（effects）三个阶段[50]。此外，在多年的发展过程中，心流理论根据挑战和技能两个维度的不同级别，衍生出三区间、四区间和八区间心流模型。心流作为衡量用户体验的重要维度，已被广泛应用于在线游戏[51]、在线学习[52]、网络购物[37]等交互式产品设计方面。在移动学习研究领域，心流体验的作用亦引起了学者们的关注。例如，Cheng 发现，心流体验会显著影响用户对移动学习的感知有用性和感知易用性[53]；许雪琦和张娅雯认为，心流体验会受到课程资源质量的影响作用于移动学习平台的持续使用意愿[54]。

2.3 S-O-R 模型

S-O-R 模型是美国学者 Mehrabian 和 Russell 于 1974 年提出的环境心理学研究理论。该理论认为，情境会对用户的情绪状态及行为结果产生影响，其中正向刺激会导致亲近行为，背向刺激将导致规避行为[55]。在 S-O-R 模型中，刺激因素（S）是引发个体产生变化的驱动力。根据 Namkung 和 Jang 的观点[56]，刺激（S）可以是引发机体反应的一切因素，既可以是来自机体外部的因素，也可以是来自机体内部的相关因素[57]。机体因素（O）主要由个体的情感和感知等心理活动构成；反应因素（R）是指个体在经历环境因素的刺激之后所产生的心理或行为上的反应。S-O-R 模型最初应用于传统实体营销，后被引入电子商务、信息技术和社交媒体等领域。例如，Eroglu 等基于 S-O-R 框架探讨了虚拟商店氛围对网购用户的潜在影响[58]；Shah 等扩展了 S-O-R 模型，采用"定向—刺激—推理—定向—反应"框架探讨了政治广告、互联网和政治讨论在公民和政治生活中的作用[59]；张敏等基于 S-O-R 模型，采用扎根研究方法探究了强关系社交媒体用户中辍行为的形成机理及相关影响因素的交互作用[60]；甘春梅等通过改进的 S-O-R 模型实证分析了社会化商务用户购物和分享意愿的内在机理[61]。可见，S-O-R 模型被广泛应用于网络平台，

4

本文拟运用该模型对学业情绪和心流体验在移动学习口碑传播意愿中的作用机制进行研究和探讨。

综上所述，本文认为特定的刺激因素会促使用户在移动学习平台上分享特定内容。据此，本文拟根据学习平台上的真实口碑数据进行定性分析，通过扎根理论构建口碑传播意愿影响因素模型，以探究哪些因素会对移动学习用户口碑传播意愿产生影响。此外，本文欲明晰这些影响因素是如何通过学业情绪和心流体验作用于口碑传播意愿的。为了回答该问题，本文试图通过大样本问卷调查进行定量研究，以探明各研究变量之间的关系和作用机制。

3　移动学习论坛文本的质性分析

由文献综述可知，关于在移动学习情境下口碑传播意愿的研究相对较少，影响因素也尚不明确。因此，有必要进行探索性研究，以有效挖掘影响移动学习用户口碑传播意愿的心理诱因。

3.1　研究设计

本文采用基于扎根理论的质性分析方法，通过"开放编码—主轴编码—选择编码"3 个阶段，对已有移动学习论坛中的评论信息进行挖掘。通过分析用户留言的第一手资料，提取用户口碑传播行为影响因素的维度和范畴，进而建构出理论模型。

3.2　研究对象

本文以中国大学 MOOC（massive open online courses，大型开放式网络课程）、钉钉、青书学堂等移动学习平台中课程讨论区中的真实评论数据作为研究对象，采用基于扎根理论的质性研究方法进行分析。收集各论坛评论数据的时间范围为 2019 年 10 月 1 日至 2020 年 2 月 29 日，共采集到评论数据 4 699 条，剔除简单或无实质内容等无效数据后最终保留 4 454 条，合计 69 146 字。抽取 80% 的数据，即 3 564 条用于构建模型；保留 20% 的数据，即 890 条用于理论饱和度检验。

3.3　研究过程

按照扎根理论的分析步骤，数据分析分为 3 个阶段。开放编码阶段的重点是分析评论数据的特征，包括用户的认知、用户所表现的情绪、口碑表现的内容及形式等。主轴编码阶段将挖掘范畴之间的潜在逻辑关系，并在此基础上将各范畴进行联结，从而构建符合研究目标的主范畴。选择编码阶段以"影响用户对移动学习产生口碑行为的因素"作为核心范畴，将主轴编码形成的主范畴进行联结，并最终整合形成理论。

经过分析，本文确定了在移动学习情境下用户口碑传播行为的 6 个主范畴，如表 1 所示。

表 1　范畴及其内涵和示例

主范畴	范畴	范畴的内涵及示例
移动学习情境	教学及辅导	内涵：移动学习情境下的教学、辅导及虚拟社区中的互动氛围 示例：希望课堂上老师会耐心解答学员的每一个问题
	支持服务	内涵：围绕移动学习所开展的各类支持服务 示例：好多功能找不到哦，能不能普及一下；求助各位老师和同学，圈中的两个式子各是什么意思
平台资源属性	趣味性	内涵：移动学习的展现形式和互动效果等给用户带来生动有趣的体验 示例：老师讲得很好，加入一些神话故事的介绍，让枯燥的内容变得生动有趣
	易用性	内涵：移动学习平台及其配套学习资源的易用程度 示例：刚刚接触移动学习，的确会有界面或功能不是很熟悉，慢慢地通过自己摸索还是可以掌握的

续表

主范畴	范畴	范畴的内涵及示例
平台资源属性	有用性	内涵：移动学习对学习绩效的提升程度 示例：移动学习的交互性可以实现信息及时的双向流通，有利于培养用户的交流沟通能力，激发用户的学习热情，发展用户的个性，有利于提高用户的学习成绩和信心
感知风险	功能风险	内涵：移动学习功能缺陷或不足而影响学习绩效 示例：指标太低，电池寿命短、设备大小工具大小也是个问题
	身体风险	内涵：长时间使用移动学习而对身体造成的伤害 示例：经常盯着屏幕对眼睛不好
	隐私风险	内涵：使用移动学习平台而造成个人隐私的泄露 示例：网上信息及软件很多，可能会泄露通信录和短信内容
	财务风险	内涵：采用移动学习方式导致学习成本增加 示例：一个平板要 3 000 元这样子，那就是我爸妈省吃俭用将近一年才可以支付这笔额外费用
学业情绪	高唤起情绪	内涵：用户在使用移动学习的过程中产生的积极或消极情绪 示例：备课的精心和设计的新颖给了我很大的震撼。在听课中时常看到老师们独特的教学设计，精美的课件制作让我心动
体验	体验	内涵：用户使用移动学习过程中对平台功能、学习资源及管理服务的感受 示例：移动学习生动形象。因为传统的我会看一会儿想睡觉，多媒体的，我不会，还可以反复、前后地调整学习
口碑行为	口碑呈现方式	内涵：用户在学习论坛中发表评论信息的类型，包括推荐、评价、建议等 示例：移动学习能够有效缓解工学矛盾，特别适合我们这样一边工作一边学习的学生；建议其他同学也能够采用

3.4　研究结果

根据上述分析，本文构建和发展出移动学习口碑意愿影响因素的理论框架"驱动因素—心理反应—行为表现"整合模型。其中移动学习情境、平台资源属性是实现移动学习的支撑条件，作为客观因素；感知风险是用户的主观感受，作为主观因素；主客观因素共同构成产生口碑行为的外部驱动因素；学业情绪和体验为用户的机体反应，是产生口碑行为的内部驱动因素；口碑行为是用户的行为表现。因此，围绕核心范畴故事线的实现路径如下：外部驱动因素通过对用户的刺激，使其产生相应反应而形成内部驱动因素，内部驱动因素最终导致口碑行为结果。根据移动学习口碑意愿影响因素的理论框架和分析结果，构建主范畴之间的关系及内涵，如表 2 所示。

表 2　主范畴的典型关系结构

关系	关系结构	关系结构的内涵
平台资源属性→体验、学业情绪	因果关系	移动学习平台及其承载学习资源的有用性、易用性和趣味性等会直接影响用户对移动学习的体验和情绪
移动学习情境→体验、学业情绪	因果关系	移动学习配套的教学辅导和支持服务，以及交流氛围会直接影响用户的体验和情绪
感知风险→体验、学业情绪	因果关系	用户对移动学习平台的感知风险会影响其体验和情绪
体验→学业情绪	因果关系	用户对移动学习平台的体验感知会直接影响其情绪
体验、学业情绪→口碑行为	因果关系	用户对移动学习的反应会直接影响其产生口碑行为

注："→"表示因果关系

3.5　理论饱和度检验

为检验已获得的编码结果是否达到理论饱和，将剩余20%的数据按同样的方法和步骤进行分析和编码。结果表明，剩余的评论数据未能发展出新的范畴，也未能建立起新的关系。因此可以认为所构建的

"驱动因素—心理反应—行为表现"整合模型是饱和的。

3.6　小结

本文对移动学习平台的评论数据进行质性分析，综合构建出实证分析模型，如图 1 所示。

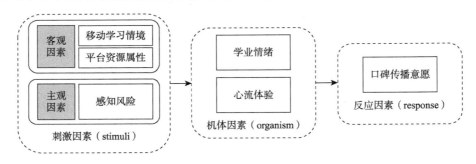

图 1　移动学习用户口碑传播意愿影响因素研究模型

为了进一步验证和巩固移动学习情境、平台资源属性及感知风险对用户口碑传播意愿产生影响的作用机制，本文借鉴 S-O-R 模型，将感知移动学习情境价值、感知平台资源价值、感知风险、学业情绪和心流体验纳入实证研究变量，构建移动学习用户口碑传播意愿影响因素研究模型，重点考察移动学习用户口碑传播意愿的内在机制。

4　研究假设

现有研究较多使用 S-O-R 模型来确定用户对在线系统的认知反应和行为反应[62, 63]，而 Khan 等认为该模式在教育领域也同样适用[64]。本文认为移动学习情境和平台资源属性，分别体现移动学习的服务特征和功能特征，是移动学习活动中的客观外部因素；用户的感知风险，即用户在使用移动学习平台过程中对各种不确定风险的感知程度，是主观外部因素。客观因素和主观因素共同组成外部刺激因素（S）。刺激因素（S）通过有机体（O）的意识对心理产生影响，并使其有意识或无意识地形成特定心理状态[65]。在移动学习领域关于情绪和体验的研究中，学者们大多将学业情绪和心流体验视为有机体（O）的重要研究变量[63, 64]。反应（R）是机体（O）面对刺激（S）所展露的个体态度或行为反应[66]，口碑传播是用户使用产品或服务后最真实的反馈[67]，因此本文将用户的口碑传播意愿作为反应因素（R）。

4.1　感知移动学习情境价值的影响

根据前文质性分析的结果，并结合感知价值的定义，本文认为感知移动学习情境价值是指用户对移动学习平台环境相互作用过程所进行的总体评估[68]。学习情境是一种特殊的生态系统，它以社会和用户的发展为目的，具有服务性、平衡性和可持续发展性等生态特征，学习情境理论强调环境对行为的深刻影响。基于此，Brown 等认为用户是在特定情境中通过开展一系列活动来获取知识，在学习过程中本质上会受到学习情境特征的影响[69]。戴心来等在对 MOOC 用户满意度调查过程中发现，MOOC 的学习平台氛围和用户的感知价值成正相关关系，且会影响用户的满意度[70]。Watjatrakul 在学生网络学习意愿的调查中也指出，在线学习的课程质量和技术能力会影响学生的感知价值[71]。用户在使用移动学习平台时会对各项支持条件进行评估，当教学情境能够满足用户在特定时间地点个性化学习的需求并提高学习绩效时，就能使其感知到移动学习情境具有较高的价值；反之，其会认为移动学习情境的价值较低。移动学习情境作为学业情绪的前因，感知移动学习情境价值对用户的情绪具有显著影响。Jena 在了解学生在线学习心理状态的过程中指出，学业情绪在感知价值与成功间起中介作用[72]。药文静等还发现学生对环境质量的感知影响学生的感知价值，而其感知价值对学业情绪有正向影响作用[73]。此外，心流体验在用户接受在线技术方面起着至关重要的作用。Gao 和 Bai 认为心流体验主要依赖于网站的氛围给用户带来的感知价值，感知价值高的移动学习氛围能够吸引用户以完全沉浸的方式进行学习[63]。Cheng 等研究发现，指导教师的水平和支持服务的质量会显著影响学生对电子学习系统的心流体验[74]。孙田琳子等认为移动视频学习能够通过视觉和听觉的感官刺激，使用户注意力高度集中，完全投入学习情境中，达到身心沉浸的学习状态[75]。由此可见，在移动学习领域中，感知移动学习情境价值会对用户的学业情绪和心流体验产生显著影响。当用户感知到移动学习情境的支撑时，将获得开心、愉悦、惊喜等正向学业情绪，并更容易沉浸于移动学习的环境之中，产生强大的学习动机和极致深刻的心流体验[53]。基于上述分析，提出以下假设。

H$_1$：感知移动学习情境价值将正向影响用户使用移动学习的学业情绪。

H$_2$：感知移动学习情境价值将正向影响用户使用移动学习的心流体验。

4.2　感知平台资源价值的影响

本文结合前文质性分析结果，认为感知平台资源价值是指用户对移动学习平台资源有用性、易用性和趣味性等特征进行综合评估后的主观感受。现有研究充分证实了移动平台的有用性、易用性在用户行为态度上的重要作用[10]。例如，Kasuma 等在考察用户使用移动商务平台的意愿时，将感知有用性和感知易用性作为衡量移动商务平台资源价值的标准[76]。Davis 所提出的技术接受模型（technology acceptance model，TAM）同样认为用户决定采取信息技术平台的两大决定性因素是感知有用性和感知易用性[77]。关磊总结出图书馆网站的感知有用性、感知易用性、设计美感、资源质量、功能服务、技术环境等会对用户体验产生影响[78]。此外，平台资源特征、优势也体现了平台资源的价值。例如，Ruipérez-Valienta 等在对 MOOC 学习平台和 MITxHx 学习平台进行比较分析后，发现移动学习平台资源的文化包容性会影响学生在学习过程中的感知价值[79]。在信息系统研究领域中，平台资源对用户使用效果的影响是学者们长期以来普遍关心的问题。吴华君等以 MOOC 用户为研究对象，发现移动学习平台资源的感知易用性和感知有用性的相关关系影响用户的心流体验[80]，这也支持了 Hsu 和 Lu 的网络平台的感知易用性会影响用户心流体验的结论[81]。Yang 和 Bahli 认为对信息系统感知有用性和感知易用性的认知评估会引起用户的情绪反应[82]，与感知易用性相关的低程度新颖性能够使用户产生更多积极情绪，而用户感知到高程度技术有用性会降低预期的负面情绪[83]。此外，移动学习平台资源的趣味性、挑战性等特征会影响用户的情绪和体验。Setyohadi 等通过实验发现，移动学习平台的形状和颜色等设计元素，会使用户产生不同的情绪反应[84]。Admiraal 等发现，移动学习平台的感知趣味性和感知挑战性能够对用户的心流体验产生影响[85]。陈洁等从环境心理学角度出发，指出电子商务网站的特征中的趣味性能够增强用户的情感反应[37]。因此，用户体验到信息系统给学习或工作带来提升后，才能感知到信息系统的价值。只有当移动学习平台资源课程质量高、系统设计精美、功能齐备，体现出有用性、易用性和趣味性等特征时，才会让用户获得良好的使用体验，使用户更容易进入深度学习的状态，并更容易产生高兴、愉悦的积极情绪。基于上述分析，提出以下假设。

H$_3$：感知平台资源价值将正向影响用户使用移动学习的学业情绪。

H$_4$：感知平台资源价值将正向影响用户使用移动学习的心流体验。

4.3　感知风险的影响

感知风险理论认为，用户的任何购买行为都有可能存在无法预期的结果，有些结果会让用户感到不快；因而，用户在做出购买决策时隐含着不确定性，而这种不确定，即风险。本文结合移动学习平台的使用情境，将感知风险定义为用户在使用移动学习平台产品或服务时所感知到的不确定和不利后果的可能性。感知风险属于感知利失的范畴，会对用户感知价值产生影响。常见的感知风险包括时间风险、身体风险、社会风险、财务风险、功能风险和心理风险等。感知风险是影响用户情绪的重要因素。例如，Wangenheim 在对电信行业负面口碑转移影响机制的研究中发现，用户感知风险在对新供应商的情绪中起到了重要影响[86]；王凤华等发现，感知风险在用户参与和用户情绪之间起中介作用，特别是在信息提供和用户情绪的关系中起到了完全中介作用[87]。感知风险还会对用户在信息系统环境下的体验产生影响[48]。例如，张继东和蔡雪认为感知风险对移动社交网络浏览型用户的使用体验有负向影响[88]；许雪琦和张娅雯[54]发现感知成本会影响用户对移动学习平台的使用行为。本文认为，在移动学习情境下用户的感知风险包括功能风险、身体风险、隐私风险[89]和财务风险[90]4 个维度。当用户的感知风险较高时，会抑制其持续使用意愿及行为，从而难以获得心流体验；感知风险还会增加用户的焦虑感，使其产生担心、害怕，甚至是抗拒心理，从而导致负面的学业情绪。基于上述分析，提出以下假设。

H5：感知风险将负向影响用户使用移动学习的学业情绪。

H6：感知风险将负向影响用户使用移动学习的心流体验。

4.4　学业情绪的影响

情绪是有机体反应的一种体验，能够调节个体认知，甚至驾驭个体行为。本文结合移动学习情境，将学业情绪定义为用户在移动学习平台学习过程中产生的各种与学业相关的情绪体验。进入移动互联网时代后，通过移动设备以自媒体的形式发布口碑信息变得更加容易和快捷，从而使得网络口碑越发表现为某种情绪触发下的冲动行为。已有研究表明，情绪表达是触发口碑行为的重要动机，而口碑行为又是情绪管理的一种重要方式[91]。口碑分享行为可以获得社会支持、释放压力，所以用户为了改善情绪，会进行口碑传播行为[92]。Westbrook 最早将口碑与情绪的关系引入消费者行为研究，认为无论是积极情绪还是消极情绪都与用户口碑传播意愿直接相关[93]。Kang 等测试了广播广告中讲故事对参与者积极情绪反应和分享产品信息意图的影响，研究发现如果能刺激用户产生有利的情绪反应，其口碑分享传播意愿也就更强烈[94]。Ladhari 发现愉悦和兴奋的情绪能够对口碑行为产生显著影响[28]；Krishen 认为期待情绪会导致正面的口碑[95]。李研等通过对社交网络情境下用户生成口碑影响因素的研究发现，积极情绪和积极自我意识情绪均会引发口碑行为[34]。在移动学习过程中，用户受内外部环境的刺激同样会产生与之相关的学业情绪。他们或因移动学习效果超出了预期而感到兴奋，或因平台功能不能满足需求而感到不满，体现出高唤醒积极或消极的学业情绪。其中，高唤醒积极的学业情绪能够提升用户的自我效能，增强用户之间的协作意愿[96]。本文认为在移动学习过程中，当用户获得喜悦、快乐、自豪等高唤醒积极情绪时，用户会倾向发表关于移动学习的正面评价信息。因此，提出以下假设。

H7：学业情绪将正向影响用户对移动学习平台的口碑传播意愿。

4.5　心流体验的影响

根据 S-O-R 模型，有机体针对外界刺激而产生的反应并非二元关系，其中有相应变量发挥着中介作用。已有研究表明，用户在购买产品或接受服务时的体验是其后续行为的基础，是影响用户决策的重要前置因素。因此，用户体验常被作为中介变量引入 S-O-R 模型，用以研究用户的行为反应。本文结合移动学习情境，将心流体验定义为个体长时间沉浸于移动学习活动之中而不知疲倦，以至于废寝忘食的最佳体验状态[49]，在该状态下主观体验的大多数维度（认知、情感和动机）都处于积极水平[97]。例如，Jackson

和 Eklund 指出，学生在休闲运动中获得流畅体验后，能增加学生的积极情绪，更能使其表现出最佳状态[98]。Tavares 和 Freire 在研究如何培养青少年的心流体验中发现，优越的学校环境能帮助学生找到心流体验，进而形成积极的学业情绪[99]。Shumow 等在对高中生的调查中发现，高中生心流体验的过程和质量会影响其学业情绪，当他们认为心流体验的过程和质量高时对情绪的评分将高于其他时间段[100]。此外，自心流理论形成以来，心流体验常被作为用户刺激因素和行为反应之间的中介变量，用于研究用户的口碑行为。有研究指出，在线环境下用户的心流体验与口碑传播意愿之间存在正相关关系。例如，Ho 和 Kuo 就证明了用户在线学习中的心流体验可以正向影响用户满意度[101]，而用户满意度越高口碑分享意愿越强[102]；Zhang 等通过对在线品牌社区参与的调查发现，心流体验作为客户体验的重要维度，能正向影响用户的口碑传播意愿[103]。此外，金永生和田慧提出，交易型网站的社会交往性、内容有用性、娱乐休闲性等特征会通过提升用户购物过程中的心流体验促进网络口碑[36]。姚成彦等以具有移动购物经验的用户为研究对象，研究了商务网站品质、心流体验和网络口碑之间的相互关系，证明了心流体验显著正向影响用户发表网络口碑的意愿[104]。所以本文认为，当用户在移动学习过程中感受到心流体验时，将会产生快乐、兴奋、激动等积极的学业情绪，还会出于赞赏、帮助他人等动机而分享自己的经历或是作出推荐行为[24]。基于上述分析，提出以下假设。

H8：心流体验将正向影响用户使用移动学习平台的学业情绪。

H9：心流体验将正向影响用户的口碑传播意愿。

基于上述假设，本文提出移动学习口碑传播意愿实证模型，如图 2 所示。

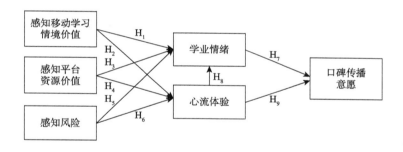

图 2　移动学习口碑传播意愿实证模型

5　研究设计

5.1　变量测量

本文构建的模型共有 6 个变量，采用 5 分利克特量表形式进行调查。1 为完全不同意；2 为不太同意；3 为一般同意；4 为比较同意；5 为完全同意。调查问卷的设计经历了 3 个阶段。第一阶段，在借鉴相关参考文献的成熟量表的基础上，根据移动学习的特点和本文研究的需要编制问卷初稿，共提出 47 个问项。第二阶段，将问卷初稿交相关专家学者及部分用户进行分析和评估，修改其中不易理解和与提问意图有偏差的问项。第三阶段，针对某高校学生进行小范围前测，共收集问卷 943 份，其中有效问卷 791 份，根据信度和效度的检验结果再次进行调整，最终保留 32 个问项，且每个变量的问项均不少于 3 个。变量问卷如表 3 所示。

表 3   变量设置及测量问项

变量	编号	题项	参考文献
感知移动学习 情境价值 （共 3 个题项）	QJ5	我在使用移动学习平台的过程中能够方便地与老师交流	Keegan[105]
	QJ6	我在使用移动学习平台的过程中能够方便地与同学交流	
	QJ7	我所在的群体里有良好的交流氛围	
感知平台资源价值 （共 8 个题项）	PT2	使用移动学习平台可以提高我的学习成绩	黄耕[90]
	PT3	移动学习平台能够为我提供丰富且有价值的学习资源	
	PT4	移动学习平台的功能界面友好，操作简单易学	
	PT5	移动学习平台的课件资源结构清晰，使用方便简单	
	PT6	在使用移动学习平台时，我能够很容易找到所需要的功能和资源	
	PT7	使用移动学习平台的方法很容易学习	
	PT8	使用移动学习平台是一件有趣的事	
	PT9	移动学习平台所提供的交互功能让我感到有趣	
感知风险 （共 7 个题项）	FX1	我担心移动学习平台不能满足学习的需要	黄耕[90] Keegan[105]
	FX2	我担心移动学习平台的课件资源不能正常使用	
	FX3	我担心移动学习平台功能不稳定影响学习	
	FX4	我担心使用移动学习平台会影响我与他人交流的时间	
	FX6	我担心使用移动学习平台会影响身体健康	
	FX7	我担心使用移动学习平台需要购置设备或使用流量而产生额外费用	
	FX9	我担心使用移动学习平台会泄露自己的隐私	
学业情绪 （共 5 个题项）	QX2	我期待能用移动学习平台完成课程的学习	Pekrun 等[40]
	QX3	使用移动学习平台很有趣，因此我愿意使用它来完成学习	
	QX4	我使用移动学习平台没有遇到太大困难，增加了我继续学习的动力	
	QX5	我对自己使用移动学习平台的表现感到满意	
	QX7	当我使用移动学习平台获得老师或其他同学的认可时，我感到自豪	
心流体验 （共 4 个题项）	XL1	我在使用移动学习平台时会集中精力，处于"无我"的状态	金永生和田慧[36]
	XL2	我在使用移动学习平台时会觉得时间过得很快	
	XL3	我能感受到使用移动学习平台时带来的愉悦	
	XL5	我使用移动学习平台时会有尽在控制中的感觉	
口碑传播意愿 （共 5 个题项）	KB2	我会向同学分享使用移动学习平台的体验	蒋玉石[106] 武传表[107]
	KB3	我会在学习讨论区中对移动学习平台做出评价	
	KB4	我会在学习讨论区中对移动学习平台提出改进建议	
	KB5	我会在学习讨论区中对移动学习的管理和服务做出评价	
	KB6	我会在学习讨论区中对移动学习的管理和服务提出建议	

5.2 研究样本

本文选取具有移动学习经验的用户作为调查对象，以网络问卷的形式面向高校和企事业单位发放。问卷收集时间为 2020 年 4 月 1 日至 4 月 30 日，为期 30 天。共回收问卷 2 012 份，除去答题不完整及全部选择同一选项的不合格问卷，共得到有效问卷 1 709 份，有效率为 84.94%。在有效问卷中，男生 1 270 人，占比 74.31%，女生 439 人，占比 25.69%；专科及以下层次用户 238 人，占比 13.93%，本科及以上层次用户 1 471 人，占比 86.07%。样本数据的描述性统计如表 4 所示。

表 4 样本数据的描述性统计

特征	项目	数量	百分比	特征	项目	数量	百分比
性别	男	1 270	74.31%	移动学习时间	1 年	777	45.47%
	女	439	25.69%		2 年	812	47.51%
年龄	20 岁及以下	11	0.64%		2 年以上	120	7.02%
	21~30 岁	1 251	73.20%	移动学习品牌	超星	62	3.63%
	31~40 岁	355	20.77%		得道	73	4.27%
	41~50 岁	86	5.03%		钉钉	200	11.70%
	51 岁及以上	6	0.35%		青书学堂	1 039	60.80%
学历层次	专科及以下	238	13.93%		雨课堂	275	16.09%
	本科及以上	1 471	86.07%		其他	60	3.51%

由表 4 可知，样本数据涵盖了超星、得道等较为常见的移动学习品牌，体现了一定的代表性和多样性；性别、年龄结构、学历层次等方面的分布也较符合移动学习用户的基本情况。因此，样本数据应该能够比较客观全面地反映用户对移动学习中影响口碑传播意愿诸因素及其相互关系的真实看法。

6 数据分析和结果

6.1 信度和效度检验

采用 SPSS.26 软件对数据进行信度检验，整体量表的 Cronbach's α 值为 0.946，说明量表具有非常良好的内部一致性。各变量测量量表的 Cronbach's α 值情况分别为：感知移动学习情境价值 0.903、感知平台资源价值 0.940、感知风险 0.941、学业情绪 0.897、心流体验 0.868，口碑传播意愿 0.917。各变量的 Cronbach's α 值均在 0.8 之上，各题项没有出现删除后高于其变量 Cronbach's α 值的情况。由此可认为样本数据具有较高的可靠性。

本文采用探索性因子分析法（exploratory factor analysis，EFA）和验证性因子分析（confirmatory factor analysis，CFA）检查量表的结构效度。

探索性因子分析法分别针对学业情绪、心流体验、口碑传播意愿 3 个内因变量进行。学业情绪部分的 KMO 值为 0.954，Bartlett 球形度检验中的近似卡方值为 32 153.693，自由度为 253，显著性 p 值小于 0.001；心流体验部分的 KMO 值为 0.949，Bartlett 球形度检验中的近似卡方值为 30 255.472，自由度为 231，显著性 p 值小于 0.001；口碑意愿部分的 KMO 值为 0.949，Bartlett 球形度检验中的近似卡方值为 27 636.245，自由度为 210，显著性 p 值小于 0.001。

验证性因子分析分为两个部分进行，一是学业情绪和心流体验前因部分；二是口碑传播意愿前因部分。学业情绪和心流体验前因部分的绝对适配度为：x^2/df =2.969<5；RMR=0.022<0.05；SRMR=0.021<0.05；RMSEA=0.041<0.05；GFI=0.977>0.9；AGFI=0.968>0.9，具有较好的拟合优度。在组合信度（composite reliability，CR）方面，感知移动学习情境价值为 0.887；感知平台资源价值为 0.939；感知风险为 0.935，均大于 0.60。平均方差提取值（average variance extracted，AVE）方面，感知移动学习情境价值为 0.724；感知平台资源价值为 0.657；感知风险为 0.673，均大于 0.50，表明学业情绪和心流体验前因部分的模型具有较理想的内在质量。口碑传播意愿前因部分的绝对适配度为：x^2/df = 3.834<5；RMR=0.026<0.05；SRMR=0.024<0.05；RMSEA=0.041<0.05；GFI=0.965>0.9；AGFI=0.953>0.9，具有较好的拟合优度。在 CR 方面，学业情绪为 0.893；心流体验为 0.865；感知风险为 0.936，均大于 0.60；AVE 方面，学业情绪为 0.626；心流体验为 0.616；感知风险为 0.678，均大于 0.50，表明口碑传播意愿前因部分的模型具有良好的内在质量。

6.2　相关分析

本文通过 SPSS.26 软件对各变量进行相关分析，各变量的相关分析结果如表 5 所示。

表 5　研究变量之间的相关分析

变量	口碑传播意愿	感知移动学习情境价值	感知平台资源价值	感知风险	学业情绪	心流体验
口碑传播意愿	1					
感知移动学习情境价值	0.552**	1				
感知平台资源价值	0.584**	0.736**	1			
感知风险	−0.106**	−0.066**	−0.040	1		
学业情绪	0.684**	0.676**	0.744**	0.022	1	
心流体验	0.671**	0.635**	0.697**	0.043	0.795**	1

**在 0.01 级别（双尾），相关性显著

由表 5 可知，感知移动学习情境价值、感知平台资源价值、学业情绪、心流体验、口碑传播意愿 5 个变量之间的 Pearson 相关系数均达到 0.01 的显著性水平，且 Pearson 相关系数均大于 0.5，说明上述变量之间具有紧密相关性。感知风险与口碑传播意愿和感知移动学习情境价值之间的 Pearson 相关系数达到 0.01 的显著性水平，Pearson 相关系数分别为−0.106 和−0.066，相对较低；其余变量均未达到统计学的显著水平，需要通过结构方程做进一步的分析。

6.3　回归分析

本文通过 SPSS.26 软件对各变量进行回归分析，以考察自变量对因变量的解释度，并检查变量之间是否存在多重共线性问题。各变量的回归分析结果如表 6 所示。

表 6　研究变量间的回归分析

因变量	自变量	系数			模型			方差分析	
		B	显著性	VIF	R 方	调整后 R 方	德宾−沃森	F	显著性
学业情绪	感知风险	0.046	0	1.005	0.594	0.593	2.083	830.620	0
	感知平台资源价值	0.564	0	2.181					
	感知移动学习情境价值	0.268	0	2.187					

续表

因变量	自变量	系数			模型			方差分析	
		B	显著性	VIF	R方	调整后R方	德宾–沃森	F	显著性
心流体验	感知风险	0.062	0	1.005	0.526	0.525	1.930	629.426	0
	感知平台资源价值	0.537	0	2.181					
	感知移动学习情境价值	0.263	0	2.187					
口碑传播意愿	感知风险	−0.098	0	1.002	0.529	0.528	2.060	638.637	0
	学业情绪	0.408	0	2.717					
	心流体验	0.350	0	2.721					

由表 6 可知，在研究变量的关系方面，每个因变量-自变量组所对应方差分析的显著性均为 0，小于 0.001，表明相应组中的自变量会对因变量产生显著影响。在多重共线性检验方面，学业情绪、心流体验、口碑传播意愿 3 组因变量-自变量关系对应的德宾-沃森值分别为 2.083、1.930、2.060，都在 2 的附近，自变量的 VIF 值在 1.002~2.721，均小于 5，结果说明各变量之间不存在多重共线性问题。

6.4 中介检验

按照 Zhao 等提出的中介效应分析程序[108]，参照 Preacher 等[109]和 Hayes[110]提出的 Bootstrap 法，使用 SPSS 中的 PROCESS 程序中的模型 4，选择 95%置信区间和 5 000 样本量，以学业情绪和心流体验作为中介变量进行检验。检验结果如表 7 所示。

表 7　中介效应检验

作用路径	Effect	SE	LLCI	ULCI
感知移动学习情境价值—学业情绪—口碑传播意愿	0.367 0	0.026 3	0.315 5	0.419 5
感知移动学习情境价值—心流体验—口碑传播意愿	0.323 9	0.024 0	0.276 4	0.370 7
感知平台资源价值—学业情绪—口碑传播意愿	0.441 1	0.032 2	0.375 6	0.501 4
感知平台资源价值—心流体验—口碑传播意愿	0.379 8	0.028 5	0.323 8	0.434 4
感知风险—学业情绪—口碑传播意愿	0.011 2	0.016 0	−0.020 2	0.042 1
感知风险—心流体验—口碑传播意愿	0.021 9	0.015 0	−0.007 5	0.051 6
感知移动学习情境价值—心流体验—学业情绪—口碑传播意愿	0.421 4	0.027 4	0.368 3	0.476 0
感知平台资源价值—心流体验—学业情绪—口碑传播意愿	0.521 4	0.032 7	0.456 5	0.583 6
感知风险—心流体验—学业情绪—口碑传播意愿	0.018 1	0.017 0	−0.015 0	0.052 0

由表 7 可知，"感知移动学习情境价值—学业情绪—口碑传播意愿"的中介路径显著（LLCI=0.315 5，ULCI=0.419 5），作用大小为 0.367 0；"感知移动学习情境价值—心流体验—口碑传播意愿"的中介路径显著（LLCI=0.276 4，ULCI=0.370 7），作用大小为 0.323 9；"感知平台资源价值—学业情绪—口碑传播意愿"的中介路径显著（LLCI=0.375 6，ULCI=0.501 4），作用大小为 0.441 1；"感知平台资源价值—心流体验—口碑传播意愿"的中介路径显著（LLCI=0.323 8，ULCI=0.434 4），作用大小为 0.379 8；"感知风险—学业情绪—口碑传播意愿"的中介路径不显著（LLCI=−0.020 2，ULCI=0.042 1）；同时，"感知风险—心流体验—口碑传播意愿"的中介路径也不显著（LLCI=−0.007 5，ULCI=0.051 6）。此外，关于链式中介的检验，"感知移动学习情境价值—心流体验—学业情绪—口碑传播意愿"的中介路径显著

（LLCI=0.368 3，ULCI=0.476 0），作用大小为 0.421 4；"感知平台资源价值—心流体验—学业情绪—口碑传播意愿"的中介路径也显著（LLCI=0.456 5，ULCI=0.583 6），作用大小为 0.521 4；但"感知风险—心流体验—学业情绪—口碑传播意愿"的中介路径不显著（LLCI=−0.015 0，ULCI=0.052 0）。可见，用户感知移动学习情境价值和感知平台资源价值会通过心流体验或学业情绪的中介作用或链式中介作用影响用户的口碑传播意愿，但是用户感知风险不会通过心流体验或学业情绪作用于口碑传播意愿，进而也不存在这一连续中介效应。

6.5　结构方程分析和假设检验

本文通过 AMOS.24 软件进行结构方程分析，初始运算得到的拟合指标为：x^2/df =4.895<5；RMR=0.029<0.05；SRMR=0.028<0.05；RMSEA=0.048<0.05；GFI=0.919>0.9；AGFI=0.905>0.9，拟合优度在控制范围之内。参考 modification indices 值对模型进行修正，得到拟合指标如表 8 所示。

表 8　理论模型修正后的拟合指标

x^2/df	GFI	AGFI	RMR	SRMR	RMSEA	NFI	RFI	IFI	TLI	CFI	CN	PCFI	PNFI
<5	>0.9	>0.9	<0.05	<0.05	<0.05	>0.9	>0.9	>0.9	>0.9	>0.9	>200	>0.5	>0.5
3.08	0.952	0.943	0.026	0.027	0.035	0.970	0.966	0.979	0.977	0.979	618	0.875	0.866

由表 8 可知，模型的各项指标均得到了改善。通过 AMOS 计算得到各研究变量之间的相互关系如表 9 所示。

表 9　理论模型各变量路径关系表（regression weights）

变量路径			Estimate	S.E.	CR	p	Label
感知移动学习情境	→	学业情绪	0.100	0.027	3.774	***	par_45
感知移动学习情境	→	心流体验	0.324	0.040	8.146	***	par_46
感知平台资源价值	→	学业情绪	0.164	0.031	5.303	***	par_31
感知平台资源价值	→	心流体验	0.565	0.045	12.473	***	par_29
感知风险	→	学业情绪	−0.003	0.010	−0.276	0.782	par_48
感知风险	→	心流体验	0.069	0.015	4.618	***	par_33
学业情绪	→	口碑传播意愿	0.480	0.072	6.637	***	par_47
心流体验	→	学业情绪	0.563	0.029	19.465	***	par_32
心流体验	→	口碑传播意愿	0.316	0.060	5.310	***	par_30

***表示 $p<0.001$

由表 9 可知，在假设对应的 9 条路径关系中，感知风险对学业情绪影响的 p 值为 0.782，未达到显著性要求；其他各变量的关系路径均达到显著性要求。各变量间的标准化回归系数如表 10 所示。

表 10　标准化回归系数（Standardized Regression Weights）

变量			估计值
感知移动学习情境	→	学业情绪	0.122
感知移动学习情境	→	心流体验	0.327

续表

变量			估计值
感知平台资源价值	→	学业情绪	0.178
感知平台资源价值	→	心流体验	0.507
感知风险	→	学业情绪	−0.004
感知风险	→	心流体验	0.086
学业情绪	→	口碑传播意愿	0.441
心流体验	→	学业情绪	0.682
心流体验	→	口碑传播意愿	0.353

根据表 10 中各变量之间的标准化回归系数，绘制模型各潜变量之间的关系结构，如图 3 所示。

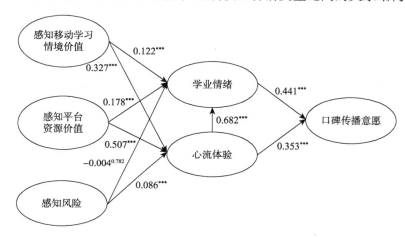

图 3　理论模型各变量之间的路径系数

***表示 $p<0.001$

由此可得 H_1 至 H_9 的验证情况如表 11 所示。

表 11　假设支持情况对应表

假设	假设内容	标准化回归系数	CR	p	支持情况
H_1	感知移动学习情境价值将正向影响用户使用移动学习的学业情绪	0.122	3.774	***	支持
H_2	感知移动学习情境价值将正向影响用户使用移动学习的心流体验	0.327	8.146	***	支持
H_3	感知平台资源价值将正向影响用户使用移动学习的学业情绪	0.178	5.303	***	支持
H_4	感知平台资源价值将正向影响用户使用移动学习的心流体验	0.507	12.473	***	支持
H_5	感知风险将负向影响用户使用移动学习的学业情绪	−0.004	−0.276	0.782	不支持
H_6	感知风险将负向影响用户使用移动学习的心流体验	0.086	4.618	***	不支持
H_7	学业情绪将正向影响用户对移动学习的口碑传播意愿	0.441	6.637	***	支持
H_8	心流体验将正向影响用户使用移动学习的学业情绪	0.682	19.465	***	支持
H_9	心流体验将正向影响用户的口碑传播意愿	0.353	5.310	***	支持

***表示 $p<0.001$

由表 11 可知，有 7 项假设获得了支持，2 项未获得支持。未获支持的 2 项分别是：H_5，显著性 p 值为 0.782，不满足显著性要求；H_6，标准化回归系数为正，没有形成负相关，假设不成立。

6.6　独立样本 T 检验和单因素方差分析

为了探寻感知风险对学业情绪负向影响不显著及对心流体验影响方向与假设相反的原因，本文采用独立样本 T 检验和单因素方差分析检查用户人口统计变量对自变量和因变量所造成的影响。用户的人口统计学变量由性别、年龄、学历层次和移动学习经验 4 个方面构成。其中性别和学历层次各有 2 个分组，采用独立样本 T 检验；年龄和移动学习经验的分组大于或等于 3 组，将采用单因素方差分析来比较。

1. 性别对各变量的影响分析

性别对各变量影响的独立样本 T 检验的结果如表 12 所示。

表 12　不同性别用户的方差分析

变量	莱文方差齐性检验		平均值等同性 T 检验	
	F	显著性	显著性（双尾）	平均值差值
感知风险	0.180	0.672	0.333	0.056
学业情绪	0.193	0.661	0.607	0.022
心流体验	1.671	0.196	0.885	−0.006

由表 12 可知，方差齐性的显著性均大于 0.05，对应平均值差异的显著性也均大于 0.05。说明在置信度为 95% 的水平下，男性用户和女性用户在感知风险、学业情绪和心流体验方面均无显著差异。

2. 年龄对各变量的影响分析

本文将用户年龄分为 5 个层次，分别是"20 岁及以下""21~30 岁""31~40 岁""41~50 岁"和"51 岁及以上"。年龄对各变量影响的单因素方差分析的检查结果如表 13 所示。

表 13　不同年龄用户分组的方差分析

变量	莱文方差齐性检验		方差分析			
	莱文统计	显著性	平方和	均方	F	显著性
感知风险	2.290	0.058	4.712	1.178	1.075	0.367
学业情绪	0.568	0.686	2.140	0.535	0.878	0.476
心流体验	0.396	0.812	4.659	1.165	1.827	0.121

由表 13 可知，各变量的方差均满足齐性要求，并且方差分析检测中 F 值的显著性均大于 0.05，接受虚无假设，表明不同年龄段的用户对感知风险、学业情绪和心流体验变量的影响不存在显著性差异。

3. 学历层次对各变量的影响分析

本文将受访学生的学历层次分为"专科及以下"和"本科及以上"两类，独立样本 T 检验的结果如表 14 所示。

表 14　不同学历层次用户分组的方差分析

变量		莱文方差齐性检验		平均值等同性 T 检验	
		F	显著性	显著性（双尾）	平均值差值
感知风险	假定等方差	1.695	0.193	0.272	−0.080
	不假定等方差			0.291	−0.080
学业情绪	假定等方差	0.672	0.412	0.049	−0.107
	不假定等方差			0.034	−0.107
心流体验	假定等方差	9.217	0.002	0.010	−0.143
	不假定等方差			0.004	−0.143

由表 14 可知，不同学历层次的用户对心流体验的方差齐性小于 0.05，其他潜变量的方差齐性大于 0.05。根据方差齐性的检验结果进一步检查各变量平均值差值的显著性，感知风险为 0.291，大于 0.05；学业情绪为 0.034，心流体验为 0.004，均小于 0.05。说明不同学历层次用户对移动学习的感知风险不存在显著差异，在使用移动学习时的学业情绪和心流体验则存在显著差异。对学业情绪和心流体验变量进一步分组统计的结果如表 15 所示。

表 15　不同学历层次用户的分组统计

变量	层次	个案数	平均值	标准偏差	标准误差平均值
学业情绪	专科及以下	238	1.934	0.710	0.046
	本科及以上	1 471	2.041	0.791	0.021
心流体验	专科及以下	238	2.018	0.698	0.045
	本科及以上	1 471	2.161	0.813	0.021

由表 15 可知，在学业情绪和心流体验方面，本科及以上层次用户的均值都高于专科及以下层次用户，体现了高学历用户具有更高的学习意愿和学习适应性，更易于掌握并使用移动学习而进入深度学习状态。

4. 移动学习经验对各变量的影响分析

本文将用户接受各类移动学习的时间长度划为 3 组，分别是"1 年"、"2 年"和"2 年以上"。通过单因素方差分析法，采用单因素方差分析的检查结果如表 16 所示。

表 16　不同网络学习经验用户分组的方差分析

变量	方差齐性检验		方差分析			
	莱文统计	显著性	平方和	均方	F	显著性
感知风险	67.021	0	30.541	15.270	14.147	0
学业情绪	2.450	0.087	193.584	96.792	194.980	0
心流体验	1.537	0.215	198.876	99.438	190.125	0

由表 16 可知，在置信度为 95% 的水平下，具有不同移动学习经验的用户在感知风险、学业情绪和心流体验方面均存在显著差异，需要进一步检验。根据方差齐性的检验结果，分别采用 LSD（least-significant difference，最小显著性差异）和 Tamhane 法进行检验，结果如表 17 所示。

表 17　不同移动学习经验用户的 LSD/Tamhane 检验结果

变量	检验方法	网络学习年限		平均值差值（I–J）	标准偏差	显著性
		(I)	(J)			
感知风险	LSD	1 年	2 年	−0.144 60*	0.052 14	0.006
			3 年	−0.520 34*	0.101 90	0
		2 年	1 年	0.144 60*	0.052 14	0.006
			3 年	−0.375 74*	0.101 61	0
		3 年	1 年	0.520 34*	0.101 90	0
			2 年	0.375 74*	0.101 61	0
学业情绪	Tamhane	1 年	2 年	0.605 11*	0.035 85	0
			3 年	0.966 47*	0.060 88	0
		2 年	1 年	−0.605 11*	0.035 85	0
			3 年	0.361 35*	0.059 04	0
		3 年	1 年	−0.966 47*	0.060 88	0
			2 年	−0.361 35*	0.059 04	0
心流体验	Tamhane	1 年	2 年	0.604 62*	0.036 86	0
			3 年	1.002 88*	0.059 30	0
		2 年	1 年	−0.604 62*	0.036 86	0
			3 年	−0.398 26*	0.058 08	0
		3 年	1 年	−1.002 88*	0.059 30	0
			2 年	−0.398 26*	0.058 08	0

*表示平均值差值的显著性水平为 0.05

由表 17 可知：①在心流体验和学业情绪方面，不同学习经历用户的平均值均存在显著差异，且均为学习经历时间较短用户的平均值大于学习经历时间较长用户的平均值。②在感知风险方面，不同经验值用户均存在显著差异，且学习经历短的用户的平均值会更高。

通过对学业情绪、心流体验和感知风险 3 个变量进行独立样本 T 检验和单因素方差分析，结果表明用户的性别和年龄不会对上述变量产生影响，学历层次会对学业情绪和心流体验产生影响，移动学习经验会对 3 个变量产生影响。检验还发现移动学习经验较少的用户既有较高的学业情绪和心流体验平均值，同时又有较高的感知风险平均值。这可能是由于经验较少的用户既对移动学习抱有较高的期待，又同时具有较高的风险感知；不过随着学习深入，在对移动学习平台感知风险降低的同时，对平台功能和管理服务的要求也相应提高，各种体验和情绪也会有一定程度的下降。这可能是导致感知风险负向影响学业情绪和心流体验假设不成立的原因。

7　结论

7.1　研究结果

本文首先采用质性研究方法，对来自移动学习平台讨论区中的 4 454 条真实评论数据进行分析，挖掘出影响移动学习用户口碑行为的因素。然后，基于 S-O-R 模型，以学业情绪和心流体验为中介变量，构建了移动学习口碑传播意愿模型，然后通过结构方程、独立样本 T 检验和单因素方差分析等方法进行了实证研究。结果表明：①感知移动学习情境价值将会对用户的学业情绪和心流体验产生显著正向影响，体现了移动学习过程中交流沟通和支持服务的必要性和重要性。②感知移动学习平台资源价值对用户的学业情绪和心流体验均有显著的正向影响，并且对心流体验的影响效应更为明显。此结论与过往移动学习用户采纳和持续使用行为的研究成果一致，说明平台功能和学习资源是移动学习得以实施的核心要素。③学业情绪和心流体验对口碑传播意愿有显著正向影响，并且在移动学习情境和平台资源属性中起到了中介作用，再次证实了学业情绪和心流体验是口碑行为的前置因素。④感知风险对学业情绪和心流体验没有显著影响，单因素方差分析的结果表明用户移动学习经验的差异可能是导致假设不成立的原因。

7.2　理论创新

（1）本文探讨了移动学习口碑传播的影响因素及其内在机制，补充了相关研究领域的不足。以往研究多从平台和资源特性的角度探讨用户对移动学习平台的使用意愿，鲜有关于影响移动学习用户口碑传播因素的研究，本文将移动学习中的客观因素（移动学习情境、平台资源属性）和主观因素（感知风险）作为研究变量，从两个方面探讨了可能影响用户口碑传播的影响因素，扩展了这一领域的研究广度。

（2）本文基于 S-O-R 模型，将用户的学业情绪和心流体验作为机体因素加入研究模型，探讨了移动学习用户产生口碑传播的内在心理机制。以往关于移动学习用户参与的研究，较少对个体产生口碑传播意愿的心理机制进行研究，本文通过分析研究提出用户的感知移动学习平台资源价值会通过影响其学业情绪和心流体验进一步改变其口碑传播意愿，为移动学习中用户参与行为的相关研究提供了新的理论视角。

7.3　管理建议

本文结论能够为移动教育企业提供以下管理启示：①加强移动学习情境塑造。教育技术企业应改变"重开发，轻运营"的传统观念，加强移动学习的配套管理，拓展服务的时间和范围，努力营造积极的学习氛围。②突出移动学习平台的产品特性。移动学习由平台和资源两部分构成，平台是资源的载体，资源是平台的延伸，二者共同组成了实施移动学习的必要条件，教育技术企业应该注重移动学习平台和学习资源建设，为用户提供更加良好的体验。③降低用户的感知风险。部分用户对移动学习尚有顾虑心理，教育技术企业应持续优化移动学习平台的设计，充分发挥信息技术的优势，补齐现有平台使用过程中存在的短板，还应加强引导，向用户充分说明移动学习的优越性，降低其感知风险。④重视移动学习中的口碑管理。教育技术企业应继续深入分析口碑传播诸因素的作用机理及相互影响，促进口碑的正向积极作用，抑制口碑的负向消极作用。⑤注重口碑信息的反馈及改进。用户在论坛中发表的评论信息反映了移动学习平台和服务的某些特征，教育技术企业应积极整理、归纳有代表性的评论信息，根据用户的意见和建议进行及时改进并反馈，从而形成"使用—反馈—改进"的闭环机制，不断扩大移动学习的影响力和应用范围。

7.4　研究不足与展望

受限于人力、物力、时间、空间及研究者水平等因素，本文在数据获取及分析讨论中存在不足。一是样本采集来源存在局限性。获取的数据大多来源于理工科高校，男女人数相差较大，样本类别相对单一，有可能会导致潜在影响因素分析不全面。二是调查方法和测量指标存在局限性。本文通过网络收集数据，收集方法过于单一，可能会存在一定的抽样偏差。此外，目前国内外针对用户使用移动学习产品后进行口碑传播的研究还较为缺乏，可供借鉴的经验和成果不多，由此不可避免地存在测量指标不能完全覆盖所有影响因素的情况。三是在研究前因变量对学业情绪的影响时，本文只重点关注了对积极的学业情绪的影响，即只测量了学业情绪的积极程度，没有关注对消极学业情绪的影响，但在现实中，积极的学业情绪和消极的学业情绪是同时存在的两种情绪，消极的学业情绪不可忽视。四是本文并未探究不同移动学习平台用户口碑传播意愿的差异，对于不同移动学习平台的特征和优势缺乏深入了解，在制订未来研究计划方面还存在不足。

后续可在本次研究的基础上，扩展用户对移动学习口碑传播意愿影响因素的指标体系，开展针对不同类别用户移动学习口碑传播意愿差异的比较研究，继续研究不同移动学习平台用户口碑传播意愿的差异，关注消极学业情绪的影响，引入数据挖掘等方法对移动学习口碑传播行为进行预测，以期进一步深化移动学习口碑传播意愿的影响因素研究。

参 考 文 献

[1] Villa E，Ruiz L，Valencia A，et al. Electronic commerce：factors involved in its adoption from a bibliometric analysis[J]. Journal of Theoretical and Applied Electronic Commerce Research，2018，13（1）：39-70.

[2] Moldovan A N，Weibelzahl S，Muntean C H. Energy-aware mobile learning：opportunities and challenges[J]. IEEE Communications Surveys & Tutorials，2014，16（1）：234-265.

[3] 中国互联网络信息中心. 第 45 次《中国互联网络发展状况统计报告》[EB/OL]. http://www.cac.gov.cn/2020-04/27/c_1589535470378587.htm，2020-04-28.

[4] Pal D，Vanijja V. Perceived usability evaluation of microsoft teams as an online learning platform during COVID-19 using system usability scale and technology acceptance model in India[J]. Children and Youth Services Review，2020，119：105535.

[5] Tseng C H，Kuo H C，Chen J M. Do types of virtual community matter for the effects of online advertisement and electronic words of mouth?[J]. Marketing Review，2014，11（1）：28-49.

[6] Xu K Q，Liao S S，Li J X，et al. Mining comparative opinions from customer reviews for competitive intelligence[J]. Decision Support Systems，2011，50（4）：743-754.

[7] Liu Y. Word of mouth for movies：its dynamics and impact on box office revenue[J]. Journal of Marketing，2006，70（3）：74-89.

[8] Bei L T，Chen E Y I，Widdows R. Consumers' online information search behavior and the phenomenon of search vs. experience products[J]. Journal of Family and Economic Issues，2004，25（4）：449-467.

[9] Chevalier J A，Mayzlin D. The effect of word of mouth on sales：online book reviews[J]. Journal of Marketing Research，2006，43（3）：345-354.

[10] Díez-Echavarría L，Valencia A，Cadavid L. Mobile learning on higher educational institutions：how to encourage it? Simulation approach[J]. Dyna，2018，85（204）：325-333.

[11] Zhou H C，Zheng D J，Li Y M，et al. User-opinion mining for mobile library apps in China：exploring user improvement needs[J]. Library Hi Tech，2019，37（3）：325-337.

[12] Popov V，Jiang Y，So H J. Shared lessons in mobile learning among K-12 education，higher education and industry：an international delphi study[J]. Educational Technology Research and Development，2020，68（3）：1149-1180.

[13] Sandars J，Walsh K. The use of online word of mouth opinion in online learning：a questionnaire survey[J]. Medical Teacher，2009，31（4）：325-327.

[14] Alonso D L, Yuste T R. Constructing a grounded theory of e-learning assessment[J]. Journal of Educational Computing Research, 2015, 53（3）: 315-344.

[15] Strauss A L. Qualitative Analysis for Social Scientists[M]. Cambridge: Cambridge University Press, 1987.

[16] Ruvio A, Bagozzi R P, Hult G T M, et al. Consumer arrogance and word-of-mouth[J]. Journal of the Academy of Marketing Science, 2020, 48（5）: 1116-1137.

[17] Pendleton G, Dixit A, Lundstrom W. Electronic word of mouth: a dynamic new force in consumer decision-making[J]. Journal of the Academy of Business & Economics, 2013, 13（4）: 63-74.

[18] Belanche D, Flavian M, Pérez-Rueda A. Mobile apps use and WOM in the food delivery sector: the role of planned behavior, perceived security and customer lifestyle compatibility[J]. Sustainability, 2020, 12（10）: 4275-4296.

[19] Casidy R, Wymer W. The impact of brand strength on satisfaction, loyalty and WOM: an empirical examination in the higher education sector[J]. Journal of Brand Manage, 2015, 22（2）: 117-135.

[20] Alsswey A, Al-Samarraie H. M-learning adoption in the Arab gulf countries: a systematic review of factors and challenges[J]. Education and Information Technologies, 2019, 24（5）: 3163-3176.

[21] 陈美玲, 白兴瑞, 林艳. 移动学习用户持续使用行为影响因素实证研究[J]. 中国远程教育, 2014,（12）: 41-47, 96.

[22] 王志军, 冯小燕. 基于学习投入视角的移动学习资源画面设计研究[J]. 电化教育研究, 2019, 40（6）: 91-97.

[23] 张熠, 朱琪, 李孟. 用户体验视角下国内移动学习 APP 评价指标体系构建——基于 D-S 证据理论[J]. 情报杂志, 2019, 38（2）: 187-194.

[24] Fu P W, Wu C C, Cho Y J. What makes users share content on facebook? Compatibility among psychological incentive, social capital focus, and content type[J]. Computers in Human Behavior, 2017, 67: 23-32.

[25] Tennie C, Frith U, Frith C D. Reputation management in the age of the world-wide web[J]. Trends in Cognitive Sciences, 2010, 14（11）: 482-488.

[26] Hollenbaugh E E, Ferris A L. Facebook self-disclosure: examining the role of traits, social cohesion, and motives[J]. Computers in Human Behavior, 2014, 30: 50-58.

[27] Bond S D, He S X, Wen W. Speaking for "free": word of mouth in free- and paid-product settings[J]. Journal of Marketing Research, 2019, 56（2）: 276-290.

[28] Ladhari R. The effect of consumption emotions on satisfaction and word-of-mouth communications[J]. Psychology & Marketing, 2007, 24（12）: 1085-1108.

[29] James W. What is an emotion?[J]. Mind, 1884, 9（34）: 188-205.

[30] Goncales L J, Farias K, Bishoff V, et al. Toward an architecture for comparing UML design models[J]. Journal of Software, 2017, 12（7）: 559-569.

[31] Tripathi G, Dave K. Assessing the impact of restaurant service quality dimensions on customer satisfaction and behavioural intentions[J]. Journal of Services Research, 2016, 16（1）: 13-39.

[32] Duarte P, Susana C E S, Ferreira M B. How convenient is it? Delivering online shopping convenience to enhance customer satisfaction and encourage e-WOM[J]. Journal of Retailing and Consumer Services, 2018, 44（9）: 161-169.

[33] Mishra P, Bakshi M, Singh R. Impact of consumption emotions on WOM in movie consumption: empirical evidence from emerging markets[J]. Australasian Marketing Journal, 2016, 24（1）: 59-67.

[34] 李研, 金慧贞, 李东进. 社交网络情境下消费者口碑生成的影响因素模型: 基于真实口碑文本的扎根研究[J]. 南开管理评论, 2018, 21（6）: 83-94.

[35] Balaji M S, Khong K W, Chong A Y L. Determinants of negative word-of-mouth communication using social networking sites[J]. Information & Management, 2016, 53（4）: 528-540.

[36] 金永生，田慧. 网站特征对消费者口碑传播意愿的影响机制研究[J]. 现代情报，2016，36（10）：107-112.

[37] 陈洁，丛芳，康枫. 基于心流体验视角的在线消费者购买行为影响因素研究[J]. 南开管理评论，2009，12（2）：132-140.

[38] Triantafillidou A，Siomkos G. Consumption experience outcomes：satisfaction，nostalgia intensity，word-of-mouth communication and behavioural intentions[J]. Journal of Consumer Marketing，2014，31（6/7）：526-540.

[39] Renard D. Online promotional games：impact of flow experience on word-of-mouth and personal information sharing[J]. International Business Research，2013，6（9）：93-100.

[40] Pekrun R，Goetz T，Titz W，et al. Academic emotions in students' self-regulated learning and achievement：a program of qualitative and quantitative research[J]. Educational Psychologist，2002，37（2）：91-105.

[41] Efklides A，Volet S. Emotional experiences during learning：multiple，situated and dynamic[J]. Learning and Instruction，2005，15（5）：377-380.

[42] Pekrun R，Goetz T，Frenzel A C，et al. Measuring emotions in students' learning and performance：the achievement emotions questionnaire（AEQ）[J]. Contemporary Educational Psychology，2011，36（1）：36-48.

[43] 徐先彩，龚少英. 学业情绪及其影响因素[J]. 心理科学进展，2009，17（1）：92-97.

[44] Pekrun R，Elliot A J，Maier M A. Achievement goals and discrete achievement emotions：a theoretical model and prospective test[J]. Journal of Educational Psychology，2006，98（3）：583-597.

[45] Linnenbrink E A，Pintrich P R. Achievement goal theory and affect：an asymmetrical bidirectional model[J]. Educational Psychologist，2002，37（2）：69-78.

[46] Goetz T，Preckel F，Pekrun R，et al. Emotional experiences during test taking：does cognitive ability make a difference?[J]. Learning and Individual Differences，2007，17（1）：3-16.

[47] Levy Y. Comparing dropouts and persistence in e-learning courses[J]. Computers & Education，2007，48（2）：185-204.

[48] 董大海，李广辉，杨毅. 消费者网上购物感知风险构面研究[J]. 管理学报，2005，2（1）：55-60.

[49] Csikszentmihalyi M. Flow：The Psychology of Optimal Experience[M]. New York：Harper Collins Publishers，2009.

[50] Chen I Y L. The factors influencing members' continuance intentions in professional virtual communities—a longitudinal study[J]. Journal of Information Science，2007，33（4）：451-467.

[51] Bressler D M，Bodzin A M. A mixed methods assessment of students' flow experiences during a mobile augmented reality science game[J]. Journal of Computer Assisted Learning，2013，29（6）：505-517.

[52] Hamari J，Shernoff D J，Rowe E，et al. Challenging games help students learn：an empirical study on engagement，flow and immersion in game-based learning[J]. Computers in Human Behavior，2016，54：170-179.

[53] Cheng Y M. Exploring the roles of interaction and flow in explaining nurses' e-learning acceptance[J]. Nurse Education Today，2013，33（1）：73-80.

[54] 许雪琦，张娅雯. 移动学习平台用户使用意愿影响因素研究——基于移动情境和心流体验的技术接受模型[J]. 电化教育研究，2020，41（3）：69-75，84.

[55] Belk R W. Situational variables and consumer behavior[J]. Journal of Consumer Research，1975，2（3）：157-164.

[56] Namkung Y，Jang S C. Effects of perceived service fairness on emotions，and behavioral intentions in restaurants[J]. European Journal of Marketing，2010，44（9/10）：1233-1259.

[57] Moore G C，Benbasat I. Development of an instrument to measure the perceptions of adopting an information technology innovation[J]. Information Systems Research，1991，2（3）：192-222.

[58] Eroglu S A，Machleit K A，Davis L M. Atmospheric qualities of online retailing：a conceptual model and implications[J]. Journal of Business Research，2001，54（2）：177-184.

[59] Shah D V，Cho J，Nah S，et al. Campaign ads，online messaging，and participation：extending the communication mediation

model[J]. Journal of Communication, 2007, 57（4）: 676-703.

[60] 张敏, 孟蝶, 张艳. S-O-R 分析框架下的强关系社交媒体用户中辍行为的形成机理 —— 一项基于扎根理论的探索性研究[J]. 情报理论与实践, 2019, 42（7）: 80-85, 112.

[61] 甘春梅, 林恬恬, 肖晨, 等. S-O-R 视角下社会化商务意愿的实证研究[J]. 现代情报, 2018, 38（9）: 64-69, 97.

[62] Liu H F, Chu H L, Huang Q, et al. Enhancing the flow experience of consumers in China through interpersonal interaction in social commerce[J]. Computers in Human Behavior, 2016, 58: 306-314.

[63] Gao L, Bai X. Online consumer behaviour and its relationship to website atmospheric induced flow: insights into online travel agencies in China[J]. Journal of Retailing and Consumer Services, 2014, 21（4）: 653-665.

[64] Khan I U, Hameed Z, Yu Y, et al. Assessing the determinants of flow experience in the adoption of learning management systems: the moderating role of perceived institutional support[J]. Behaviour & Information Technology, 2017, 36（11）: 1162-1176.

[65] Jacoby J. Stimulus-organism-response reconsidered: an evolutionary step in modeling（consumer）behavior[J]. Journal of Consumer Psychology, 2002, 12（1）: 51-57.

[66] Eroglu S A, Machleit K A, Davis L M. Empirical testing of a model of online store atmospherics and shopper responses[J]. Psychology & Marketing, 2003, 20（2）: 139-150.

[67] 王德胜, 王建金. 负面网络口碑对消费者品牌转换行为的影响机制研究——基于虚拟社区涉入的视角[J]. 中国软科学, 2013,（11）: 112-122.

[68] Zeithaml V A. Consumer perceptions of price, quality, and value: a means-end model and synthesis of evidence[J]. Journal of Marketing, 1988, 52（3）: 2-22.

[69] Brown J S, Collins A, Duguid P. Situated cognition and the culture of learning[J]. Educational Researcher, 1989, 18（1）: 32-42.

[70] 戴心来, 郭卡, 刘蕾. MOOC 消费者满意度影响因素实证研究——基于"中国大学 MOOC"学习者调查问卷的结构方程分析[J]. 现代远距离教育, 2017,（2）: 17-23.

[71] Watjatrakul B. Online learning adoption: effects of neuroticism, openness to experience, and perceived values[J]. Interactive Technology and Smart Education, 2016, 13（3）: 229-243.

[72] Jena R K. Understanding academic achievement emotions towards business analytics course: a case study among business management students from India[J]. Computers in Human Behavior, 2019, 92（3）: 716-723.

[73] 药文静, 姜强, 李月, 等. 众包知识建构下学业情绪影响因素及唤醒机制的科学学研究——面向深度学习的课堂教学结构化变革研究之五[J]. 现代远距离教育, 2020,（5）: 33-42.

[74] Cheng Y M. Extending the expectation-confirmation model with quality and flow to explore nurses' continued blended e-learning intention[J]. Information Technology & People, 2014, 27（3）: 230-258.

[75] 孙田琳子, 石福新, 王子权, 等. 教育资源的建设、应用与反思[J]. 中国电化教育, 2020,（6）: 130-146.

[76] Kasuma J, Liyana F, Razak A, et al. Attitude, perceived usefulness and perceived ease of use towards intention to use m-commerce: a case of grocery shoppers in Kuching, Sarawak[J]. Journal of Entrepreneurship & Business, 2020, 8（1）: 71-84.

[77] Davis F D. Perceived usefulness, perceived ease of use and user acceptance of information technology[J]. MIS Quarterly, 1989, 13（3）: 319-340.

[78] 关磊. 高校数字图书馆网站用户持续使用意愿研究——基于用户体验、TAM 和 ECM 的整合模型[J]. 图书馆工作与研究, 2020,（2）: 48-59.

[79] Ruipérez-Valienta J A, Halawa S, Slama R, et al. Using multi-platform learning analytics to compare regional and global

MOOC learning in the Arab world[J]. Computers & Education，2020，146：103776.

[80] 吴华君，葛文双，何聚厚. 教师支持对 MOOC 课程持续学习意愿的影响研究——基于 S-O-R 和 TAM 的视角[J]. 现代远距离教育，2020，（3）：89-96.

[81] Hsu C L，Lu H P. Why do people play on-line games? An extended TAM with social influences and flow experience[J]. Information & Management，2004，41（7）：853-868.

[82] Yang I，Bahli B. Interplay of cognition and emotion in IS usage：emotion as mediator between cognition and IS usage[J]. Journal of Enterprise Information Management，2015，28（3）：363-376.

[83] Pieters R，Zeelenberg M. On bad decisions and deciding badly：when intention behavior inconsistency is regrettable[J]. Organizational Behavior and Human Decision Processes，2005，97（1）：18-30.

[84] Setyohadi D B，Kusrohmaniah S，Christian E，et al. M-learning interface design based on emotional aspect analysis[C]// Horain P，Achard C，Mallen M. International Conference on Intelligent Human Computer Interaction. Switzerland：Springer，2016，（6）：276-287.

[85] Admiraal W，Huizenga J，Akkerman S，et al. The concept of flow in collaborative game-based learning[J]. Computers in Human Behavior，2011，27（3）：1185-1194.

[86] Wangenheim F V. Postswitching negative word of mouth[J]. Journal of Service Research，2005，8（1）：67-78.

[87] 王凤华，高丽，潘洋洋. 顾客参与对顾客满意的影响研究——感知风险的中介作用和自我效能感的调节作用[J]. 财经问题研究，2017，（6）：101-107.

[88] 张继东，蔡雪. 基于用户行为感知的移动社交网络信息服务持续使用意愿研究[J]. 现代情报，2019，39（1）：70-77.

[89] 郭宇，段其姗，王晰巍. 移动学习用户隐私信息披露行为实证研究[J]. 现代情报，2018，38（4）：98-105，117.

[90] 黄耕. 基于 UTAUT 模型的开放教育资源个体采纳研究[D]. 河北工业大学博士学位论文，2015.

[91] Hsu C L，Lin C C. Acceptance of blog usage：the roles of technology acceptance，social influence and knowledge sharing motivation[J]. Information & Management，2008，45（1）：65-74.

[92] Berger J. Word of mouth and interpersonal communication：a review and directions for future research[J]. Journal of Consumer Psychology，2014，24（4）：586-607.

[93] Westbrook R A. Product/consumption-based affective responses and postpurchase processes[J]. Journal of Marketing Research，1989，24（3）：258-270.

[94] Kang J A，Hong S，Hubbard G T. The role of storytelling in advertising：consumer emotion，narrative engagement level，and word-of-mouth intention[J]. Journal of Consumer Behaviour，2020，19（1）：47-56.

[95] Krishen A S，Berezan O，Agarwal S，et al. Harnessing the waiting experience：anticipation，expectations and WOM[J]. Journal of Services Marketing，2020，34（7）：1013-1024.

[96] 刘君玲，刘斌，张文兰. 学业情绪对在线协作问题解决的影响研究[J].中国电化教育，2019，（7）：82-90.

[97] Csikszentmihalyi M，Csikszentmihalyi I S. Optimal Experience：Psychological Studies of Flow in Consciousness[M]. Cambridge：Cambridge University Press，1988.

[98] Jackson S A，Eklund R C. Assessing flow in physical activity：the flow state scale-2 and dispositional flow scale-2[J]. Journal of Sport and Exercise Psychology，2002，24（2）：133-150.

[99] Tavares D，Freire T. Flow experience，attentional control，and emotion regulation：contributions for a positive development in adolescents[J]. Psicologia：Revista da Associacao Portuguesa Psicologia，2016，30（2）：77-94.

[100] Shumow L，Schmidt J A，Zaleski D J. Multiple perspectives on student learning，engagement，and motivation in high school biology labs[J]. The High School Journal，2013，96（3）：232-252.

[101] Ho L A，Kuo T H. How can one amplify the effect of e-learning? An examination of high-tech employees' computer attitude

and flow experience[J]. Computers in Human Behavior，2010，26（1）：23-31.

[102] Oliver R L. A cognitive model of the antecedents and consequences of satisfaction decisions[J]. Journal of Marketing Research，1980，17（4）：460-469.

[103] Zhang M L，Hu M，Guo L Y，et al. Understanding relationships among customer experience，engagement，and word-of-mouth intention on online brand communities[J]. Internet Research，2017，27（4）：839-857.

[104] 姚成彦，陈钦雨，余念真. 行动商务网站品质，心流体验及网路口碑对消费动机影响之研究[J]. 顾客满意学刊，2017，13（1）：103-131.

[105] Keegan D. Foundations of distance education（routledge studies in distance education）[J]. British Journal of Educational Studies，1996，38（4）：384-386.

[106] 蒋玉石. 零售行业中顾客口碑传播意愿的理论研究与实证分析[D]. 西南交通大学博士学位论文，2007.

[107] 武传表. 游客网络口碑传播意愿关键影响因素实证研究——以赴大连游客为例[D]. 大连理工大学博士学位论文，2013.

[108] Zhao X S，Lynch Jr J G，Chen Q M. Reconsidering Baron and Kenny：myths and truths about mediation analysis[J]. Journal of Consumer Research，2010，37（2）：197-206.

[109] Preacher K J，Rucker D D，Hayes A F. Addressing moderated mediation hypotheses：theory，methods，and prescriptions[J]. Multivariate Behavioral Research，2007，42（1）：185-227.

[110] Hayes A F. Introduction to Mediation，Moderation，and Conditional Process Analysis：A Regression-Based Approach[M]. New York：The Guilford Press，2013.

Research on the Willingness to Spread Word of Mouth in Mobile Learning Based on Academic Emotion and Flow Experience

LUO Xiao[1], WANG Ya[1], JIANG Yushi[1, 2], YANG Qiang[1], MIAO Miao[3]

（1. School of Economics and Management，Southwest Jiaotong University，Chengdu 610031，China；2. Service Science and Innovation Key Laboratory of Sichuan Province，Chengdu 610031，China；3. Business School，Yango University，Fuzhou 350015，China）

Abstract　Firstly，this paper extracts 4 454 real comments from the discussion area of the mobile learning platform，and finds out the factors influencing the behavior of word-of-mouth through qualitative analysis. Then，this paper introduces academic emotion and flow experience as mediating variables，constructs the influencing factors model of word-of-mouth communication intention and makes an empirical analysis. The results show that：perceived mobile learning context value and perceived platform resource value have a positive impact on academic emotion and flow experience；academic emotion and flow experience have a positive impact on word-of-mouth communication intention；user perceived risk has no significant impact on academic emotion and flow experience. This paper provides a reference for word-of-mouth research and related management in the context of mobile learning.

Key words　mobile learning，WOM communication intention，academic emotion，flow experience，empirical analysis

作者简介

罗霄（1978—），男，西南交通大学经济管理学院，博士研究生，广西柳州人，研究方向为网络学习、消费者行为、电子商务等。E-mail：luoxiao@xnjd.cn。

王娅（1996—），女，西南交通大学经济管理学院，硕士研究生，四川成都人，研究方向为网络学习、网络广告等。E-mail：473520562@qq.com。

蒋玉石（1979—），男，西南交通大学经济管理学院教授、博士生导师，湖南衡阳人，研究方向为神经营销、网络广告、人力资源管理等。E-mail：906375866@qq.com。

杨强（1992—），男，西南交通大学经济管理学院，博士研究生，河南郑州人，研究方向为人因工程和视觉营销等。E-mail：757649018@qq.com。

苗苗（1980—），女，阳光学院商学院教授，内蒙古呼和浩特人，研究方向为企业管理。E-mail：miaomiao@swjtu.cn。

金融论坛内容发布者受关注度影响因素探究：基于印象管理视角*

李小琳，倪颖，陆本江

（南京大学 管理学院，南京 210093）

摘　要　随着互联网金融的不断发展，金融论坛成为投资者获取、交换信息的重要途径之一。对于在线社区，用户社区影响力的提升是实现用户社区地位差异化、促进社区持续发展的重要因素。但在专业性导向的金融论坛中，什么样的用户更容易受到其他用户的关注，目前尚不明确。本文从用户印象管理视角出发，通过分析用户披露个人信息行为及发布专业内容特征，建立金融论坛用户受关注度影响模型并验证假设。结果表明，用户自定义简介及头像、发帖平均长度、情感极性变动频率都对其受关注度有显著影响。

关键词　金融论坛，受关注度，印象管理，个人信息，专业内容

中图分类号　C931.6

1　引言

近几年，互联网金融在国内外广受热议[1]。同时，信息不对称等问题导致的互联网金融风险日益凸显。在此背景下，在线金融论坛作为一种在线社区，借助社会化媒体技术将信息发布者和搜寻者关联起来，促进金融信息在社区中的传播和共享，逐渐成为投资者之间交流投资信息与经验的重要场所[2]。虽然各种形式的金融论坛不断涌现，但能够长久、稳定存活的却很少，大部分论坛都由于缺少用户的持续参与而消亡。因此，保障社区整体活跃性及持续发展成为论坛管理者的核心问题。

对于在线社区，以往研究发现参与者持续参与社区的核心动机之一在于其社区地位的差异化[3]。此外，在社区中被高度关注、具有较高影响力的用户在内容贡献和信息传播方面也发挥着重要作用[4, 5]。因此，探索社区用户受关注度的影响因素对于社区及用户都有重要的现实意义。从社区角度来看，有效识别用户受关注度影响因素可以辅助社区有针对性地孵化具有高社区影响力的用户，进而促进用户持续参与，保障社区整体活跃性；从用户角度来看，了解用户受关注度的影响因素也能够帮助那些试图在社区中获得更多关注的用户脱颖而出。

在线社区中被高度关注、具有较高影响力的人被称为影响者（influencer）。已有研究从网络结构[6]、文本特征等视角[7]对社区参与者影响力的形成进行了相关探索。对于互联网金融，从风险规避考虑，用户参与金融论坛的主要目的在于获取信息，以期降低信息不对称。相较于其他类型的在线社区，金融论坛中的用户对信息的客观性、专业性及准确性要求更高，会更倾向于选择关注那些值得信任的发布者，从而降低信息获取成本并得到有效信息。因此，信任成为金融论坛中用户选择关注的一个核心要素。已

---

* 基金项目：国家自然科学基金项目（61773199，71902086）。

通信作者：陆本江（1989—），男，南京大学管理学院助理研究员，通信地址：江苏省南京市鼓楼区金银街 16 号南京大学商学院（安中楼），邮编：210093，E-mail：lubj@nju.edu.cn。

有文献表明，在社交媒体中个体会通过建立个人形象，即印象管理（impression management）来维持自身的可信度、说服力及与追随者之间的紧密联系[8, 9]。但是，目前仍鲜有研究从印象管理的视角出发，探讨金融论坛中用户受关注度的影响因素。

在金融论坛中，用户的印象管理主要表现在两个方面：个人信息披露及专业信息分享。具体而言，个人信息披露主要表现在参与者是否愿意完善个人基础信息，如上传头像、修改昵称、完善简介等。在线社区中，相比于采纳默认基础信息，用户个人信息的披露行为体现了用户更高的社区卷入度。专业信息分享是金融论坛用户构建个人社区形象的另一个重要途径。用户通过在论坛中发帖，分享专业的金融市场信息、知识及投资经验等，从而打造个体的社区形象。由于在线社区中存在信息超载[10]，普通用户可能会选择性关注其认为可信的用户以降低信息获取的成本。基于此，本文将从社区用户印象管理出发，借鉴自我披露（self-disclosure）及信任关系等理论，对用户在社区中的自我信息披露行为及发布的专业内容特征进行分析，建立用户受关注度影响模型，揭示在线金融论坛中内容发布者受关注的影响因素，为论坛管理及用户参与提供科学的启示。

2　理论背景与文献回顾

2.1　在线金融论坛

互联网金融是一种新型金融业务模式。除了传统的金融机构外，非金融机构作为主体参与金融业务成为互联网金融的显著特点，因此，业务过程伴随着一定的不确定性。例如，P2P（peer-to-peer）网络借贷作为一种典型的互联网金融模式[11]，由于借款人与投资者之间的信息不对称[12]，因而存在不确定性。在此背景下，在线金融论坛成为桥接投资者与借贷者、汇集金融信息、辅助用户决策的重要渠道。同时，基于大众智慧（crowd wisdom）的决策体现了在大数据情境下的新兴决策范式[13]。

从信息与决策角度来看，大数据正在重新定义社会管理决策、企业管理决策、个人决策的过程与方式，人们通过大数据的交换、整合与分析来发现新知识、创造新价值[14]。在金融领域，互联网金融"实质是利用互联网技术、大数据思维进行的金融业务再造"[15]。社会网络是信息、观点和行为传播的主要渠道。人们不再只依赖于专业人士的建议，更多选择接受同一群体用户的观点，如在金融领域，基于同行的建议对个体决策的影响正在增加[16]。Lin 等研究了 P2P 网贷平台 Prosper.com 上借款人的社交网络地位对其交易结果的影响，发现社交网络中的关系可以有效减轻借贷双方之间的信息不对称问题[17]。

虽然国内在线金融论坛数量不断增加，但真正能够存活的仍为少数，绝大多数都由于缺乏用户持续参与而逐渐消亡。对于在线社区，用户社区影响力的提升是实现用户社区地位差异化、促进社区持续发展的重要因素[3]。已有研究主要围绕在线社区中用户的影响力成因或影响因素展开，如表 1 所示。

表 1　用户社区影响力/受关注度影响因素研究总结

文献	研究情境	自变量	因变量	理论	研究发现
Kim 和 Kim[18]	社交媒体	名人在社交媒体中活动的结构（个性和语言相似性）和情境（互动频率和自我披露）特征	粉丝与名人直接的社交关系	社会互动理论	语言相似度、兴趣相似度和自我披露对社交网络中人际关系（sociogram）的建立有显著积极的影响
王晰巍等[19]	区块链社交网络	中心性、受认可度	意见领袖影响力	区块链理论	在区块链环境下，中心性和受认可度能够更好识别社交网络中的意见领袖；意见领袖的中间中介大、有更强的创作和参与意愿；意见领袖影响力需考虑参与用户质量
安璐等[20]	社交媒体	用户基本信息、博文基本信息	用户影响力	沉默螺旋理论	用户等级越高、关注的用户数量越多、发表微博数量越多，越可能吸引更多用户关注

续表

文献	研究情境	自变量	因变量	理论	研究发现
Wang 等[21]	社交媒体	用户类型、内容特征、用户关注者的时序特征	用户发布内容的受欢迎度（转发数）	弱关系、社会资本理论	与他人联系更多的中心用户更可能是信息传播者；当非中心用户发布内容的主题与其关注者的生活高度相关或是包含较高的情感效价时，该用户的影响力会提高
Xiong 等[22]	在线社区	自我认同、互惠性、知识贡献	社会互动关系	社会资本理论	意见领袖通过自我认同、知识贡献和互惠等不同途径积累社会互动关系
Kim 和 Kim[23]	在线粉丝社区	在线粉丝社区属性（即社交互动，信息质量和内容）	粉丝社区认同度、名人忠诚度、社区成员合作等	社会认同理论、社会互动理论	在线粉丝社区属性对因变量具有直接的积极影响，从而增强了忠诚度并鼓励了粉丝社区成员之间的合作
蒋逸尘等[24]	社会化问答社区	用户的参与度和权威性	社交关系（用户的关注者数）	关系构建理论、知识贡献模型	在知乎社区中，参与度和权威性有助于用户增加自己在社区中的关注者数
Johnson 等[7]	在线社区	官方权威身份、社交网络中心性、语言使用模式	在线领导力（是否被任一社区用户提名为影响力最大的用户）	组织领导力理论	任何在线社区中最具影响力的参与者会发布大量积极简洁、其他参与者熟悉的简单语言的帖子
Sutanto 等[6]	虚拟协作团队	社交网络中心度	在线领导力（被其他团队成员视为最具影响力的团队成员的次数）	社交网络理论	构成社交网络结构的互动模式是特定团队成员被他人视为领导者的重要预测指标
本研究	金融论坛	参与者个人信息披露（完善昵称、简介、上传头像）、专业信息分享（发帖长度、情感极性变动频率）	受关注度（粉丝数）	印象管理、信任	参与者自定义简介及头像、发帖平均长度、情感极性变动频率都对其受关注度有显著影响

通过梳理，本文发现以往研究主要关注情境为社交媒体、一般性社区（如兴趣类、问答类等）及虚拟协作团队等，鲜有研究关注在线金融论坛。与传统社交网络和社区不同，为了规避信息不对称而导致的互联网金融市场中的风险，金融论坛中信息搜寻者对信息的客观性、专业性及准确性要求更高，会更倾向于选择关注那些值得信任的发布者，以降低信息获取成本并得到有效信息。因此，考虑到研究情境的差异，本文将以信任理论作为解释机制，从印象管理的视角出发，探究在线金融论坛中参与者受关注度的影响因素。

2.2 人际信任

人际信任（interpersonal trust）是个体在人际互动过程中建立起来的对交际对象的言论、习惯和可靠性的期望，在社会和组织生活中普遍存在[25]。Lewicki 等将信任与不信任视为两个独立的维度，并假设低水平的信任或者不信任通常是由于缺乏关于他人的信息，人们对他人未来的行为存在不确定性[26]。

随着信息系统、虚拟团队、电子商务和用户交互技术的快速发展以及互联网中高不确定性和高风险的存在，线上情境下的信任问题逐渐成为热点话题[27]。围绕信任的研究主要有三个主题。第一类对信任的研究将信任视为影响其他变量的因素。例如，林家宝等的研究表明，投资者对网上证券服务的信任可以显著影响其对同一公司的移动环境下的证券服务业务的初始信任、感知易用性和感知有用性[28]。第二类研究中学者试图研究可能影响在线情境下信任形成的因素。例如，Ou 等对在线交易市场中买卖双方的人际关系进行研究，发现买方和卖方可以通过计算机中介通信技术进行互动交流从而迅速建立人际关系和信任，并且这种快速建立的关系和信任能促进买方与卖方的重复交易[29]。除此之外，影响在线环境中信任形成的因素可能还有其他环境下的信任转移[29]、视觉设计[30]等。第三类关于信任的研究将信任作为潜在的影响机制，用以解释研究人员感兴趣的现象。例如，Komiak 和 Benbasat 以信任为机制来研究电子商务在线推荐中用户感知到的产品的个性化程度和熟悉程度对用户采纳产品推荐的影响[31]。

在互联网金融背景下，信任成为影响用户关注行为的内核机制。在线金融论坛为参与者提供了修改个人信息、上传个人头像及撰写帖子等功能来进行印象管理和自我披露，从而降低用户之间的信息不对称程度，为论坛参与者获取其他用户的信任提供了机会。同时，信任也会影响个人信息共享的意图[32]，从而促进更深入的信息共享和信任。因此，本文选择信任作为研究印象管理与用户受关注之间的内在解释机制。

2.3　印象管理与自我披露

印象管理由 Goffman 于 1959 年提出[33]。印象管理是指人们试图通过自我表现，调节和控制其在社交与互动中表露的信息，进而影响他人对其形象的感知，特定类型的印象管理会帮助或阻碍个体在他人眼里创造、维护其形象的意图[9, 34]。许多自我表现的模式是无意识的、习惯性的[35~37]，所以人们往往很少注意到他们正在进行印象管理的相关行为[9]。

对个体而言，自我披露是印象构建的核心途径之一。自我披露可被描述为"向他人揭示个人信息的行为"[38]。通过自我披露，个体向其他人展示自己的信息。这种信息往往是私人的、非正式的，包括思想、感受、愿望、目标及喜好等[39]。自我披露是人际关系中的一个重要因素，是亲密关系发展的关键部分，有助于建立和加强人际关系[40, 41]。但是，自我披露有可能会引起嘲笑或拒绝，从而使披露者处于社交尴尬或脆弱的境地[42]。因此，人们更有可能向陌生人披露个人信息[43]。

随着计算机技术的发展，印象管理从面对面交流逐渐扩展到计算机中介通信，已被广泛应用于在线交流[44]、社交网络[45]等领域。与面对面交流相比，在线网络交流中的匿名性可以降低用户自我披露带来的风险[46]，并帮助用户表达"真实自我"[47]。在社交网络中，用户通过各种印象管理的行为来构建个人形象，从而建立并维持与其他用户的亲密关系及信任[5]。在线印象管理的形式多样，包括文本[7, 48]、图像[49~51]等都可以被用来作为印象管理的有效方式。

在本文的研究情境下，在线金融论坛的参与者披露信息有利于降低信息不对称水平、提升参与者的可信任程度。因此，信息发布者可以在金融论坛中通过印象管理，建立自身值得信任的形象、获得用户关注，从而促进在线金融论坛的活跃度，有助于信息的分享与传播。

3　研究模型与假设

基于上文回顾的相关文献，本节将提出具体的研究模型，该模型以在线金融论坛参与者为研究对象，从印象管理与人际信任的视角分析在线金融论坛中参与者受关注度的影响因素。在线金融论坛中参与者的印象管理主要通过以下两个途径实现。

（1）个人信息披露，包括文本信息披露与头像信息披露。文本信息披露是指用户存在设置、修改默认昵称与简介的行为，通过设置自定义的昵称和简介，用户可以披露自己的身份、职业、投资经验、投资偏好等信息。头像信息披露是指用户存在自行上传头像、替换默认头像的行为，用户的头像一定程度上可以体现其个人形象。愿意进行个人信息披露的用户通常具有更高的社区卷入度。此外，通过这类个人信息的披露，用户更有可能影响其他人对其形象的感知，进而吸引其他用户的关注。

（2）专业内容分享，包括分享金融市场信息、表达个人观点及分享个人投资经验等。用户发布的帖子内容特征，如文本长度及文本蕴含的情感极性等可以披露出用户的态度、思想、感受、目的等信息，从而塑造用户形象并影响其受关注程度。

下面将详细阐述本文的研究假设。

3.1 用户个人信息披露与受关注度

1. 文本信息披露

在金融论坛中，参与者会进行文本相关的个人信息披露。一些参与者会更改自己的昵称，如"魏律师"及编辑自己的简介，如"微信公众号：白客说财（qmwanju666），分享 P2P、基金、信用卡理财思考、理财技巧！""稳贷网信贷总监，喜欢写作和分享，微信号***""5 年经验的投资达人，网贷行业从业者，人称萝卜哥"等。这些文本相关的昵称和简介在一定程度上披露出参与者的身份职业、投资经验与偏好等信息，也是参与者对于自身专业性的展示。陈冬宇对网络借贷平台中具备放贷经历的参与者进行问卷调查，发现信息质量是影响 P2P 网络借贷中交易信任的重要因素[52]，借款人披露的个人信息越充分详细、真实可靠，越能降低借贷过程中的信息不对称程度，从而提高放贷人的被信任程度。在金融论坛中，寻求信息的用户同样面临着信息不对称问题，为了确保在有限关注前提下获取到客观、专业及准确的信息，需要通过各种信息来判断该信息发布者的可信任程度。Altman 和 Taylor 的研究表明，个人信息披露能够在一定程度上加深人与人之间的亲密关系，促进人际交流、关爱与信任[40]。因此，若信息发布者在金融论坛中能够主动披露个人信息，对于其他个体将更具吸引力，并能促进参与者之间的人际信任关系构建[53]。基于此，本文提出假设。

H₁：发布者完善昵称对其社区受关注度具有正向影响。

H₂：发布者完善简介对其社区受关注度具有正向影响。

2. 头像信息披露

发布者是否上传头像也是在线金融论坛中用户进行印象管理和自我披露的主要方式之一。与昵称、简介类似，上传头像也是一种自我披露行为，体现了发布者在论坛中的卷入度。头像的披露一定程度上可以降低信息不对称。Guttentag 的研究表明，P2P 网络借贷平台通常会提供借款人的个人照片，以减少借贷交易中的匿名性、降低信息不对称的程度[50]。同时，头像也能够直观地向论坛中的其他用户展示发布者的形象。例如，在广告研究中，学者们发现即使广告观众花费较少时间关注照片、更多时间关注文字，但是，对图片的识别程度仍然非常高[54]。而且，以往研究表明，头像所展现出的良好形象对用户的受关注度存在积极影响[55]。例如，更具吸引力的头像能够为卖方赢得买方的信任，从而促进交易、带来更多的收益[31, 52]。在金融领域，Ravina 的研究表明，在信贷市场中，借款人上传的头像会对贷款人的决策产生影响：外观更具吸引力的借款人会获得更好的贷款结果，且这种对借款人外观的偏见歧视是基于品位和偏好的。在本文中，与实际发生交易的借贷平台不同，金融论坛中用户上传的头像并不完全是用户个人的真实照片。但是，相比于默认设置，用户上传的头像作为代表其在线角色的外显表征也反映了用户的某些心理特征[56]。因此，在线金融论坛中的信息发布者披露个人头像一方面反映其参与社区活动、维护个人形象的意愿，另一方面也能向其他用户展示个人特质。这样的自我披露行为有可能拉近发布者与其他用户的距离，吸引更多用户关注。据此，针对发布者的头像信息披露，本文提出假设。

H₃：发布者头像相关的个人信息披露行为对其社区受关注度具有正向影响。

3.2　用户专业内容分享与受关注度

1. 文本长度

参与者在金融论坛中的专业内容分享主要是指在论坛中发布金融市场相关的信息、个人观点及投资经验等帖子，是用户在论坛中的主要参与形式之一。在线社区中，参与者通过发帖向论坛中的其他用户传达出自己的思想、感受、目标、喜好等[8, 44]。对于金融论坛中希望获得信息的用户来说，帖子蕴含的信息是一个重要的考虑维度。一般来说，具有较长内容的帖子可能具有更高的信息丰富度，涉及更多的信息量[57]。已有研究发现在 P2P 网络借贷中，借款人自愿披露的额外信息越丰富，越能够更好地降低信息不对称程度，从而获取投资者的信任并成功获得贷款[58]。金融论坛中帖子内容较多围绕金融专业问题，如平台测评、行业法律法规、国家政策分析及专业知识的科普等。因此，本文认为在金融论坛中，发布信息量大的长文本更能吸引其他用户的关注。据此提出假设。

H₄：发布者发布帖子的内容越长，越能吸引其他用户的关注。

2. 文本情感极性变动

除了帖子文本的篇幅之外，以往相关研究表明，社交媒体中用户发布信息的情感极性也可能影响社交网络中用户的受关注度。Harmon-Jones 等的研究认为情感（affect）状态主要沿着效价（valence）、唤起（arousal）和动机强度（motivational salience）这三个主要方面变化[59]。Bianchi-Berthouze 和 Lisetti 则将情感分为效价（valence）及强度（intensity）[60]。具体而言，效价即对个人当前正面至负面的情感状态的评估[61]，情感强度则衡量了个体情绪的强烈程度[62]。考虑到在线金融论坛中帖子主题多为平台测评、行业法律法规、国家政策分析及专业知识等，帖子中的情绪强烈程度差异较小，本文主要将帖子的情感极性，即效价，纳入模型。从信息传播的角度来看，在社交媒体中，积极或消极的信息被更频繁地转发并受到更多关注[63]；从人际关系的角度来看，用户进行公开的自我披露时，情感积极的内容能增强与其他用户之间的联系与亲密度[64]。总之，用户在社交网络中自我披露信息的情感极性对其受关注的程度存在一定的影响，同时，在不同的情境下，积极与消极的情感带来的影响存在差异。

尽管先前的研究已经讨论过帖子的情感极性，但针对在线金融论坛，本文认为仅考虑一种特定类型的情感极性（如积极、中性或消极）可能有所欠缺。一般而言，在线金融论坛的参与者希望能与持有客观态度或观点的人交流信息。尽管信息发布者在其发布的帖子中披露的情感极性可能会在某种程度上揭示他们的态度或观点，但是当其他参与者在金融论坛中搜寻需要的投资信息时，可能会更多地关注信息的可信度，而不是信息的积极性或消极性。因此，本文认为，仅考虑参与者发布帖子中的一种特定类型的情感极性可能不足以全面描述发布者的个人思想、态度或观点。例如，某参与者在一段时间内发布了一批情感极性完全不同的帖子，在这种情况下，本文很难仅通过分析参与者最常发布的帖子极性来描述参与者的态度偏好或观点。因此，本文关注发布者的所有帖子中情感极性的变动情况，将发布者帖子的情感极性变动频率纳入模型，希望能够较恰当地刻画用户在发帖中的情感特征。Larsen 和 Ketelaar 的研究也表明，外向的人比内向的人更加积极地披露积极和消极的情绪[65]。因此，本文假设在发帖情绪较稳定的情况下，情感极性的变动在一定程度上能反映出个体对于不同事物的不同情感倾向和态度，而不是社区中的"老好人"或者"刺头"，会给他人形成比较中立、客观的形象，拥有这类特征的个体可能是更值得信任或受欢迎的，从而也更容易受到论坛中其他用户的关注。基于以上阐述，本文提出假设。

H₅：发布者发布的帖子情感极性变动频率对其在社区中的受关注度具有正向影响。

综上所述，提出本文研究模型，如图 1 所示。

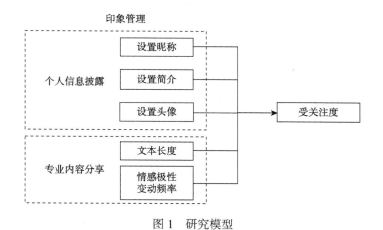

图 1   研究模型

4   研究设计

4.1   样本与数据收集

本文数据来自中国首家网贷理财行业门户网站"网贷之家"提供的网贷投资理财交流平台。网贷之家是一家第三方网贷资讯平台，于 2011 年 10 月上线。网贷之家论坛设置了不同版块，如"理财交流"、"投资返利"、"新手咨询"、"平台曝光"及"舆情跟踪"等供投资者发布帖子、分享信息。在数据提取过程中，首先通过 Python 爬虫技术获取网贷之家论坛上截至 2018 年 12 月 30 日的所有链接，并从中提取了 58 551 个用户个人空间地址。随后，使用 R 语言动态爬取每个用户的个人空间，从而获得每个用户的昵称、简介、投友数量、粉丝数量、头像及截至 2019 年 3 月 6 日的所有发帖数据。

4.2   变量说明与模型表达式

本文涉及的所有变量的说明如下。

1. 个人信息披露

在金融论坛中，当用户注册时，将得到如"玉玑子古怪的爷爷"等由"人名+形容词+的+称呼"的形式构成的默认昵称。本文通过识别用户昵称中是否包含"的"字来判断该用户昵称是否为默认设置，之后经过人工筛选以排除误判的可能性。I_{name} 表示用户昵称披露情况，若用户昵称为默认生成，则 I_{name} 为 0，反之为 1。

I_{intro} 表示用户个人简介披露情况，若用户简介为默认简介，则 I_{intro} 为 0，反之为 1。

本文利用 R 语言爬虫技术从所有用户的个人中心下载头像，并以用户的 ID 命名；之后，根据头像文件大小将所有头像分为默认头像（I_{avatar} 为 0）与用户上传头像（I_{avatar} 为 1）两类。

2. 发帖的文本特征

帖子可以披露用户的思想、感受及态度，体现用户的内在形象。本文主要考察平均帖子长度与帖子情感极性变动频率这两大内容特征对用户受关注度的影响。文本长度分析中统计了每条帖子标题包含的中文字数 W_{title} 与内容包含的中文字数 $W_{content}$ 及内容中的句子数 $S_{content}$。再计算用户维度的平均标题包含中文字数 A_{tword} 与平均内容包含中文字数 A_{cword} 作为每个用户的文本长度特征。

情感极性。文本情感分类（text sentiment classification）是自然语言处理（nature language processing）领域的重要问题之一[66]。文本情感分类包含两个部分：一是特征工程；二是构建分类器。目前，对于文本分类，深度学习模型已被证明是有效的[67]。本文使用深度学习模型进行文本情感分类。

第一步，选取并标注训练数据。由于论坛设置，用户预览帖子时只显示标题及内容的前 110 字，且为发帖时的必选项，所以标题能较好地反映用户发帖的情感极性。本文从 87 402 条帖子标题中随机抽取 3 000 条作为训练集，对其情感极性进行标注。本文将文本情感极性简化定义为"个人积极或消极的态度或观点"[68]。按文本传达信息是否积极或消极，标注为 1 或-1，其余提问、公告、灌水等文本标注为 0。示例如表 2 所示。

表 2　发布者帖子标题情感极性分类的人工标注示例

文本	情感极性
××财富！！已经跑路！！！各种撸各种反省！	-1
【××财富】（山东）跑路，Q 群集体清退并改名，网站已删除	-1
×金融！！无法收到合同确认的验证码！	-1
××网：网贷行业成交量、活跃投资者规模双双回升	1
××网贷平台：在自律中坚守纯 P2P 的网贷	1
××××网贷简史活动我中奖了～～～	1
最近我投资了一个叫××网的平台，大家给点宝贵意见	0
论网贷平台谁能笑到最后，屠夫解剖××中投资者与网贷平台应该反思的那些事	0
最近发现一个叫×××的平台，有没有投资过类似黄金交易的平台？	0

第二步，实现特征工程。特征工程包含文本预处理和向量化表示两个部分。对于文本预处理，首先进行文本切分并去除停用词和无意义词汇。由于使用的文本数据庞大，对于文本的向量化表示，本文分别使用 TF-IDF 模型和 Doc2vec 模型。方法一是 TF-IDF 模型，该模型采用统计方法，根据字词在文本中出现的次数和在整个语料中出现的频率来计算一个字词在整个语料中的重要程度[69]。方法二是 Doc2vec 模型，在 Word2vec 模型的基础上直接计算每条文本的向量表示[70]。Word2vec 模型利用词的上下文对当前词进行预测，并快速有效地训练词向量。

第三步，构建文本情感分类器。本文利用 Keras 库构建了三种模型，其一为多层感知机模型（multi-layer perceptron，MLP），这是一种前馈人工神经网络模型，本文采用 MLP 中具有代表性的 BP（back propagation，反向传播）神经网络进行情感分类器构建。其二为长短期记忆网络模型（long short-term memory，LSTM），这是一种时间循环神经网络，通过设计"遗忘门"与"记忆门"的结构来去除或者增加信息，使得对后续时刻计算有用的信息得以传递，因而能够较好地捕获词序信息并进一步学习语义和情感信息[71]。其三为 BiLSTM（bidirectional long short-term memory，双向长短期记忆）模型，由前向 LSTM 与后向 LSTM 组合而成，能够更好地捕获双向的语义依赖[72]。

本文分别使用以上三种模型对剩下的 84 402 条文本的情感极性进行预测。考虑到该情感分类为三分类模型，常规的 F-measure，AUC（area under the curve）指标无法直接使用，故使用汉明损失（Hamming loss）来衡量预测值与真实值之间的距离[73]。

$$h_{\text{loss}} = \frac{1}{N}\sum_{i=1}^{N}\frac{\text{XOR}(Y_{i,j}, P_{i,j})}{L} \tag{1}$$

其中，N 为样本的数量；L 为类别个数；$Y_{i,j}$ 为第 i 个预测结果中第 j 个分量的真实值；$P_{i,j}$ 为第 i 个预测结果中第 j 个分量的预测值；XOR 为异或运算符。h_{loss} 的取值范围为 0~1，取值为 0 表示分类结果完全正确，取值为 1 则表示分类结果完全错误。

本文利用 Hyperopt 库进行贝叶斯优化，自动选择合适的文本向量维度及分类器模型的参数。最终得到各分类模型的 h_{loss} 值如图 2 所示，其中 MLP 的 h_{loss} 值最小，故本文选择该模型作为最终的文本情感分类模型。

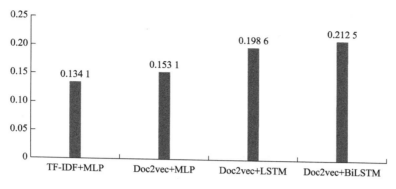

图 2　各分类模型的 h_{loss} 值

通过情感分类模型预测得到每条帖子的情感极性 p 后，采用分类汇总，统计每个用户发布的所有 N_{post} 条帖子的情感极性众数 M_{type}。针对每个用户，将其发布的帖子按时间排序，将每两个相邻时间发布的帖子的情感极性相减并取绝对值，即两帖之间的情感极性跨度，反映了用户相邻两帖之间情感极性变动的幅度。最后，将其累加并除以用户的发帖总数，得到每个用户发布帖子的情感极性变动频率 F_{tchange}，情感极性变动频率用以衡量用户在金融论坛上发帖的情感极性变动的情况，计算公式如下：

$$F_{\text{tchange}} = \frac{\sum_{i=0}^{N_{\text{post}}} |p_{k+1} - p_k|}{N_{\text{post}}} \times 100\%　\qquad (2)$$

3. 因变量

社交媒体影响者通过建立个人形象来影响其他用户，从而维持了自身的可信度、说服力及与追随者之间的密切关系[5]。在金融论坛中，参与者的受关注程度是其作为社交媒体影响者的直接体现[74]。基于此，本文利用参与者在金融论坛中的粉丝数（follower）进行对数变换来衡量其受关注程度。

综上所述，假设的检验模型如下所示：

$$\ln(\text{follower}+1) = c + \alpha_1 I_{\text{name}} + \alpha_2 I_{\text{intro}} + \alpha_3 I_{\text{avatar}} + \alpha_4 L_{\text{intro}} + \beta_1 A_{\text{tword}} + \beta_2 A_{\text{cword}} + \beta_3 F_{\text{tchange}} + \varepsilon　\qquad (3)$$

其中，follower 为参与者的受关注程度；I_{name}、I_{intro}、I_{avatar} 分别为用户是否设置昵称、简介、头像的行为；A_{tword} 与 A_{cword} 分别为用户所发帖子的平均标题字数与平均内容字数；F_{tchange} 为用户所发帖子的情感极性变动频率；c 与 ε 分别为常数项与误差项。

4. 控制变量

考虑到用户活跃度、资历长短及网络中心性等都可能影响其关注者的累积。所以，本文对相关因素进行了控制。首先，用户在论坛中的活跃度，包括用户积分（S）、投资等级（L）及管理员身份（L_{admin}）。其次，用户参与论坛的资历，包括好友数量（T）、用户发帖总量（N_{post}）与涉及版块数（N_{forum}）、第一次与最后一次发帖时间间隔（D_{time}）与平均发帖间隔时间（A_{time}）。最后，用户的社交网络地位通过计算网络中心度（中介中心性 C_{bet}、紧密中心性 C_{clo}、特征向量中心度 C_{eig} 及集聚系数 C）来衡量。

5　描述性统计与假设检验

表3为因变量及主要自变量的描述性统计分析和相关性分析。为了验证研究模型中涉及的相关假设，本文利用多元线性回归模型探究用户自我信息披露及发帖内容特征对其受关注度的影响。在对所有因变量进行相关性检验时，发现平均内容字数与平均内容句子数存在高度相关性（系数为 0.975，$p<0.01$），且由于存在部分用户发帖时忽略使用标点，平均内容句子数的计算具有相对更大的偏差，所以删去模型中的平均内容句子数。在对所有控制变量进行相关性检验时，发现中度中心度与中介中心度之间存在高度相关性（系数为 0.913，$p<0.01$），且在模型中中度中心度的方差膨胀因子（variance inflation factor，VIF）高达 8.03，故而删去模型中的中度中心度。针对模型全部变量进行了 VIF 检验（结果见表 4），VIF值最高为 3.70，因此不存在多重共线性问题。

表 3　因变量与主要自变量的描述性统计与相关性矩阵

	follower	I_{name}	I_{intro}	I_{avatar}	A_{tword}	A_{cword}	$F_{tchange}$
最大值	1 880	1	1	1	57	8 790	1.25
最小值	0	0	0	0	0	0	0
均值	1.948	0.547	0.018	0.320	4.327	86.860	0.097
标准差	14.641	0.498	0.134	0.466	6.924	291.666	0.188
I_{name}	0.054 5***	1					
I_{intro}	0.068 6***	0.082 2***	1				
I_{avatar}	0.051 8***	0.137 5***	0.088 5***	1			
L_{intro}	0.075 0***	0.037 0***	0.395 0***	0.038 0***			
A_{tword}	0.064 6***	0.148 5***	0.071 0***	0.016 3***	1		
A_{cword}	0.094 8***	0.141 3***	0.088 2***	0.035 5***	0.450 8***	1	
$F_{tchange}$	0.031 4***	0.054 8***	0.010 6	0.010 6***	0.050 4***	−0.014 2*	1

***、*分别代表在 1%、10%水平上显著

表 4　全模型的 VIF 检验

变量	VIF	1/VIF
N_{forum}	3.70	0.270 344
D_{time}	3.53	0.283 285
L	2.18	0.459 039
A_{time}	2.17	0.461 315
N_{post}	2.16	0.462 755
C_{eig}	2.12	0.471 884
C_{bet}	1.90	0.525 416
S	1.83	0.546 989
C_{clo}	1.61	0.619 800
T	1.30	0.769 322
I_{name}	1.29	0.776 913
A_{cword}	1.15	0.870 325
C	1.11	0.900 710
A_{tword}	1.10	0.911 251
L_{admin}	1.09	0.921 187

续表

变量	VIF	1/VIF
I_{avatar}	1.07	0.938 856
I_{intro}	1.06	0.944 674
$F_{tchange}$	1.03	0.970 238
mean VIF	1.74	

本文在控制变量的基础上依次加入用户个人信息披露的特征、用户发帖的文本长度特征及情感极性变动频率，进行多元线性回归分析。全模型的回归结果如表5所示。

表5 用户受关注度的影响因素的回归结果（$N=10\ 500$）

变量	（1）加入个人信息披露	（2）加入文本长度	（3）加入情感极性变动频率
I_{name}	0.014 （0.016）	−0.006 （0.016）	0.010 （0.016）
I_{intro}	0.413*** （0.034）	0.375*** （0.034）	0.237*** （0.034）
I_{avatar}	0.212*** （0.014）	0.208*** （0.014）	0.171*** （0.014）
A_{tword}		−0.002* （0.001）	0.005*** （0.001）
A_{cword}		0*** （0）	0*** （0）
$F_{tchange}$			0.072** （0.029）
L	0.047*** （0.004）	0.044*** （0.004）	0.049*** （0.005）
L_{admin}	1.264*** （0.172）	1.239*** （0.171）	0.989*** （0.258）
S	0*** （0）	0*** （0）	0*** （0）
T	0.004*** （0）	0.004*** （0）	0.003*** （0）
N_{post}	0*** （0）	0*** （0）	0*** （0）
N_{forum}	0.025*** （0.004）	0.027*** （0.004）	0.045*** （0.005）
D_{time}	0* （0）	0* （0）	0*** （0）
A_{time}	0*** （0）	0*** （0）	0 （0）
C_{bet}	−0.042*** （0.004）	−0.042*** （0.004）	−0.029*** （0.005）
C_{clo}	0.323*** （0.006）	0.318*** （0.006）	0.327*** （0.006）
C_{eig}	0.077*** （0.004）	0.075*** （0.004）	0.075*** （0.005）
C	−0.008* （0.004）	−0.008* （0.004）	−0.006 （0.005）
Constant Term	0.101*** （0.016）	0.100*** （0.022）	−0.036 （0.023）
R-squared	0.558 4	0.564 1	0.574 5
Adj R-squared（模型的解释程度）	0.557 8	0.563 4	0.573 7

***、**、*分别代表在1%、5%、10%水平上显著

注：收敛统计量=（观测值−样本均值）/标准差

　　表6展示了稳健性检验（robustness check，RC）的结果，本文共进行了5个稳定性检验。具体地，RC1是在全样本中排除了具有管理员身份的用户；RC2中考虑了简介长度属性（L_{intro}）；RC3将用户的情感极性众数纳入考虑，分析用户所发帖子中最常出现的情感极性偏向对其受关注度是否存在影响；RC4将用户发帖的情感强度纳入考虑，情感强度又分为平均标题情感强度（$A_{temotion}$）与平均内容情感强度（$A_{cemotion}$）；RC5进一步分析了情感极性变动频率，将用户在各热门版块中的情感极性变动频率纳入模型，涉及新手咨询、理财交流、平台曝光、平台投诉四个主要版块，四个版块的帖子数量占所有版块帖子总量的78.2%。

表6　稳健性检验

变量	RC1 非管理员身份的用户	RC2 简介长度属性	RC3 情感极性偏向	RC4 情感强度	RC5 不同版块的情感极性变动频率
I_{name}	0.012 （0.016）	0.010 （−0.016）	0.010 （−0.016）	0.010 （−0.016）	0.010 （0.016）
I_{intro}	0.237*** （−0.034）	0.162*** （−0.057）	0.236*** （−0.034）	0.237*** （−0.034）	0.232*** （0.034）
L_{intro}		0.004* （−0.002）			
I_{avatar}	0.168*** （−0.014）	0.171*** （−0.014）	0.171*** （−0.014）	0.171*** （−0.014）	0.174*** （0.014）
A_{tword}	0.004*** （−0.001）	0.005*** （−0.001）	0.005*** （−0.001）	0.005*** （−0.001）	0.004*** （0.001）
A_{cword}	0*** （0）	0*** （0）	0*** （0）	0*** （0）	0*** （0）
$F_{tchange}$	0.070** （−0.028）	0.071** （−0.029）	0.073** （−0.029）	0.072** （−0.029）	
M_{type}（1）			−0.083 （−0.162）		
M_{type}（−1）			−0.026 （−0.024）		
$A_{temotion}$				0.039 （−0.028）	
$A_{cemotion}$				0 （0）	
$F_{tchange\_新手咨询}$					0.171** （−0.075）
$F_{tchange\_理财交流}$					0.214*** （−0.038）
$F_{tchange\_平台曝光}$					0.264*** （−0.065）
$F_{tchange\_平台投诉}$					0.277*** （−0.070）
R−squared	0.572 4	0.574 6	0.574 6	0.574 6	0.577 5
Adj R−squared	0.571 6	0.573 7	0.573 6	0.573 7	0.576 5

***、**、*分别代表在1%、5%、10%水平上显著

注：括号内为收敛统计量；控制变量影响与原模型基本一致，考虑文章篇幅原因，此处略去

　　综合表5与表6可知，自变量I_{name}的影响系数不显著，因此H_1没有得到验证。通过观察数据可知，普通用户基本不会在昵称中透露真实姓名或身份，考虑到昵称所披露的用户信息极少，假设未能得到验证是有可能的。自变量I_{intro}及I_{avatar}与因变量显著正相关且通过RC，这表明参与者设置自己的简介与头

像的行为对其获得论坛其他用户的关注具有积极的影响，因此 H_2、H_3 得到验证。本文进一步在模型中加入简介长度（L_{intro}），如表 6 中 RC3 的回归结果所示，L_{intro} 的影响系数部分边际显著，这意味着较长的简介中可能包含更多信息，从而更受其他用户关注，但这种影响较微弱，加入简介长度（L_{intro}）后 Adj R-squared 也并无显著变化。

在模型中加入文本特征后，Adj R-squared 提升了 0.005 6，用户发帖的平均标题字数 A_{tword} 以及平均内容字数 A_{cword} 均与因变量显著正相关且通过 RC，这表明在网贷之家论坛上，发帖人发帖内容的平均文本长度越大，越能吸引其他用户关注，这一结果验证了 H_4。

关于文本情感极性，表 5 中的模型（3）在模型（2）的基础上增加了情感极性变动频率 $F_{tchange}$，该变量与因变量显著正相关且通过 RC，模型（2）的 Adj R-squared 比模型（2）提升了 0.010 3。表 6 中 RC3 的回归结果则显示，发布者所有帖子的情感极性总体偏向积极（M_{type}（1））或是消极（M_{type}（-1））对用户的受关注度并无显著影响。这与之前的推断相符，在金融论坛中，发布帖子的情感极性是积极、消极还是中立，对吸引其他用户的关注影响并不大。进一步考虑用户发帖时涉及不同的内容可能会对其情感极性有所影响，表 6 中 RC5 的回归结果显示，用户在新手咨询、理财交流、平台曝光、平台投诉这四个主要版块中的情感极性变动频率分别对其受关注度有显著正面的影响，这表明无论从整体还是聚焦于细分版块，用户发帖过程中的情感极性变动频率都对其受关注度存在积极影响。在细分用户发帖所属版块后，Adj R-squared 有着极大的提升，说明基于用户发帖主题来分析其情感极性的变动，能更好解释情感极性变动频率对用户受关注度的积极影响。此外，RC 结果显示，用户发帖的情感强度对因变量无显著影响，从侧面反映出用户的情绪化程度对其受关注度无显著影响。因此，H_5 得到验证。

6 结论

本文主要探讨专业性导向的在线金融论坛中参与者的印象管理对其受关注的影响。本文通过实证分析得出以下结论：第一，在论坛中用户自定义简介、自行上传头像的行为有助于用户获得更多关注。第二，在线金融论坛中寻求信息的用户更青睐内容发布较长的参与者，用户通过发布内容较长的帖子可以增加自己在社区中的受关注度。第三，发布帖子时情感极性变动频繁的参与者将更容易受到其他用户的关注。

本文的理论创新主要有以下三点：第一，以往有关印象管理的研究主要聚焦于线下组织或个体层面[30, 31]，本文则将印象管理迁移到线上社区情境中，结合金融论坛的特殊性，构建了在线金融论坛情境下的参与者受关注度影响模型。第二，考虑到"情境差异性"可能会改变个体进行印象管理的方式及自我披露的效果，本文揭示了在线金融论坛中的用户对特定文本形态特征存在偏好的假设，即发布长文本更容易在金融论坛中获得关注。第三，本文创造性地扩展了传统在线社区或社交网络中对于文本的单一维度情感极性分析视角，指出了单一维度分析的潜在不足，并从个体发布内容时情感极性变化的角度进行分析，提出了文本情感极性变动频率的具体测度方法，衔接了文本和个体两个分析对象，有助于从全局视角刻画个体的内在特征。

本文的发现对在线金融论坛中寻求信息的一般用户、提供信息的发布者及论坛管理者具有一定的实践指导意义。第一，希望寻求有效信息的一般用户可以通过观察发布者的简介与头像来判断该发布者是否有积极参与论坛和自我披露信息的倾向。发布者们也可以针对性地进行个人信息披露及发帖，从而吸引更多用户关注。第二，论坛管理者可以鼓励用户对自己的虚拟形象进行完善，如利用积分来奖励自定义昵称、简介及上传头像的用户。管理员可以培养一些专业性强的用户发布帖子，还可以对精品帖子进行推广，如用置顶、精选、发放红包甚至现金奖励等方式，推广那些获得高阅读、高赞、高回帖量的帖子，从而鼓励更多用户发布优质的帖子，由此持续激发论坛的活跃度，促进论坛中信息的分享、交流与传播，实现在线金融论坛的信息集聚功能，从而降低用户在投资过程中的潜在交易风险。

　　本文从社区参与者印象管理出发，借鉴自我披露及信任关系等理论视角，探究在线金融论坛中参与者受关注的影响因素。相关研究结论对于宏观层面社区管理以及微观层面用户社区参与行为均具有重要的理论及实践价值。未来研究可通过获取历时的多平台数据，进一步验证本文提出的理论模型；后续研究中也可使用一些技术手段进一步提取用户信息及帖子中的更多特征进行分析；此外，考虑跨文化情境下参与者在线金融论坛行为及影响也是未来值得关注的方向。

参 考 文 献

[1] Bebczuk R N. Asymmetric Information in Financial Markets：Introduction and Applications[M]. Cambridge：Cambridge University Press，2003.

[2] Campbell J，Cecez-Kecmanovic D. Communicative practices in an online financial forum during abnormal stock market behavior[J]. Information & Management，2011，48（1）：37-52.

[3] Levina N，Arriaga M. Distinction and status production on user-generated content platforms：using Bourdieu's theory of cultural production to understand social dynamics in online fields[J]. Information Systems Research，2014，25（3）：468-488.

[4] Susarla A，Oh J H，Tan Y. Social networks and the diffusion of user-generated content：evidence from YouTube[J]. Information Systems Research，2012，23（1）：123-141.

[5] Zeng X，Wei L. Social ties and user content generation：evidence from flickr[J]. Information Systems Research，2013，24（1）：71-87.

[6] Sutanto J，Tan C H，Battistini B，et al. Emergent leadership in virtual collaboration settings：a social network analysis approach[J]. Long Range Planning，2011，44（5/6）：421-439.

[7] Johnson S L，Safadi H，Faraj S. The emergence of online community leadership[J]. Information Systems Research，2015，26（1）：165-187.

[8] Abidin C，Ots M. The Influencer's dilemma：the shaping of new brand professions between credibility and commerce[C]. The Association for Education in Journalism and Mass Communication，Annual Conference，San Francisco，CA，August 6-9，2015.

[9] Leary M R，Kowalski R M. Impression management：a literature review and two-component model[J]. Psychological Bulletin，1990，107（1）：34-47.

[10] Speier C，Valacich J S，Vessey I. Information overload through interruptions：an empirical examination of decision making[J]. Decision Sciences，1999，30（2）：337-360.

[11] 王曙光，孔新雅，徐余江. 互联网金融的网络信任：形成机制、评估与改进——以 P2P 网络借贷为例[J]. 金融监管研究，2014，（5）：67-76.

[12] 中国银行业监督管理委员会. P2P 网络借贷风险专项整治工作实施方案[Z]，2016-04-13.

[13] 陈国青，曾大军，卫强，等. 大数据环境下的决策范式转变与使能创新[J]. 管理世界，2020，36（2）：95-105，220.

[14] 陈国青，吴刚，顾远东，等. 管理决策情境下大数据驱动的研究和应用挑战——范式转变与研究方向[J]. 管理科学学报，2018，21（7）：1-10.

[15] 徐宗本，冯芷艳，郭迅华，等. 大数据驱动的管理与决策前沿课题[J]. 管理世界，2014，（11）：158-163.

[16] Chen H，De P，Hu Y J，et al. Wisdom of crowds：the value of stock opinions transmitted through social media[J]. The Review of Financial Studies，2014，27（5）：1367-1403.

[17] Lin M，Prabhala N R，Viswanathan S. Can social networks help mitigate information asymmetry in online markets?[C]// Chen H，Slaughter S A. Proceedings of the Thirtieth International Conference on Information Systems. Atlanta：AIS，2009：1-16.

[18] Kim M，Kim J. How does a celebrity make fans happy? Interaction between celebrities and fans in the social media context[C]. Computers in Human Behavior，2020，111（31）：106419.

[19] 王晰巍，贾玺智，刘婷艳，等. 区块链环境下社交网络用户意见领袖识别与影响力研究[J]. 情报理论与实践，2021，44（5）：84-91.

[20] 安璐，胡俊阳，李纲. 突发事件情境下社交媒体高影响力用户画像研究[J]. 情报资料工作，2020，41（6）：6-16.

[21] Wang Q，Miao F，Tayi G K，et al. What makes online content viral? The contingent effects of hub users versus non-hub users on social media platforms[J]. Journal of the Academy of Marketing Science，2019，47（6）：1005-1026.

[22] Xiong Y，Cheng Z，Liang E，et al. Accumulation mechanism of opinion leaders' social interaction ties in virtual communities：empirical evidence from China[J]. Computers in Human Behavior，2018，82：81-93.

[23] Kim M S，Kim H M. The effect of online fan community attributes on the loyalty and cooperation of fan community members：the moderating role of connect hours[J]. Computers in Human Behavior，2017，68：232-243.

[24] 蒋逸尘，金悦，黄京华. 社会化问答社区中社交关系的成因及作用——来自知乎的实证研究[J]. 信息系统学报，2017，（1）：13-22.

[25] Lewicki R J，Tomlinson E C，Gillespie N. Models of interpersonal trust development：theoretical approaches，empirical evidence，and future directions[J]. Journal of Management，2006，32（6）：991-1022.

[26] Lewicki R J，McAllister D J，Bies R J. Trust and distrust：new relationships and realities[J]. The Academy of Management Review，1998，23（3）：438-458.

[27] Söllner M，Benbasat I，Gefen D，et al. Trust[C]//Bush A，Rai A. MIS Quarterly Research Curations. 2016.

[28] 林家宝，鲁耀斌，章淑婷. 网上至移动环境下的信任转移模型及其实证研究[J]. 南开管理评论，2010，13（3）：80-89.

[29] Ou C X，Pavlou P A，Davison R M. Swift guanxi in online marketplaces：the role of computer-mediated communication technologies[J]. MIS Quarterly，2014，38（1）：209-230.

[30] Cyr D，Head M，Larios H，et al. Exploring human images in website design：a multi-method approach[J]. MIS Quarterly，2009，33（3）：539-566.

[31] Komiak S Y X，Benbasat I. The effects of personalization and familiarity on trust and adoption of recommendation agents[J]. MIS Quarterly，2006，30（4）：941-960.

[32] Paul D L，McDaniel Jr R R. A field study of the effect of interpersonal trust on virtual collaborative relationship performance[J]. MIS Quarterly，2004，28（2）：183-227.

[33] Goffman E. The Presentation of Self in Everyday Life[M]. London：Harmondsworth，1978.

[34] Dutton J E，Dukerich J M. Keeping an eye on the mirror：image and identity in organizational adaptation[J]. Academy of Management Journal，1991，34（3）：517-554.

[35] Hogan R. A socioanalytic theory of personality[J]. Nebraska Symposium on Motivation，1982，55-89.

[36] Hogan R，Jones W H，Cheek J M. The Self and Social Life[M]. New York：McGraw-Hill，1985.

[37] Schlenker B R. Impression Management：The self-concept，Social Identity，and Interpersonal Relations[M]. Monterey：Brooks/Cole，1980.

[38] Archer J L. Self-disclosure[C]//Wegner D M，Vallacher R R. The Self in Social Psychology. London：Oxford University Press，1980：183-204.

[39] Ignatius E，Kokkonen M. Factors contributing to verbal self-disclosure[J]. Nordic Psychology，2007，59（4）：362-391.

[40] Altman I, Taylor D A. Social Penetration: The Development of Interpersonal Relationships[M]. New York: Holt McDougal, 1973.

[41] Jourard S M. The Transparent Self[M]. New York: Van Nostrand Reinhold Company, 1971.

[42] Pennebaker J W, Hughes C F, O'Heeron R C. The psychophysiology of confession: linking inhibitory and psychosomatic processes[J]. Journal of Personality and Social Psychology, 1987, 52（4）: 781-793.

[43] Derlega V J, Chaikin A L. Privacy and self-disclosure in social relationships[J]. Journal of Social Issues, 1977, 33（3）: 102-115.

[44] Joinson A N. Self-disclosure in computer-mediated communication: the role of self-awareness and visual anonymity[J]. European Journal of Social Psychology, 2001, 31（2）: 177-192.

[45] Min J, Kim B. How are people enticed to disclose personal information despite privacy concerns in social network sites? The calculus between benefit and cost[J]. Journal of the Association for Information Science and Technology, 2015, 66（4）: 839-857.

[46] McKenna K Y A, Bargh J A. Coming out in the age of the internet: identity "demarginalization" through virtual group participation[J]. Journal of Personality and Social Psychology, 1998, 75（3）: 681-694.

[47] Bargh J A, McKenna K Y A, Fitzsimons G M. Can you see the real me? Activation and expression of the "true self" on the internet[J]. Journal of Social Issues, 2002, 58（1）: 33-48.

[48] Luo N, Guo X, Lu B, et al. Can non-work-related social media use benefit the company? A study on corporate blogging and affective organizational commitment[J]. Computers in Human Behavior, 2018, 81: 84-92.

[49] Ellison N, Heino R, Gibbs J. Managing impressions online: self-presentation processes in the online dating environment[J]. Journal of Computer-mediated Communication, 2006, 11（2）: 415-441.

[50] Guttentag D. Airbnb: disruptive innovation and the rise of an informal tourism accommodation sector[J]. Current Issues in Tourism, 2015, 18（12）: 1192-1217.

[51] Ert E, Fleischer A, Magen N. Trust and reputation in the sharing economy: the role of personal photos in Airbnb[J]. Tourism management, 2016, 55: 62-73.

[52] 陈冬宇. 基于社会认知理论的 P2P 网络放贷交易信任研究[J]. 南开管理评论, 2014, 17（3）: 40-48, 73.

[53] Berg J H, Archer R L. The disclosure-liking relationship: effects of self-perception, order of disclosure, and topical similarity[J]. Human Communication Research, 1983, 10（2）: 269-281.

[54] Rayner K, Rotello C M, Stewart A J, et al. Integrating text and pictorial information: eye movements when looking at print advertisements[J]. Journal of Experimental Psychology: Applied, 2001, 7（3）: 219-226.

[55] Ravina E. Love & loans: the effect of beauty and personal characteristics in credit markets[J]. SSRN Electronic Journal, 2008.

[56] Naumann L P, Vazire S, Rentfrow P J, et al. Personality judgments based on physical appearance[J]. Personality and Social Psychology Bulletin, 2009, 35（12）: 1661-1671.

[57] Tan C, Lee L, Pang B. The effect of wording on message propagation: topic-and author-controlled natural experiments on Twitter[J]. IEICE Transactions: 1405.1438, 2014: 175-185.

[58] Michels J. Do unverifiable disclosures matter? Evidence from peer-to-peer lending[J]. The Accounting Review, 2012, 87（4）: 1385-1413.

[59] Harmon-Jones E, Gable P A, Price T F. Does negative affect always narrow and positive affect always broaden the mind? Considering the influence of motivational intensity on cognitive scope[J]. Current Directions in Psychological Science, 2013, 22（4）: 301-307.

[60] Bianchi-Berthouze N，Lisetti C L. Modeling multimodal expression of user's affective subjective experience[J]. User Modeling and User-Adapted Interaction，2002，12（1）：49-84.

[61] Harmon-Jones E，Harmon-Jones C，Amodio D M，et al. Attitudes toward emotions[J]. Journal of Personality and Social Psychology，2011，101（6）：1332-1350.

[62] Harmon-Jones E，Harmon-Jones C，Price T F. What is approach motivation?[J]. Emotion Review，2013，5（3）：291-295.

[63] Stieglitz S，Linh D X. Emotions and information diffusion in social media—sentiment of microblogs and sharing behavior[J]. Journal of Management Information Systems，2013，29（4）：217-248.

[64] Utz S. The function of self-disclosure on social network sites：not only intimate，but also positive and entertaining self-disclosures increase the feeling of connection[J]. Computers in Human Behavior，2015，45：1-10.

[65] Larsen R J，Ketelaar T. Personality and susceptibility to positive and negative emotional states[J]. Journal of Personality and Social Psychology，1991，61（1）：132-140.

[66] Pang B，Lee L. Opinion mining and sentiment analysis[J]. Foundations and Trends in Information Retrieval，2008，2（1/2）：1-135.

[67] Kim Y. Convolutional neural networks for sentence classification[J]. IEICE Transactions，2014.

[68] Ortigosa A，Martín J M，Carro R M. Sentiment analysis in facebook and its application to e-learning[J]. Computers in Human Behavior，2014，31：527-541.

[69] Salton G，Buckley C. Term-weighting approaches in automatic text retrieval[J]. Information Processing & Management，1988，24（5）：513-523.

[70] Le Q，Mikolov T. Distributed representations of sentences and documents[J]. International Conference on Machine Learning，2014，32：1188-1196.

[71] Zhang Y，Zheng J，Jiang Y，et al. A text sentiment classification modeling method based on coordinated CNN-LSTM-attention model[J]. Chinese Journal of Electronics，2019，28（1）：120-126.

[72] Chen T，Xu R，He Y，et al. Improving sentiment analysis via sentence type classification using BiLSTM-CRF and CNN[J]. Expert Systems with Applications，2017，72：221-230.

[73] Tsoumakas G，Katakis I. Multi-label classification：an overview[J]. International Journal of Data Warehousing and Mining，2007，3（3）：1-13.

[74] Freberg K，Graham K，McGaughey K，et al. Who are the social media influencers? A study of public perceptions of personality[J]. Public Relations Review，2011，37（1）：90-92.

Research on the Factors Affecting Participants' Attention Attraction in Online Financial Forums：An Impression Management Perspective

LI Xiaolin，NI Ying，LU Benjiang

（School of Management，Nanjing University，Nanjing 210093，China）

Abstract   With the rapid development of online finance，the financial forums have become one of the important approaches for investors to seek and exchange information. For online forums，high attention that users attract is meaningful in users' social status distinction and community's continuous development. However，it is still unclear what factors affect users' attention attraction for professional-oriented financial forums. In this light，the paper starts from the impression management of community users，and builds a model of users' attention attraction in financial forums by analyzing the personal information that users disclose and the professional content that users post. The results show that users' brief introduction, profile images, the average length of posts and the frequency of sentiment polarity changes all have significant impacts on their attention attraction in the financial forums.

Key words　financial forum, attention attraction, impression management, personal information, professional content

作者简介

李小琳（1978— ），女，南京大学管理学院教授，吉林长春人，研究方向为商务智能与数据挖掘等。E-mail：lixl@nju.edu.cn。

倪颖（1997— ），女，南京大学管理学院 2019 年级硕士研究生，研究方向为数据挖掘、电子商务。E-mail：MG1902195@smail.nju.edu.cn。

陆本江（1989— ），男，南京大学管理学院助理研究员，甘肃兰州人，研究方向为在线社区、直播营销、用户生成内容等。E-mail：lubj@nju.edu.cn。

结构化评论对消费者评论接受意愿的影响研究

刘亚男，邓立杰，宋阳，吴璇丽，贾琳

（北京理工大学 管理与经济学院，北京 100000）

摘　要　为探索电商平台中结构化评论对消费者评论接受意愿的影响，本文设计组间实验并收集问卷数据，通过 PLS 路径分析和单因素方差分析进行模型检验。结果表明评论深度、感知诊断性、评论质量通过正向影响感知评论有用性，进一步提升消费者评论接受意愿。对于体验型产品，结构化评论能显著提高评论深度和感知诊断性，进而正向促进消费者感知评论有用性和评论接受意愿；对于搜索型产品，评论形式无显著影响。

关键词　结构化评论，在线评论，产品类型，感知有用性，评论接受意愿

中图分类号　C939

1　引言

随着移动互联网的兴起，电商行业发展迅猛，电商平台层出不穷，多种多样的销售方式不断推动电商经济的发展。数据显示，2010~2019 年，我国电子商务交易规模由 4.55 万亿元增长至 34.81 万亿元，年均复合增速达 25%。除电商平台本身极具吸引力的销售模式外，电商销售过程中的消费者评论作为在线口碑的一种主要形式，对引导其他消费者进行购买决策起着重要作用[1]。其中，高质量评论更有助于消费者获取有用的信息[2]，从而帮助消费者进行更好地判断，也有利于店铺和平台为消费者提供更好的服务。在线评论这一话题在学术界引起众多讨论与研究，目前有关在线评论商业应用的研究主要集中在三个方面。一是在线评论质量的相关研究，江晓东在研究中构建了产品评论有用性的影响因素模型[3]。二是在线评论对消费者购买意愿的影响研究，朱丽叶等发现评论质量和消费者等级会对消费者购买意愿产生正向影响，同时探讨了产品卷入度的调节作用[4]。三是在线评论对产品销量的影响，廖俊云和黄敏学研究发现在线评论与品牌共同对产品效率产生影响[5]。此外，也有部分学者专注于在线评论的前因变量，从评论发布者角度探讨个体因素对在线评论形成的影响，其中主要涉及环境差异和商家营销两方面。Fong 和 Burton 发现在不同消费文化背景下，消费者进行在线评论的表达方式不同[6]；Qu 等研究发现，价格因素是影响消费者在线评论的主要因素之一[7]；Jeong 和 Jang 的研究则发现对于餐馆而言，消费者对餐馆的服务体验能够正向影响在线评论[8]。

在信息爆炸的时代，在线评论数量之巨大使消费者难以从中快速获取有用的信息。为了优化用户体验，帮助消费者快速获取有用信息，更好地对电商产品进行评估，同时增加电商平台销量，一种新兴的评论形式——结构化评论应运而生。评论的结构化主要是指在线电子商务平台中使用的具有一定规范和结构的评论框架，目前的主要形式为"标签+评论内容"，其提供一种便捷的方式让消费者可以有选择地从多个方面对商品进行评论，同时便于其他消费者浏览并根据评论来选择商品［图 1（a）］。传统的非结构化评论是指消费者以自己的偏好和习惯用一段或几段文字来表达对商品的评价，容易产生评论冗余，

通信作者：贾琳，北京理工大学管理与经济学院副教授，E-mail：jialin87@bit.edu.cn。

且逻辑性较弱，不利于其他消费者阅读［图 1（b）］。结构化评论要求消费者选择标签后进行相应的描述，相对于传统在线评论便于消费者围绕其他消费者感兴趣的内容，从多个不同角度对商品进行评价，简化评论内容，用更清晰的方式为其他消费者展示购买者的真实感受，增强在线评论的可读性，不仅提升电商平台中评论的质量，也带来很大的便利性和有用性。

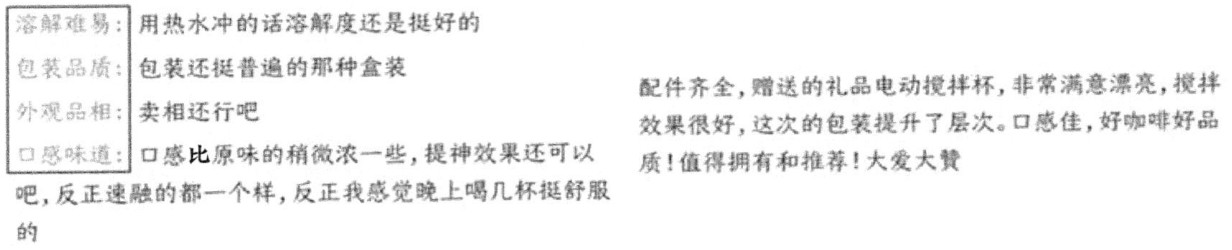

（a）结构化评论　　　　　　　　　　　（b）非结构化评论

图 1　结构化评论与非结构化评论示例

　　目前业界已有不少电商平台，如淘宝、天猫等开始采用结构化评论，但是在学术界只有很少学者关注到结构化评论对在线评论的有用性影响，关于结构化评论的研究较少。结构化评论对消费者感知评论有用性、评论接受意愿的影响还没有明确的结论，电商平台是否应该大规模采用结构化评论框架也没有可靠的理论依据。综合学者研究及实际经历，考虑到对于不同类型的产品，消费者对于在线评论的关注要素和采纳度有很大的区别，因此本文在结构化评论研究机制的基础上，进一步拓展延伸，对产品类型的异质性进行分析。本文从结构化评论出发，提出以下问题：①影响消费者对在线评论接受意愿的模型是怎样的？②结构化评论对评论接受意愿有着怎样的影响？其影响机制是什么？③对于不同类型的产品，这一影响是否存在差异？通过解决上述三个问题，以期探究结构化评论对于电商平台在线评论的意义，并为电商平台在线评论系统的完善提供理论依据。

2　文献综述

2.1　在线评论对消费者购买决策的影响

　　关于在线评论对于消费者购买决策的影响机理，国内外已有众多学者做了大量研究。最常见的研究是从消费者等级、信息质量、来源可信度、评论深度、信息诊断性来测量消费者的信息接受意愿[9]。Huang 等将影响因素分为定量、定性两大类，定量因素是从评论内容本身研究，定性因素主要包括评论者的相关信息，如用户等级等[10]。Hong 等按照评论特征和评论者特征划分影响因素，在评论特征中还测量了评论可读性、线性评分等级[11]。还有一部分学者，如 Lee 和 Choeh，将影响因素划分为三大类[12]，分别是基于产品的特征（如产品评论数量、产品评论的平均评级）、基于评论来源的特征（如用户等级、评论者信息的披露情况）及基于内容的特征（如评论深度、评论极端性），验证了当评论有用性高时，评论深度会直接正向影响产品销量。

2.2　产品类型的影响研究

　　很多学者在评论感知有用性模型的基础上，探究产品类型的调节作用。由于不同商品类别的差异性，消费者对于在线评论的关注程度和关注角度也存在差异，因此研究不同产品类型下消费者购买决策的影响因素至关重要。Mudambi 和 Schuff 选取评论极端性和评论深度两个变量，将产品类型划分为搜索型产品和体验型产品，证实了评论深度对评论有用性有正面影响，并且相对于体验型产品，搜索型产品评论深度对评论有用性的正向影响更大[13]。此外，也有学者将产品类型划分为外在型产品和内在型产品[14]，怀旧产品和非怀旧产品[15]。Porral 等还从高介入度、低介入度角度研究产品类型对感知满意度的调节作用[16]。

综合学者对消费者感知评论有用性和影响消费者购买决策因素的研究，发现多数影响因素中，产品类型都会起到调节作用。对于搜索型产品和体验型产品，消费者对于产品评论的感知存在较大差异，感知因素对于消费者购买决策的影响也存在较大差异。因此本文将产品分为搜索型和体验型两大类，探究不同产品类型在评论形式对评论感知有用性影响及接受意愿中存在的差异。对于搜索型产品来说，它们的特征是属性（如颜色、尺寸），可以根据这些属性的价值进行评估，而无须体验，因此在购买之前可以充分观察和彻底评估其产品特性；体验型产品的特性可能会出现不确定性，具有购买前需要体验的属性（如味道、是否柔软），消费者体验之前往往不能确定这些产品是否能满足他们的期望，只有在消费者可以实际使用该产品进行评估时才能确定[17,18]。参考前人的研究，通常搜索型产品包含笔记本电脑、相机、计算器、书籍等，体验型产品包括衣服、化妆品等[18, 19]。

2.3 评论形式对于评论有用性的影响研究

随着电子商务平台的成熟及在线评论的爆炸式增长，传统的普通纯文字评论已不能满足消费者的需求。图片评论、视频评论及结构化评论等多样化的评论形式出现，直观展现了商品的特性、外观，帮助消费者更好地做出购买决策。目前，多样化的评论形式成为国内外学者关注的重点内容。但结构化评论作为一种新兴的评论形式，目前还没有学者给出一个准确的定义，也很少有研究探究结构化评论对于感知评论有用性的影响机理。刘景方等通过实验研究法，探究了基于标签的评论摘要对系统感知有用性和满意度的影响，发现对于搜索型产品，标签对于评论系统感知有用性有显著的正向影响；对于体验型产品，影响不显著[20]。但该研究是将所有评论汇总，基于评论内容使用标签分类，探究评论标签对于整个评论系统的有用性影响，并没有研究带标签的评论本身对于用户感知评论有用性的影响[15, 21, 22]。

为了丰富评论形式的相关研究，本文从评论内容特征出发，探究结构化评论对在线评论接受意愿的影响及作用机理，并将产品类型按搜索型和体验型分类，研究结构化评论对于不同类型的产品的作用存在的差异。

2.4 研究述评

综合前人的研究成果，本文整理了在线评论领域影响用户对评论有用性的感知及评论接受意愿的因素，对本文变量的选取有一定的参考价值（表1）。通过对在线评论领域的文献分析，可以看出随着电子商务的不断发展，学术界对在线评论有用性及其接受意愿的关注度不断提高，从评论的不同角度展开了多维度的研究，在衡量评论有用性方面提出了较多有效的模型。首先，评论质量、感知诊断性、评论可读性、评论深度等评论内容特征变量会影响用户对评论的感知有用性；评论者等级、评论者可信度等评论来源特征变量也会影响评论的感知有用性。其次，评论有用性对评论接受意愿有正向影响。最后，产品类型在各因素影响评论有用性的过程中起到调节作用，对于不同的产品类型，这一影响机制存在异质性。

表 1 在线评论相关研究成果

文献	调节变量	影响因素	研究内容
朱丽叶等[4]	产品卷入度	评论者等级、评论质量	购买意愿
Park 等[23]		评论质量、评论数量、消费者介入度	购买意愿

续表

文献	调节变量	影响因素	研究内容
Jiang 和 Benbasat[24]		感知诊断性、兼容性、购物享受、消费者态度	购买意愿、回购意愿
吴江和靳萌萌[25]	产品介入度	感知诊断性、心理意象	参与意愿
Cheung 等[26]		论点质量、来源可信度、信息有用性	信息采纳意愿
Filieri[9]		信息量、来源可信度、信息质量	信息采纳意愿
Huang 等[10]		评论字数、评论者经验、评论者影响、评论者累积有用性、产品评级	评论有用性
赵丽娜和韩冬梅[27]	产品类型	评论长度、评论情感倾向、评论时效性、评论者可信度	评论有用性
Racherla 和 Friske[28]	决策环境	评论者特征、评论特征	评论有用性
Mudambi 和 Schuff[13]	产品类型	评论极性、评论星级、评论深度	评论有用性
张艳辉和李宗伟[22]	产品类型	评论者特征、评论特征	评论有用性
刘景方等[20]	产品类型	外部图示	感知系统有用性、系统满意度
Lee 和 Choeh[12]	产品类型	产品特征、来源特征、内容特征、评论质量、感知有用性	产品销量
本研究	产品类型（异质性研究）	评论深度、评论质量、感知诊断性、感知评论有用性	评论接受意愿

　　然而，纵观前人的研究，关于在线评论接受意愿的研究大都从评论内容和来源特征出发，只有少数学者关注于评论的展现形式（如图片、标签[20]），而尚未有学者从结构化出发，对评论形式和对评论接受意愿的影响做出系统的研究，学者们对于结构化评论的关注程度仍然不够。结构化评论在电商平台出现时间较短，但在为消费者提供有效信息及为消费者评论过程带来便利方面发挥着重要作用。研究评论结构化与评论有用性和接受意愿的关系有利于拓宽在线评论的研究视角，也能给正在不断普及结构化评论的电商平台提供相关建议，因此本文具有一定的理论和实际意义。

3　研究模型和假设

　　本研究聚焦结构化评论这一评论形式，即关注评论内容本身的特征，以文献选取感知诊断性、评论质量、评论深度三个评论内容特征作为自变量，探究评论形式对于感知诊断性、评论质量和评论深度三个变量的影响。此外，选取评论有用性作为感知诊断性、评论质量和评论深度对评论接受意愿的中介变量，构建影响用户评论接受意愿的模型。最后，将产品类型分为搜索型和体验型，对不同产品类型的结构化评论的影响差异进行异质性分析。据此提出图 2 所示理论模型。

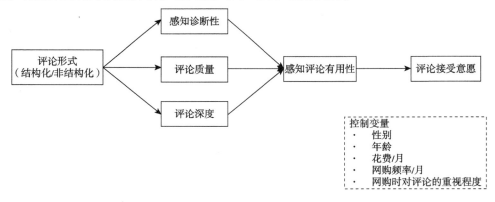

图 2　理论模型

3.1 结构化评论与评论内容特征

结构化评论是指电商平台在用户评价时提供的标签或框架，通过使用这些标签或框架，用户能做出更清晰、明确的评论，其他消费者在浏览这些评论时也能获得更高质量的产品信息。但由于网络信息分散、海量、非结构化的特点，消费者对评论信息的获取通常会面临较大的困难[29]，因而在互联网高速发展的当下，国内不乏学者基于不同挖掘算法对中文评论的产品特征展开研究。孙霄凌等通过问卷调查，认为基于标签的评论形式成为在线评论商品系统中最具魅力的一项功能[30]。由此可见，对于电商平台产品的在线评论，结构化形式的使用尤为重要。

评论深度是指在线评论所包含的信息量[31]，刘景方等认为基于标签的评论摘要可以缓解消费者在浏览过程中面临的信息过载问题。在电商环境背景下，感知诊断性是指消费者认为网站内某些元素能够增加他们对产品的认知[20]，刁雅静等基于实验研究，认为消费者对不同评论形式存在认知差异，这也在一定程度上揭示了消费者在线评论认知行为规律[21]。现有研究通常基于在线评论的内容来定义和测量评论质量[32]。此外，信息的质量在在线评论中也极其重要，因为高质量的信息能够提供可靠、最新和简明的信息。结构化的评论形式通过使用标签将评论信息条理化，并以清晰的框架呈现给评论阅读者，从而增加阅读者对在线评论的质量感知。结构化评论以其清晰、条理性强的优势，在一定程度上对消费者对于评论内容的感知产生影响。对此，本文提出以下假设。

H_1：相比非结构化评论，结构化评论会提高消费者对评论的感知诊断性。

H_2：相比非结构化评论，结构化评论会提高消费者对评论的感知信息质量。

H_3：相比非结构化评论，结构化评论会提高消费者对评论的感知深度。

3.2 评论内容特征与感知有用性

Li 等定义感知评论有用性是"消费者感知产品评论引导其购买决策的程度"[33]。在衡量感知评论有用性时，学者们往往采用多个变量从多个角度进行测量，本文选取的变量为评论深度、感知诊断性、评论质量。评论深度意味着更全面、详尽的商品信息，它能提高消费者对产品或服务的认知度，并帮助消费者做出决策。Hong 等对评论有用性的决定因素进行分析发现，评论深度对评论有用性有显著的积极影响[11]。当消费者在网上购买商品时，感知诊断性高的评论能帮助顾客更好地做出选择。从这个意义上说，具有高感知诊断性的评论可以帮助消费者更有效地解决问题，提升感知有用性。Li 等在研究中根据巴赫关于帮助行为理论将感知诊断性视为感知有用性的维度之一，并证明感知诊断性对感知有用性有正向影响[33]。最后，在线评论质量越高，评论越详细、完整、准确、基于事实，并且与消费者需求相关，消费者就越会发现这些信息有助于帮助他们评估计划购买的产品/服务的质量和性能[9]。基于评论深度、感知诊断性、评论质量与感知有用性之间的关系，本文提出以下假设。

H_4：感知诊断性正向影响消费者的感知有用性。

H_5：评论质量正向影响消费者的感知有用性。

H_6：评论深度正向影响消费者的感知有用性。

3.3 感知有用性与评论接受意愿

除了研究评论内容特征对于感知有用性的影响外，本文还探讨了感知有用性对评论接受意愿的影响。信息采纳是指人们有目的地使用信息的过程[26, 34]。Cheung 等通过对用户生成内容的研究发现，用户生成内容的有用性是信息采用的先决条件，当用户发现生成的内容对自身有用时，就增加了对该信息采纳的意愿[26]。由此可见其他评论内容特征会影响消费者对于信息是否有用的感知，而消费者基于信息是否对自身有价值的判断之后，会决定是否接受。依据上述的论述，本文提出以下假设。

　　H₇：感知有用性正向影响消费者评论接受意愿。

4 研究设计

4.1 实验材料选取

　　Xiao 和 Benbasat 将产品类型划分为搜索型和体验型，认为相机、计算器等可以通过属性的价值进行评估的产品为搜索型产品；服装、化妆品等购买前需要体验才能进行评估的产品为体验型产品[18]。Liu 等将手机作为搜索型产品，衣服作为体验型产品开展研究[35]。张荣艳邀请大学生对 11 种产品进行打分，发现最能代表体验型产品的是运动鞋，最能代表搜索型产品的有笔记本电脑和手机[36]。考虑到本研究的主要参与者为大学生，鞋子和手机是大学生群体非常熟悉且经常使用的产品，因此在本文的研究中手机被选为搜索型产品，鞋子被选为体验型产品[37]。

　　本研究最终选取耐克的一双运动白鞋（男女同款）作为体验型产品，选取荣耀手机作为搜索型产品。截取淘宝平台真实商品页面及真实的商品评论，通过修改评论格式得到结构化评论和非结构化评论，保证除评论形式外，其他内容完全相同，实验素材样例，如图 3 所示。据此设计 2（商品类型：搜索型/体验型）×2（评论形式：结构化/非结构化）的组间实验。

图 3　实验素材样例

4.2 任务和过程

本文基于场景实验与调查问卷相结合的研究方法，模拟重现电子商务平台中用户浏览商品、查看在线评论的真实场景，并要求调查对象独立完成一次购物决策任务。与传统的单一问卷调查相比，基于场景的实验设计能够充分掌握调查对象实验过程中的认知心理，使调查对象对问题的反馈更加准确。本实验采用 2（商品类型：搜索型/体验型）×2（评论形式：结构化/非结构化）的组间实验，两个变量分别被操纵为两个不同的水平，共四个不同的实验组。

本文构建的实验情景如下：假如您准备购买一款 XXX（商品名），并且在淘宝浏览其他购买者对该商品的评论。您看到如下几条评论，请您仔细阅读评论，根据您的真实感受回答相应问题。调查对象被要求在认真阅读在线评论的基础上，对各项问题做出相应的反馈，调查对象在回答问题的过程中，只允许查看相关评论信息。

在实验进行时，调查对象会通过问卷星生成的二维码或网页链接随机进入实验。在场景选择开始前，调查对象将阅读问卷的第一部分，了解相关术语及实验说明，随后通过问卷跳转功能随机进入不同实验场景。进入实验场景后，调查对象将阅读场景假设的文字说明、商品详情页信息及相关评论内容。阅读结束并熟悉场景后，将跳转进入问卷的第二部分，正式填写问卷调查的主体部分。问卷填写完毕并提交，实验结束。

4.3 量表开发

成熟稳定的量表可以获得更好的信度和效度，从而保证对调查对象的测量相对准确。本研究的测量量表借鉴了国内外学者较为成熟的量表，同时根据文献综述和模型构建部分对在线评论做出的研究结果，并结合实际情况做出了适当修改与改编，最终总结出的测量问题如表 2。其中，每一个问题都使用利克特七级量表（Likert scale）进行测量，1 表示非常不同意，2 表示不同意，3 表示有些不同意，4 表示不确定，5 表示有些同意，6 表示同意，7 表示非常同意。

表 2　在线评论内容测量量表及来源

变量	定义	参考文献
感知诊断性	消费者对网站传达相关产品信息的能力的看法，这些信息可以帮助他们理解和评估在线销售产品的质量和性能	梁妮等[38] Jiang 和 Benbasat[24]
评论质量	从信息特征的角度来看，消费者评论内容的质量	武芳[39] Chatterjee[40]
评论深度	信息对于某一特定任务而言足够完整和详尽的程度	祝琳琳[41] Zhao 等[42] Jiang 和 Benbasat[24]
感知评论有用性	消费者感知产品评论引导其购买决策的程度	范昕[43]
评论接受意愿	消费者有目的地使用评论信息的意愿	陈立梅等[44] 金华送[45] Zaichkowsky[46]

此外，为保证问卷数据的准确性和真实性，问卷问题中设置了注意力检查问题，即在题目中间插入一题"此题请选择'非常不同意'"，用于甄别并剔除低质量问卷数据。

4.4 数据收集

大学生是电商平台在线购物的重要群体，同时也是受在线口碑影响较大的群体，因此本实验的调查对象定位于全国范围内的高校大学生，也包含少数其他职业、年龄、学历层级调查样本。实验的调查对象均具有充足的在线购物经验，对实验所选的商品也有较高程度的了解。实验将问卷以二维码、网页链接等形式，在豆瓣、知乎、微信朋友圈、QQ 群组等网络社交网站及平台进行发放；实验进行过程中，调查对象被要求认真回答问卷中的问题。

为保证最终的问卷数据具有良好的信度和效度，在正式发放问卷前，先进行了小范围的问卷前测。小范围主要定位在身边的同学朋友，被试者大多具有丰富的网购经验和良好的阅读评论的习惯，并能给出有价值的修改建议，有效避免了因问题的措辞不当而引起认知偏差。此次前测问卷的发放渠道主要有微信朋友圈、QQ 群组等，共收回有效问卷 56 份，进行操纵检查和信效度分析。

在预实验中，调查了被试验者对"笔记本电脑"和"鞋子"产品类型的区分，以及对选取评论形式的区分。82.4%的人认为笔记本电脑属于搜索型产品，86.3%的人认为鞋子属于体验型产品，并且 88.0%的人能对结构化和非结构化评论准确认识。结果说明，本研究对选取的商品和评论都进行了良好的操控，可以用来开展正式实验。进行信效度分析，也得到较好的结果。进行探索性因子分析时，提取的 6 个因子中，因子对应题项与预期不符，部分题项没有落到预期的主成分上。根据旋转后的成分矩阵调整题项，用调整后的题项重新设计问卷，并开展正式实验。

4.5　操纵检验

为了确保受试者被随机分配到不同的实验组，使用单因素方差分析检验不同场景受试者的特性是否存在差异。结果显示，性别（$F=1.308$，$p=0.278>0.1$）、年龄（$F=0.909$，$p=0.440>0.1$）、月支出（$F=0.982$，$p=0.405$）在四个不同的场景之间不存在显著差异，说明这些因素不是用户对评论的接受意愿存在差异的原因。为了检查受试者是否能正确地识别不同的场景，即能否正确识别对评论形式和商品类型的操控，本文在预实验和正式实验中提供了搜索型产品和体验型产品的简短定义及结构化评论和非结构化评论的直观截图，并让受试者根据看到的场景图片判断商品类型和评论形式。结果显示，90%以上的受试者都能对所处的场景做出准确的判断，说明在正式实验中本文对场景变量进行了良好的操控。

5　实证分析

5.1　描述性统计分析

本文采用问卷调查的方式收集数据，通过国内权威问卷调查平台——问卷星发放问卷。将红包等作为奖励，激励被调查者认真填写问卷。本次问卷共收回 126 份问卷，经过四次问卷筛选后剩余有效可用问卷 84 份。依次删除未通过注意力检查问题的数据、答题时间过短的数据、未通过操纵检验的数据，并通过箱线图删除异常值。筛选后数据如表 3 所示。由于问卷发放对象主要为在校大学生，所以年龄和月支出值较为集中。大学生作为网购的主力军，普遍对评论较为重视，超过一半人表示在网购时对评论的重视程度达到了 6 及以上。96.4%的被调查者在网购时对评论的重视程度达到 5 及以上，说明绝大部分被调查者在网购时都会仔细浏览评论，为接下来的研究提供了数据保障。由于性格及购买动因差异，女性相比男性更加感性，更关注在线口碑信息，愿意花费更多的时间在网上讨论购物，征求他人建议[47, 48]。本研究聚焦于在线评论对消费者购买决策行为的影响，女性在购买过程中更加关注在线评论，因此本研究中性别比例具有一定的合理性。

表 3　描述性统计分析

变量	类别	数量/人	百分比	变量	类别	数量/人	百分比
性别	男	14	16.7%	月支出/元	8 001 以上	1	1.2%
	女	70	83.3%	月网购频次	0	1	1.2%
年龄	18 岁以下	0	0		1~2	20	23.8%
	18~25	81	96.4%		3~5	40	47.6%
	26~30	1	1.2%		6 及以上	23	27.4%
	31~40	0	0	网购时对评论的重视程度	1	0	0
	41~50	2	2.4%		2	0	0
月支出/元	小于 1 000	5	6.0%		3	0	0
	1 000~2 000	54	64.3%		4	3	3.6%
	2 001~3 000	18	21.4%		5	22	26.2%
	3 001~5 000	5	6.0%		6	44	52.4%
	5 001~8 000	1	1.2%		7	15	17.9%

注：比例之和可能不等于 100%，是因为有些数据进行四舍五入

5.2　信效度分析

经过筛选后，剩余有效问卷 84 份，为检验该数据量是否能够得到准确可靠的结果，使用 G-Power 3.1 工具计算实验的效力。选择 F 检验，在效应量为 0.4，显著性水平 α 为 0.05，样本量为 84 的条件下，得到实验的统计功效 power=0.86>0.8。结果表明，当差异确实存在时，在 α =0.05 的显著性水平下，本文能够发现差异的能力为 86%，说明在当前样本量下，可以进行数据分析。

本文使用内在信度来测量问卷结构的一致性，检验题项是否考察同一概念。选取的内在信度指标为克隆巴赫系数（Cronbach's alpha）。使用 SPSS 26 对问卷的信度进行可靠性分析，得到所有变量的克隆巴赫系数均大于 0.8，说明量表具有良好的可靠性。使用 SmartPLS 3.3.3 计算变量的 CR（composite reliability，组合信度）值、AVE（average variance extracted，平均提取方差值）及变量之间的相关系数矩阵，得到 5 个自变量的 CR 值均大于 0.8，表明量表具有良好的信度（表 4）。旋转后累积方差解释率为 69.618%>50%，说明研究项的信息量可以有效地提取出来。各变量测量指标的因子载荷结果均大于 0.5（表 5），在 KMO 检验和 Bartlett 检验中，数据的 KMO 抽样适用性为 0.885>0.85，显著性水平为 0<0.01，说明量表的结构效度较好。且各变量 AVE 的平方根均大于该变量与其他变量的相关系数，表明量表具有良好的区分效度。

表 4　各维度因子的信效度分析

构念	感知诊断性	评论质量	评论深度	感知评论有用性	评论接受意愿
感知诊断性	**0.853**				
评论质量	0.576	**0.864**			
评论深度	0.569	0.620	**0.828**		
感知评论有用性	0.722	0.599	0.639	**0.784**	
评论接受意愿	0.563	0.436	0.459	0.617	**0.831**
AVE	0.727	0.747	0.686	0.615	0.690
CR	0.941	0.898	0.938	0.865	0.816
克隆巴赫系数	0.819	0.833	0.832	0.802	0.859

注：表中加黑的数据为 AVE 的平方根

表 5　因子载荷表和题项来源

维度	测量度	题项	因子载荷	题项来源
感知诊断性	PD 1	这些评论有助于我对产品的评估	0.876	梁妮等[38] Jiang 和 Benbasat[24]
	PD 2	这些评论有助于我对产品的理解	0.838	
	PD 3	这些评论有助于我熟悉该产品	0.895	
	PD 4	这些评论有助于我了解该产品的质量	0.863	
	PD 5	这些评论的内容与所讨论的产品是密切相关的	0.803	
	PD 6	这些评论表述清晰，使我容易理解	0.838	
评论质量	IQ 1	评论的内容是客观、公正、可靠的	0.872	武芳[39] Chatterjee[40]
	IQ 2	评论的内容非常可靠	0.863	
	IQ 3	评论中的观点令我非常认同	0.856	
评论深度	DEP 1	这些评论是深入的	0.681	祝琳琳[41] Zhao 等[42] Jiang 和 Benbasat[24]
	DEP 2	这些评论为我提供了全面的信息	0.864	
	DEP 3	这些评论为我提供了我需要的所有详细信息	0.849	
	DEP 4	评论中的信息量是足够的	0.825	
	DEP 5	评论中的信息量符合我的需求	0.827	
	DEP 6	评论中的信息量是充足的	0.907	
	DEP 7	评论中的信息量是详细的、完整的	0.826	
感知评论有用性	RH 1	我认为这些评论非常有用	0.777	范昕[43]
	RH 2	这些评论有利于我全面评价该产品	0.743	
	RH 3	我认为这些评论能提高我购买该产品的意愿	0.792	
	RH 4	我认为这些评论能促进我购买该产品的决策	0.824	
评论接受意愿	AC 1	我会与其他人分享评论内容	0.898	陈立梅等[44] 金华送[45] Zaichkowsky[46]
	AC 2	我会根据评论中的内容来进行购物决策	0.757	

5.3　结构方程模型

本文使用 SmartPLS 3.3.3 建立结构方程模型，采用偏最小二乘法对假设模型进行路径分析和假设检验。表 6 显示了结构方程模型的路径系数、t 值及对应假设的验证结果。结果表明，除 H_2 外，其他假设均得到不同程度的支持。H_4、H_5、H_6 表明感知诊断性、评论质量、评论深度对感知评论有用性有显著影响，H_7 表明感知评论有用性对评论接受意愿有显著影响。H_1、H_2、H_3 的结果表明评论形式对感知诊断性和评论深度有显著影响，对评论质量没有显著影响。结构化评论会提高消费者对在线评论的感知诊断性和感知深度，但不会影响消费者对在线评论的感知质量。模型变量路径分析图，如图 4 所示。

表 6　结构方程模型的路径系数

假设	路径	路径系数	t 值	验证结果
H_1	评论形式→感知诊断性	0.232	2.705**	成立
H_2	评论形式→评论质量	0	0.003	不成立
H_3	评论形式→评论深度	0.253	2.556*	成立
H_4	感知诊断性→感知评论有用性	0.478	3.968***	成立
H_5	评论质量→感知评论有用性	0.159	2.185*	成立
H_6	评论深度→感知评论有用性	0.267	2.491*	成立
H_7	感知评论有用性→评论接受意愿	0.617	6.347***	成立

*、**、***分别表示在 0.05、0.01、0.001 水平上显著

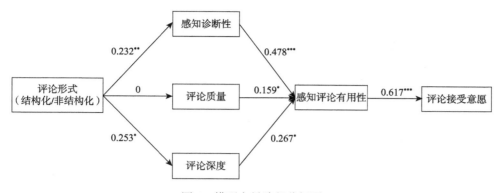

图 4　模型变量路径分析图
*、**、***分别表示在 0.05、0.01、0.001 水平上显著

5.4　感知有用性的中介效应检验

为探究感知有用性在评论内容特征变量对评论接受意愿影响过程中的中介效应是否显著，使用 SPSS 26 的 process 插件进行中介效应检验。由于本文数据量相对较少，且各变量不满足正态分布，故采用偏差校正的非参数百分位 Bootstrap 法进行中介效应分析。Bootstrap 法从给定的样本中有放回地重复取样以产生出许多样本，一般抽取 1 000~5 000[49]。在样本量为 5 000，置信度水平为 95% 的条件下，得到的结果如表 7 所示。结果显示，各变量间的中介效应对应的置信区间均不包括 0，即感知评论有用性在感知诊断性、评论质量、评论深度对评论接受意愿的影响中中介效应显著。由间接效应与总效应的比值可知，感知评论有用性在各个变量之间的中介效应均超过 65%，中介效应显著。即感知诊断性、评论质量和评论深度分别通过影响感知评论有用性来影响评论接受意愿。

表 7　感知有用性的中介效应检验

中介模型	总效应	直接效应	间接效应	间接效应/总效应
感知诊断性→感知有用性→评论接受意愿	0.566 7[***]	0.158 3	0.408 3[0.194 1, 0.690 1]	72.05%
评论质量→感知有用性→评论接受意愿	0.555 8[***]	0.194 3[+]	0.361 5[0.191 4, 0.535 8]	65.04%
评论深度→感知有用性→评论接受意愿	0.445 7[***]	0.110 8	0.334 9[0.178 4, 0.524 9]	75.14%

+、***分别表示在 0.1、0.001 水平上显著

5.5　产品类型的异质性检验

根据前人研究可知搜索型产品和体验型产品之间存在较大差异，消费者在购买不同类型产品时，对在线评论的关注度也有所不同。因此本研究在上述模型基础上进行补充性分析，探究不同产品类型之间的异质性。本文将样本分为搜索型产品和体验型产品两个子样本，分别对两个样本进行单因素方差分析，以期探讨消费者在浏览不同类型商品时，评论形式是否结构化对消费者对于在线评论接受意愿的影响之间存在差异。结果如表 8 所示。

表 8　产品类型的异质性检验

产品类型	评论深度		感知诊断性		评论质量	
	F	显著性	F	显著性	F	显著性
搜索型	1.077	0.306	0.969	0.331	0.308	0.582
体验型	3.276	0.027[*]	4.548	0.039[*]	0.370	0.547

*表示在 0.05 水平上显著

结果显示，对于搜索型产品的子样本，受试者对于结构化评论和非结构化评论的评论深度（$F=1.077$）、感知诊断性（$F=0.969$）、评论质量（$F=0.308$）没有显著差异。对于体验型产品的子样本，评论深度（$F=3.276$）和感知诊断性（$F=4.548$）在结构化评论之间和非结构化评论之间存在显著差异，而评论质量（$F=0.370$）不存在显著差异。换言之，结构化评论显著提升了体验型产品评论的感知诊断性和评论深度，从而在一定程度上提高了消费者对评论的感知有用性及接受意愿，而对评论质量没有改善。对于搜索型产品来说，评论结构化并不能提高消费者对在线评论的评论深度、感知诊断性和评论质量，也就不能提高消费者对评论的接受意愿。

6　结果分析与讨论

为研究结构化评论对消费者感知有用性的影响，本文将样本按照产品类型分类，使用多个变量对感知有用性进行测量构建了模型进行分析，并给出了研究结论的意义和局限性。

6.1　研究结果

（1）感知诊断性、评论质量和评论深度对消费者感知评论有用性有正向影响。其中，感知诊断性对消费者感知评论有用性的影响最大，评论质量的影响最小。评论感知诊断性是消费者对评论的认知程度，消费者看到评论后立刻会有一个大致判断，因此对消费者最终判断具有较大影响。评论质量则是消费者对在线评论更深层次的感知，消费者需要仔细阅读评论后才可做出判断，然而消费者一般对感兴趣的评论才会仔细阅读，对于一般评论往往匆匆略过而对评论的质量感知程度较小，因此评论质量对评论接受意愿的影响较小。

（2）感知评论有用性作为中介变量正向促进感知诊断性、评论质量和评论深度对消费者评论接受意愿的影响。在评论形式影响消费者对评论接受意愿的过程中，感知评论有用性作为中介变量承担超过65%的间接效应，中介效应显著。用户对评论有用性的感知程度越高，越倾向于接受该评论内容作为购买决策的参考。

（3）评论形式对在线评论的评论深度和感知诊断性有显著影响。与非结构化评论相比，结构化评论能够有效提升消费者对评论的感知诊断性和评论深度，更有利于他们根据评论对产品真实情况进行判断，有利于提升评论有用性，进而影响消费者对评论的接受意愿，将消费者评论的效用发挥到最大。考虑结构化评论是以"标签+内容"的格式进行的评论，便于消费者从多个角度对商品进行评价，有助于增加评论包含的信息量即消费者对产品的认知，因此对评论深度和感知诊断性有显著影响。即便如此，结构化的评论形式可能并不完全准确，或是不完全符合消费者的需求。实验中给出的结构化评论与非结构化评论的内容完全相同，二者只存在评论形式上的差异，消费者对二者所包含的信息质量的感知程度不会存在较大差异，因此得出评论形式对评论质量无显著影响的结论是符合实验设计的。这可能是由于实验中评论材料的选择造成的，为探究这一结论是否可靠，还需在未来研究中增加实验材料，进行进一步探究。

（4）不同产品类型的产品评论，在评论形式对感知诊断性和评论深度的影响中存在差异。由产品类型的异质性分析可知，相比于搜索型产品，体验型产品中评论形式对感知诊断性和评论深度影响更显著。即对于体验型产品来说，与非结构化评论相比，结构化评论能显著提高消费者对商品评论的感知诊断性和评论深度，从而显著提高评论的感知有用性，进一步提高用户对该评论的接受意愿。可见在浏览体验型产品的在线评论时，消费者能从产品的结构化评论中获取更多的有用信息，更愿意将该产品结构化形式的评论作为购买决策的参考。对于搜索型产品，评论形式对感知诊断性、评论质量和评论深度影响均不显著，不能认为结构化评论比非结构化评论更能提高评论的接受意愿。说明在浏览搜索型产品的评论信息时，消费者没有对结构化评论或非结构化评论表现出特别的偏好。基于搜索型和体验型产品类型的定义及特点，认为其原因是消费者在购买搜索型产品时，能够从卖家给出的商品详情页中获得足够多的信息，可以对商品的各种性能进行评估，不需要依赖商品的评论；而购买体验型产品时，消费者只能从详情页中获取有限的信息，无法感知商品的使用体验，需要从其他消费者的评论中获取用户的真实体验及更多个性化的信息。当然，这一解释正确与否，需要在未来研究中加入商品详情页的描述，还原更真实的在线电商系统，进行更深层次的研究。

6.2　理论意义和实践意义

6.2.1　理论贡献

（1）已有的人类心理学研究[50]表示，结构化在知识学习过程中具有重要作用，其将信息以一种层次网络结构的形式进行储存，提高了信息存取时的检索效率。电商平台中结构化评论的出现及应用，为消费者提供了便捷的评论切入点，同时有助于其他消费者获取商品相关信息。因结构化评论形式应用较晚，虽然业界如淘宝、天猫等电商平台已经普遍应用，但是目前学术界很少有研究者将其作为研究对象。本文以结构化和非结构化对评论形式进行分类，研究不同评论形式对于评论接受意愿的影响机理，并考虑了产品类型的影响差异，得出相关结论。这在一定程度上丰富了结构化评论的相关理论研究。

（2）本文探究了结构化评论产生作用的机制，将评论有用性作为中介变量，发现结构化评论首先会影响评论深度和感知诊断性，进一步通过影响评论有用性来影响评论接受意愿。

（3）本文考虑了不同产品类型的差异，在原有模型的基础上进一步做了异质性分析。将样本划分为搜索型产品和体验型产品两个子样本，探究两种产品类型之间存在的差异。结果发现，对于体验型产品，结构化评论对消费者评论接受意愿的作用更强，对于搜索型产品，这一作用机制相对更弱。

（4）本文得到的结论在一定程度上能促进学者在结构化评论领域的研究，为未来研究方向提供了更多可能。未来的研究可以从扩大样本量、选取不同品牌和商品、加入评论打分等调节变量或是加入商品详情页等角度出发，进一步完善和发展，为本文的研究结论提供支撑，并得出更多更可靠的结论。

6.2.2　实践意义

（1）通过实验设计及数据分析，本文对结构化应用效果进行探究，验证了结构化评论在电商环境中的应用价值——当购买体验型产品时，消费者在浏览结构化评论时，能够更轻易地从评论中获取有用信息，浏览非结构化评论时，信息获取相对困难。该结论为电商平台在线评论形式的设计提供了有效建议，具有实践指导意义——电商平台可以根据消费者对不同商品评论的重视，决定是否采用结构化评论。

（2）目前只有少部分电商平台应用了结构化评论，而且大多数存在设置烦冗或描述模糊等问题，设计不够完善，无法为消费者提供全面有效的信息，并且也未曾对评论形式进行规范。本文研究发现在消费者浏览体验型产品时结构化形式的评论有用性更大。据此，电商平台可以在对商品类别进行划分的基础上，对不同商品采取不同的评论管理方案，充分挖掘在线评论的价值，从而刺激消费者的购买行为，以增加商品销量、提升业绩。根据本研究的结论，建议电商平台管理者和设计者从消费者购买倾向出发，加强对体验型产品结构化评论体系的完善，如可以要求消费者在评论这类商品时，采取结构化的形式评论；对搜索型产品，则应倾向于完善商品详情页中商品信息的展示。

6.3　研究局限

本文对结构化评论对于消费者感知评论有用性的影响进行了较全面的分析并获得了相应的结论，但仍存在一些不足之处。第一，在变量选取方面，本文只选取了内容特征的变量，但已有研究证明还有其他维度会影响感知有用性，在未来的研究中可以考虑增加其他维度，如评论来源特征等。第二，本文在选取体验型产品和搜索型产品的评论时仅各选取了某一个品牌的某一件商品，没有对其他品牌、其他产品及其他电子商务平台进行研究，可能缺乏一定的普适性。此外受"耐克"品牌效应的影响，消费者对于商品在线评论的感知和接受程度可能会出现差异。第三，本文在选取评论时只选取了商品的好评，未对中评和差评进行研究。考虑到对于好评和差评，消费者的感知存在很大差异，因此在未来可以加入评论性质这一变量进行研究。第四，本文收集的数据存在一定缺点，如样本单一，调查对象多为本科生，女生比例过大，年龄和生活环境较为相似，得到的结论可能具有一定的局限性。后续研究应扩大调查群体，以便得到更准确的结论。第五，本文采用问卷调查的方法，但在研究消费者采纳时，结果受被调查者的主观因素影响较大，问卷结果可能与实际行为不同，造成结果的偏差。未来可以考虑采用网络爬虫的方式，获取客观数据，以得到更准确的结论。

参 考 文 献

[1] 杜学美，丁璟妤，谢志鸿，等. 在线评论对消费者购买意愿的影响研究[J]. 管理评论，2016，28（3）：173-183.

[2] 毕达宇，张苗苗，曹安冉. 基于情感依恋的用户高质量在线评论信息生成模式[J]. 情报科学，2020，38（2）：47-51，124.

[3] 江晓东. 什么样的产品评论最有用？——在线评论数量特征和文本特征对其有用性的影响研究[J]. 外国经济与管理，2015，37（4）：41-55.

[4] 朱丽叶，袁登华，张静宜. 在线用户评论质量与评论者等级对消费者购买意愿的影响——产品卷入度的调节作用[J]. 管理评论，2017，29（2）：87-96.

[5] 廖俊云，黄敏学. 基于酒店销售的在线产品评论、品牌与产品销量实证研究[J]. 管理学报，2016，13（1）：122-130.

[6] Fong J，Burton S. A cross-cultural comparison of electronic word-of-mouth and country-of-origin effects[J]. Journal of Business Research，2008，（3）：233-242.

[7] Qu Z，Zhang H，Li Z. Determinants of online merchant rating：content analysis of consumer comments about Yahoo merchants[J]. Decision Support Systems，2008，46（1）：440-449.

[8] Jeong E H，Jang S C. Restaurant experiences triggering positive electronic word-of-mouth（eWOM）motivations[J]. International Journal of Hospitality Management，2011，30（2）：356-366.

[9] Filieri R. What makes online reviews helpful? A diagnosticity-adoption framework to explain informational and normative influences in e-WOM[J]. Journal of Business Research，2015，68（6）：1261-1270.

[10] Huang A H，Chen K，Yen D C，et al. A study of factors that contribute to online review helpfulness[J]. Computers in Human Behavior，2015，48：17-27.

[11] Hong H，Xu D，Wang G A，et al. Understanding the determinants of online review helpfulness：a meta-analytic investigation[J]. Decision Support Systems，2017，102：1-11.

[12] Lee S，Choeh J Y. The determinants of helpfulness of online reviews[J]. Behaviour & Information Technology，2016，35（10/12）：853-863.

[13] Mudambi S M，Schuff D . What makes a helpful online review? A study of customer reviews on Amazon. com[J]. MIS Quarterly，2010，34（1）：185-200.

[14] 王翠翠，陈雪，朱万里，等. 带图片评论与纯文字评论对消费者有用性感知影响的眼动研究[J]. 情报理论与实践，2020，43（6）：135-141.

[15] 杨颖，朱毅. 谁该成为体验型产品网络评论的主角，图片还是文字?[J]. 心理学报，2016，48（8）：1026-1036.

[16] Porral C C，Vega A R，Pierre J，et al. Does product involvement influence how emotions drive satisfaction? An approach through the theory of hedonic asymmetry[J]. European Research on Management and Business Economics，2018，24：130-136.

[17] Wei M M，Zhang F . Advance selling to strategic consumers：preorder contingent production strategy with advance selling target[J]. Production and Operations Management，2018，27（7）：1221-1235.

[18] Xiao B，Benbasat I. Product-related deception in e-commerce：a theoretical perspective[J]. MIS Quarterly，2011，35（1）：169-195.

[19] Peng H，Lurie N H，Mitra S. Searching for experience on the web：an empirical examination of consumer behavior for search and experience goods[J]. Journal of Marketing，2009，73（2）：55-69.

[20] 刘景方，李嘉，张朋柱，等. 用户评论标签摘要系统的有效性研究[J]. 系统管理学报，2016，25（4）：613-623.

[21] 刁雅静，何有世，王念新，等. 商品类型对消费者评论认知的影响：基于眼动实验[J]. 管理科学，2017，30（5）：3-16.

[22] 张艳辉，李宗伟. 在线评论有用性的影响因素研究：基于产品类型的调节效应[J]. 管理评论，2016，28（10）：123-132.

[23] Park D H，Lee J，Han I. The effect of on-line consumer reviews on consumer purchasing intention：the moderating role of involvement[J]. International Journal of Electronic Commerce，2007，11（4）：125-148.

[24] Jiang Z，Benbasat I. Virtual product experience：effects of visual and functional control of products on perceived diagnosticity and flow in electronic shopping[J]. Journal of Management Information Systems，2004.

[25] 吴江，靳萌萌. 在线短租房源图片对消费者行为意愿的影响[J]. 数据分析与知识发现，2017，1（12）：10-20.

[26] Cheung C M K，Lee M K O，Rabjohn N. The impact of electronic word-of-mouth：the adoption of online opinions in online customer communities[J]. Internet Research，2008，18（3）：229-247.

[27] 赵丽娜，韩冬梅. 基于不同商品类型的在线评论感知有用性的实证[J]. 统计与决策，2015，（16）：108-111.

[28] Racherla P，Friske W. Perceived "usefulness" of online consumer reviews：an exploratory investigation across three services categories[J]. Electronic Commerce Research and Applications，2012，11（6）：548-559.

[29] 杨慧，刘红岩，何军. 中文产品评论结构化引擎[J]. 计算机与现代化，2014，（7）：1-7，15.

[30] 孙霄凌，赵宇翔，朱庆华. 在线商品评论系统功能需求的 Kano 模型分析——以我国主要购物网站为例[J]. 现代图书情报技术，2013，（6）：76-84.

[31] McKinney V，Yoon K，Zahedi F M. The measurement of web-customer satisfaction：an expectation and disconfirmation approach[J]. Information Systems Research，2002，13（3）：296-315.

[32] Arazy O，Kopak R. On the measurability of information quality[J]. Journal of the American Society for Information Science and Technology，2011，62（1）：89-99.

[33] Li M，Huang L，Tan C H，et al. Helpfulness of online product reviews as seen by consumers：source and content features[J]. International Journal of Electronic Commerce，2013，17（4）：101-136.

[34] Sussman S W，Siegal W S. Informational influence in organizations：an integrated approach to knowledge adoption[J]. Information Systems Research，2003，14（1）：47-65.

[35] Liu Y M，Du R. The effects of image-based online reviews on customers' perception across product type and gender[J]. Journal of Global Information Management，2019，27（3）：139-158.

[36] 张荣艳. 品牌策略、感知产品创新性对新产品采用的影响研究[D]. 北方工业大学硕士学位论文，2018.

[37] Wang R Y，Strong D M. Beyond accuracy：what data quality means to data consumers[J]. Journal of Management Information Systems，1996，12（4）：5-33.

[38] 梁妮，李琪，乔志林，等. 朋友推荐产品来源对于消费者感知及其购买意愿影响的实证研究——以微信平台为例[J]. 管

理评论，2020，32（4）：183-193.

[39] 武芳. 在线评论对化妆品网购用户购买决策影响研究[D]. 大连理工大学，2014.

[40] Chatterjee P. Online reviews：do consumers use them?[C]//Gilly M C，Myers-Levy J. Association for Consumer Research，2001：129-134.

[41] 祝琳琳. 在线评论信息质量感知研究[D]. 吉林大学博士学位论文，2020.

[42] Zhao K，Stylianou A C，Zheng Y. Sources and impacts of social influence from online anonymous user reviews[J]. Information & Management，2018，55（1）：16-30.

[43] 范昕. 在线评论对农产品网上消费者购买意愿的影响研究[D]. 华南农业大学硕士学位论文，2017.

[44] 陈立梅，黄卫东，陈晨. 在线评论对出境旅游购买意愿的影响路径研究——基于精细加工可能性模型[J]. 经济体制改革，2019，（5）：104-112.

[45] 金华送. 社会化电商中社交媒体在线评论对消费者信息采纳的影响研究[D]. 安徽大学硕士学位论文，2020.

[46] Zaichkowsky J L. The personal involvement inventory：reduction，revision，and application to advertising[J]. Journal of advertising，1994，23（4）：59-70.

[47] 赵金蕊. 购物过程中的性别差异研究[J]. 云南财经大学学报（社会科学版），2009，24（6）：107-110.

[48] 张姝姝，张智光. 网购行为性别差异与网络营销策略[J]. 南京林业大学学报（人文社会科学版），2012，12（2）：94-99.

[49] 郑建君. 基层公务员角色压力、工作倦怠与生活满意度的关系—基于 Bootstrap 方法的中介模型检验[J]. 江西师范大学学报（哲学社会科学版），2016，49（5）：51-58.

[50] 马芳，王聿泼. 教育心理学[M]. 第二版. 南京：南京大学出版社，2018.

The Impact of Structured Reviews on Consumers' Acceptance Intention of Reviews

LIU Ya'nan，DENG Lijie，SONG Yang，WU Xuanli，JIA Lin

（School of Management and Economics，Beijing Institute of Technology，Beijing 100000，China）

Abstract　To explore the impact of structured reviews on consumers' acceptance intention of reviews in e-commerce platforms，this paper used the method of inter-group experiment to collect questionnaire data，and tested the model through PLS path analysis and one-way ANOVA. The results show that review depth，perceived diagnostics and review quality have a positive impact on consumers' perceived review usefulness，and further enhance consumers' review acceptance intention. For experiential products，structured reviews can significantly improve consumers' perceived depth and perceived diagnostics of online reviews，and thus positively promote perceived review usefulness and review acceptance intention. For search products，review form has no significant effect on each factor.

Key words　structured reviews，online reviews，product type，perceived usefulness，acceptance intention of reviews

作者简介

刘亚男（2000—），女，北京理工大学管理与经济学院 2018 级本科生，研究方向为电子商务、管理信息系统、大数据分析与决策。E-mail：liu_ya_nan00@163.com。

邓立杰（2000—），女，北京理工大学管理与经济学院 2018 级本科生，研究方向为电子商务、医疗大数据。E-mail：1120183587@bit.edu.cn。

宋阳（2000—），女，北京理工大学管理与经济学院 2018 级本科生，研究方向为电子商务。E-mail：1120182731@bit.edu.cn。

吴璇丽（2000—），女，北京理工大学管理与经济学院 2018 级本科生，研究方向为电子商务、大数据分析与决策。E-mail：wuxuanli2000@163.com。

    贾琳（1987— ），男，北京理工大学管理与经济学院副教授，研究方向为电子商务、医疗数据分析、数据驱动型决策、信息技术管理。E-mail：jialin87@bit.edu.cn。

买卖双方即时通信中对话行为对购买的影响研究[*]

周逸美，黄京华

（清华大学 经济管理学院，北京 100084）

摘　要　买卖双方如何更加有效地在即时通信中沟通具有重要的现实意义。本文借鉴互动校准模型（interactive-alignment model）和人际协同理论（interpersonal synergy theory），将对话协调性（对话者在沟通时相互配合的程度）的概念引入买卖双方对话行为（对话协调性和对话内容）对购买的影响。研究发现，对话协调性以及产品匹配和服务相关对话内容会促进购买；对话协调性会减弱这两类对话内容对于购买的影响。本文的研究成果能为企业与消费者的沟通提供指导，促进消费者购买。

关键词　即时通信，对话行为，对话协调性，对话内容，不确定性

中图分类号　C931.6

1　引言

随着线上购物的普及，即时通信在消费者的购买决策中发挥着越来越重要的作用。根据用户调研，消费者借助"阿里旺旺"等即时通信平台与卖方进行沟通能够表明需求和意图，对推动交易形成有很大的帮助[1, 2]。卖方和买方通过即时通信进行同步的沟通和交流能够弥补线上购买互动性和购买体验等方面的不足，对于购买有积极的影响。然而在线上购物情境中，买卖双方在即时通信中并不一定能进行有效的沟通交流。调研过程中一位消费者表示，"好多商家在沟通时不听你说话，只顾自己说，像是完全不配合你"。同样，另一位消费者也观察到，"咨询问题的时候，就算商家都在推荐产品，有些商家就是让我感觉沟通效率很低"。在大规模调研的市场研究中也存在同样的问题，由于线上购物环境中的对话相较传统的面对面对话存在更大的不确定性，消费者和商家的沟通问题越发凸显[3, 4]。因此，如何更加有效地在即时通信中进行沟通，进而提高销量具有重要的现实意义。

目前关于使用即时通信的行为研究大多聚焦于是否使用即时通信对于购买的影响[5~7]，很少有研究关注买卖双方如何在即时通信中更有效地沟通进而更大程度地促进购买。即时通信等计算机中介的沟通（computer-mediated communication，CMC）的作用是让买卖双方更好地进行交流，从而减少购买过程的不确定性，因而本文从对话的角度来分析买卖双方的行为[8, 9]。根据以往对话相关研究，本文从交流语言内容和交流语言加工的角度对交流行为进行研究[10]。一方面，从交流语言内容的角度出发，目前关于即时通信中文本分析的研究通常挖掘对话的主题和情感，并采用字数或句子数目来衡量它们的信息量[11~13]。信息量还可以从信息论的角度进行衡量，即信息熵，它相较于上面两种方法能够进一步基于具体信息内容出现的概率，衡量上下文情境中的信息量[14, 15]。另一方面，从交流语言加工的角度出发，对话的协调性（对话者在沟通时相互配合的程度）在不断地被强调[16~18]，与消费者和商家在对话实践中

---

* 基金项目：国家自然科学基金项目（72072100）。

通信作者：黄京华，清华大学经济管理学院教授、博士生导师，E-mail：huangjh@sem.tsinghua.edu.cn。

所提及的"听你说话"和"配合"能够很好地对应。而且线上对话场景的不确定性更大，对于对话者之间相互配合的要求也更高[16, 19]。然而即时通信的相关研究却缺乏从卖方和买方互动的角度进行深入分析。

为弥补上述不足，本文用信息熵来衡量对话内容，借鉴互动校准模型和人际协同理论，引入对话协调性的概念[16, 17, 20]分析买卖双方的交互行为。具体而言，本文将对买卖双方在即时通信中的对话行为进行以下分析：①对话协调性对购买有怎样的影响？②对话内容对购买有怎样的影响？③对话协调性如何调节对话内容对购买的影响？

2 文献综述

2.1 线上购买的不确定性

在线上购买中，不确定性具体指消费者对于产品或者品牌的表现无法进行准确预估的程度[21]，一般被划分为产品不确定性和卖方不确定性[21, 22]。对于产品不确定性，一般认为可以分为产品质量不确定性和产品匹配不确定性[21~24]。其中产品质量不确定性是指消费者难以对产品属性进行评估、并准确预测产品未来表现的程度[22, 24]；产品匹配不确定性是指消费者难以评估产品属性是否与他们的个人情况相匹配的程度[22]。对于卖方不确定性，卖方提供的服务质量会影响买卖双方之间的关系，进而影响消费者对于卖方的不确定性[24~26]。一般认为，消费者对于服务质量的判断会受到用户反馈、第三方测评和卖方所提供的信息等的影响[24, 26]。

即时通信中的信息交流会影响消费者感知到的不确定性[7, 27]，从而促进购买。Zhang 和 Liu 提出是否使用即时通信可以影响消费者与卖方的实时沟通，并影响消费者对于网页展示的产品信息的理解，进而影响消费者对于卖方可信度的认知，作用于消费者对于产品和卖方不确定性的感知，从而影响其购买决策[27]。Adjei 等对一个在线产品评论社区中的消费者对话进行分析，发现交流的速度、相关性、频次和信息量等能够显著降低消费者感知到的不确定性，从而影响购买[28]。

2.2 线上购买的人际交互

由于本文聚焦于即时通信中对话行为对于购买的影响，这部分文献综述主要关注即时通信等 CMC 场景下的人际交互研究，包括基于消费者感知到的交互性和临场感的研究，以及基于沟通相关理论的研究。

第一部分研究关注是否使用即时通信通过影响买卖双方的人际交互，进而作用于消费者感知到的交互性和临场感，从而影响购买[5, 6, 26]。感知交互性是指对话者认为双方之间对话是双向和实时的程度。临场感是指对于他人的亲密感和接近的程度，包括心理和生理两个维度。Kang 等通过对线上消费者的调研，提出即时通信能提高消费者的感知交互性，进而缓解不确定性带来的负面影响，从而增加他们的交易意愿[5]。Ou 等结合消费者的日志数据和调研数据，提出即时通信等 CMC 能够通过模仿传统的面对面交流，提高消费者的感知交互性和临场感，进而增加消费者对于卖方的信任并构建买卖双方之间的关系，从而促进购买[26]。

第二部分研究从沟通的相关理论出发研究人际交互对购买的影响[13, 29]。Lowry 等基于对话的相关文献和理论，提出 CMC 中的人际交互对于沟通质量有重要影响，并进一步作用于顾客满意度[29]。Kang 等将言语行为理论（speech act theory）拓展到线上购物的即时通信场景，关注实时客户支持聊天（live customer support chat）等 CMC 中的认知、情感和说话者的角色三个要素，基于对话内容数据研究卖方和买方的认知和情感表达对于购买的影响[13]。然而该部分文献多是从卖方或买方的角度单独分析，没有充分考虑买卖双方的交互，因此有必要进一步参考对话相关理论。

2.3　对话中的协调性研究

在对话的认知研究中，可以从交流语言内容和交流语言加工两个角度进行[8, 10, 16~20]。从交流语言加工的角度来分析，对话的协调性（coordination）在心理语言学、认知科学等领域中是非常重要的话题[16~18]，其具体含义是对话者在对话中的相互配合[16, 17, 20]。这部分文献综述主要包括互动校准模型和人际协同理论等对话的相关理论以及相关定量研究。

2.3.1　对话相关理论

Pickering 和 Garrod 强调对话与独白在主体之间的交互性上的差别，于 2004 年提出一种对话语言处理机制——互动校准模型[16]。他们认为，对话相较于演讲等独白场景，主体之间的交互性更强，需要更加精准而持续的协调，因此对话的相关研究要从对话双方互动的角度进行考虑和研究。互动校准模型表明所有对话者对于话语的产生和理解能够通过不同表征层次的校准（在某一特定层次使用相同表征）耦合在一起，强调对话者之间的相互影响。后续认知科学和语言处理等领域的研究也通过不同的研究方法印证对话过程中对话者之间的相互影响[17, 30, 31]。Menenti 等提出在语言处理中讲话和听话时表征是相似的，基于认知神经科学为对话者的相互影响提供支持[30]。

考虑到互动校准模型在对话动态性方面的不足，近年有学者提出人际协同理论等补充性的理论解释[17, 31]，从动态交互的角度阐明对话的机制。受运动协调动力学模型的启发，Fusaroli 等在动态框架下将人际协调思想引入对话场景，并进一步发展出用于对话分析的人际协同理论[17]。他们认为互动校准模型对于解释对话中一些重要步骤是至关重要的，但是仅仅从简单的同步模仿行为角度来分析也是不充分的。具体而言，他们提出良好的对话协调性不仅依赖选择性的校准，还取决于对话者之间的动态互补，如对话者之间提问和回答的互补、对话者进一步发展彼此的观点。

2.3.2　对话协调性的定量研究

在计算语言学领域中，很多学者基于互动校准模型和人际协同理论等，开发出衡量对话协调性的不同指标进行定量研究[18, 32, 33]。例如，局部语言校准指标（local linguistic alignment）是通过对话者相邻的句子之间含有相同词汇的数目，被这两个句子词汇数目标准化后的数值来衡量对话协调性[18, 32]。但是该类指标在具体计算过程中，每次只能以一个语言单位（如句子）作为对象，难以直接从对话的整体层面充分考虑对话的动态性。考虑到对话内容的动态模式，Xu 和 Reitter[34] 将 Oullier 等[35] 在协调动力学理论框架下开发的人际协调指标——峰-峰相对相位（peak-to-peak relative phase）引入对话内容研究，用频次维度替代原有的时间维度，对两个对话者的熵值序列进行频谱分析，描述其熵值序列的耦合程度。峰-峰相对相位能够反映对话者相互间信息交换的协调性，充分体现对话者的交互和相互影响；能够以整个对话作为研究对象，基于信息熵衡量对话中信息交互的协调性。如果熵值序列对应的频谱图的峰-峰相对相位较大，说明对话者中一方在对话过程中输出的信息量较大，另一方输出的信息量较少。此时对话者能够更好地实现相互配合，具有较高的对话协调性。如果峰-峰相对相位较小，说明对话者配合程度较差，对应的协调性较低。

许多学者基于定量研究发现，对话协调性能提高沟通质量，具体反映在对话者的合作表现上，即他们完成任务的成功程度[18, 34]。例如，Reitter 和 Moore 用局部语言校准指标衡量对话协调性，通过大规模的实证研究发现其与任务成功度是正相关的[18]。Xu 和 Reitter 用峰-峰相对相位衡量对话协调性，基于英语和丹麦语的语料库再次印证其与任务成功度正相关[34]。

2.4 文献综述小结

综合以上文献，对于即时通信等 CMC 影响购买的相关领域，在交流语言内容和交流语言加工方面还存在待研究的空间。大部分研究聚焦于使用即时通信与否对于购买的影响[5~7]，但是很少有研究关注即时通信中买卖双方具体行为如何影响购买，仅有的少量研究也存在以下局限[12, 13]。

第一，相关研究缺少对买卖双方的交互行为的研究。从对话中的协调性研究可以看出，心理语言学等领域中对话者的相互影响在不断地被强调[17, 31, 36]。卖方和买方在即时通信中的对话行为也不例外，即时通信的相关研究中应充分重视双方行为的交互。但是已有研究在这方面还有待完善。例如，Lv 等借鉴商务沟通的文献，对于即时通信中用户行为的影响仅从卖方的角度考虑，研究卖方的回复次数和速度等对购买的影响[12]。Kang 等基于言语行为理论，仅研究卖方和买方的认知和情感要素对购买的影响[13]。

第二，在对话内容方面，现有研究对于信息的衡量有待改进。线上购买的不确定性文献表明，信息量对于信息价值有重要影响，能够降低消费者感知到的不确定性，而现有文献中对于信息量的衡量没有考虑信息的具体内容和上下文情境。例如，Lv 等根据产品不确定性对对话内容进行分类[12]，却没有对信息量进行衡量；Kang 等只通过信息条数和字数去衡量信息量[13]。

第三，即时通信对购买影响的研究中，对于购买的衡量仅采用"是/否"[12, 13]，而在市场营销领域对于购买的研究中还有更精确的衡量购买的方法，如购买的数量、购买的种类。

3 研究假设

3.1 即时通信中对话协调性对购买的影响

卖方和买方的对话协调性是指买卖双方在沟通时相互配合的程度[16, 17, 20]。一方面，从感知交互性的角度，即时通信能让买卖双方进行积极的互动[11]，良好的对话协调性能够保证双方有效的互动与交流，进而提高消费者的感知交互性[6, 26]。消费者感知到较高的交互性，能增加其对于卖方的信任，有利于买卖双方关系的构建，从而促进购买[5, 26]。另一方面，从不确定性的角度，对话的协调性对于消费者感知交互性的提升意味着消费者的临场感处于较高的程度，让消费者产生对于卖方的亲近感，也让消费者认为他们在整个线上购买流程中能随时从卖方获取帮助，进而降低消费者感知到的不确定性[5]，最后对消费者的购买产生促进作用[21, 27]。对话协调性能够从以上两方面促进消费者的购买决策[5, 29]。由此本文认为

H_1：即时通信中，卖方与买方的对话协调性对购买有正向的影响。

3.2 即时通信中对话内容对购买的影响

在线上购物环境中，消费者在整个购买流程中的所有体验通常可以分为产品和服务两部分。产品是指卖方最后实际收到的有形物品；服务是指除了有形物品之外无形的体验过程，如产品退换货政策、附赠礼物、快递政策等[37]。结合不确定性相关理论，本文将对话内容分为产品相关对话内容和服务相关对话内容[21, 22, 24~26]，产品相关对话内容进一步分为产品质量相关对话内容和产品匹配相关对话内容[21~24]。

首先对产品相关对话内容进行分析。第一，买卖双方交流的产品相关对话内容能够让消费者获得产

品信息，而大量研究表明产品信息可以降低产品不确定性[5, 24]。产品不确定性得到降低后，消费者对于交易的感知风险更小，更可能进行购买[21, 28]。第二，在线上购物环境中，消费者可以通过网页上的信息展示和以往消费者的评论对产品质量有更充分的了解，产品质量不确定性得到显著降低[7, 12]。但是消费者无法在线上购物环境中体验产品，而且很难通过其他消费者的评论或者产品的一般信息展示充分了解产品的属性是否符合他们的需求[12, 38]，如某护肤品是否适合自己的肤质、某鼠标是否是自己喜欢的触感，因而产品匹配不确定性带来的问题显得更加突出。对于该问题，卖方如果能针对消费者的个人喜好问题提出建议或者分享见解，让消费者较准确地预测自身使用后产品的表现[24, 38]，能够有效地降低产品匹配不确定性从而促进购买。即相较于产品质量相关对话内容，产品匹配相关对话内容能够更大限度地促进购买。因此本文认为

H_2：即时通信中，买卖双方交流产品相关内容对购买有正向的影响，其中产品匹配相关对话内容比产品质量相关对话内容的影响更大。

下面对服务相关对话内容进行分析。研究表明，线上购买时消费者对服务质量的判断对于买卖双方友好关系的建立至关重要，并进一步影响消费者感知的卖方不确定性[24~26]。买卖双方交流服务相关内容有助于消费者对服务质量的判断，降低消费者对于卖方的不确定性，进而促进其购买。此外，在消费者购买的过程中，消费者经常通过卖方的真诚性和情感表现来判断服务质量[39, 40]。但是在线上购买的过程中，消费者难以得到卖方与其交互时的表情等非语言信息，因此消费者通常更加依靠文字去判断服务质量[12, 40]。由此本文认为

H_3：即时通信中，买卖双方交流服务相关内容对购买有正向的影响。

3.3　即时通信中对话协调性对对话内容的调节作用

下面对对话协调性对对话内容的调节作用进行分析。当买卖双方在即时通信的对话行为中表现出较低的对话协调性时，买卖双方有效的互动与交流难以得到保证，消费者在交流的过程中难以感知到足够的交互性[5, 6]。感知交互性的缺乏让消费者更难确定在购买流程中他们能否随时从卖方获取帮助，从而在购买决策的过程中产生较高的感知风险[5, 29, 41]。此时，消费者对于潜在风险表现得更为敏感，而对话内容能够降低买卖双方的信息不对称性，进而降低消费者感知的不确定性[21, 27, 42]，因此消费者更依赖对话内容作为决策依据。当买卖双方在交流过程中表现出较高的协调性时，消费者对卖方感觉更加亲近，由此感知到更高的交互性，对于购买的不确定性也更低[5, 29, 41]。此时，即使买卖双方交流时相关对话内容在信息量上不高，消费者也可能产生购买决策，即对话内容此时对于购买的影响被减弱。由此本文认为

H_4：即时通信中，卖方与买方的对话协调性，会减弱对话内容对购买的正向影响。

4　研究设计

4.1　数据收集

研究团队与淘宝网上的一家护肤品店开展合作，获取本次研究的相关数据。该护肤品店于 2009 年在淘宝网上开张，主要向消费者销售国际知名护肤品牌"倩碧"的护肤品。研究团队获得 2015 年 6 月 1 日至 2015 年 12 月 8 日该店铺的相关数据，共包含电脑端和手机端的 6 517 份阿里旺旺对话记录（包括消费者的提问和卖方的回复及对应的时间），以及消费者的浏览记录、购买记录、产品评论数据、产品信息和消费者个人数据。获取数据后，本文对对话记录进行筛选，剔除售后的对话记录和文本长度低于

五句的对话记录（文本长度小于五句的对话记录无法计算协调性）。最终，得到 5 137 个有效的对话样本，并将这些对话记录与购买记录等与其他数据进行匹配处理。

4.2 模型设计

参考 Bolton 等的研究，本文从深度和广度两个维度对购买进行研究，分别用购买数量和购买种类衡量购买深度和购买广度[43]。由于两个因变量都属于非负整数，因此本文不能采用普通最小二乘法等进行回归。当因变量为非负整数时，通常会考虑泊松回归。但是泊松分布建立在均值等于方差的条件之下，本文研究的购买变量会出现过度离差现象而让泊松分布的条件得不到满足，此时负二项分布模型更为有效。因此本文主要采用负二项回归来验证假设，模型 1~2 用于验证 H_1~H_3，模型 3~4 用于验证 H_4。如下所示：

$$\text{Ln}\left[E\left(\text{PurchaseDepth}_j \mid X_j, \beta_d\right)\right] = \beta_{d0} + \beta_{d1} \times \text{Coordination}_j + \beta_{d2} \times \text{FitEntropy}_j$$
$$+ \beta_{d3} \times \text{QuaEntropy}_j + \beta_{d4} \times \text{SerEntropy}_j \quad (1)$$
$$+ \sum \beta_{dc} \times \text{Controls}_j + \epsilon_{dj}$$

$$\text{Ln}\left[E\left(\text{PurchaseBreadth}_j \mid X_j, \beta_b\right)\right] = \beta_{b0} + \beta_{b1} \times \text{Coordination}_j + \beta_{b2} \times \text{FitEntropy}_j$$
$$+ \beta_{b3} \times \text{QuaEntropy}_j + \beta_{b4} \times \text{SerEntropy}_j \quad (2)$$
$$+ \sum \beta_{bc} \times \text{Controls}_j + \epsilon_{bj}$$

$$\text{Ln}\left[E\left(\text{PurchaseDepth}_j \mid X_j, \beta_d\right)\right] = \beta_{d0} + \beta_{d1} \times \text{Coordination}_j + \beta_{d2} \times \text{FitEntropy}_j$$
$$+ \beta_{d3} \times \text{QuaEntropy}_j + \beta_{d4} \times \text{SerEntropy}_j$$
$$+ \beta_{d5} \times \text{Coordination}_j \times \text{FitEntropy}_j$$
$$+ \beta_{d6} \times \text{Coordination}_j \times \text{QuaEntropy}_j \quad (3)$$
$$+ \beta_{d7} \times \text{Coordination}_j \times \text{SerEntropy}_j$$
$$+ \sum \beta_{dc} \times \text{Controls}_j + \epsilon_{dj}$$

$$\text{Ln}\left[E\left(\text{PurchaseBreadth}_j \mid X_j, \beta_b\right)\right] = \beta_{b0} + \beta_{b1} \times \text{Coordination}_j + \beta_{b2} \times \text{FitEntropy}_j$$
$$+ \beta_{b3} \times \text{QuaEntropy}_j + \beta_{b4} \times \text{SerEntropy}_j$$
$$+ \beta_{b5} \times \text{Coordination}_j \times \text{FitEntropy}_j$$
$$+ \beta_{b6} \times \text{Coordination}_j \times \text{QuaEntropy}_j \quad (4)$$
$$+ \beta_{b7} \times \text{Coordination}_j \times \text{SerEntropy}_j$$
$$+ \sum \beta_{bc} \times \text{Controls}_j + \epsilon_{bj}$$

其中，PurchaseDepth_j 是参与对话 j 的消费者在该次对话后的购买数量，衡量其购买深度；PurchaseBreadth_j 是参与对话 j 的消费者在该次对话后的购买种类，衡量其购买广度；Coordination_j 是对话 j 中买卖双方输出信息的峰-峰相对相位，衡量对话协调性；FitEntropy_j 是对话 j 中买卖双方关于产品匹配相关内容对应句子的信息熵之和，衡量产品匹配相关对话内容的信息量；QuaEntropy_j 是对话 j 中买卖双方关于产品质量相关内容对应句子的信息熵之和，衡量产品质量相关对话内容的信息量；SerEntropy_j 是对话 j 中买卖双方关于服务相关内容对应句子的信息熵之和，衡量服务相关对话内容的信息量。如表 1 所示，本文会控制沟通的一些其他特征、对话涉及的产品特征和参与对话 j 的消费者的个人信息等影响购买的变量。此外，ϵ_{dj} 和 ϵ_{bj} 是随机误差项。

表 1　模型中控制变量的相关说明

变量类别	变量名称	变量含义	参考文献
沟通的其他特征	$ArEntropy_j$	对话 j 中卖方自动回复的信息熵之和	Lv 等[12]，Adjei 等[28]
	$Frequency_j$	卖方在对话 j 中回复消费者的次数	
	$Speed_j$	卖方在对话 j 中第一次回复消费者以秒为单位的时间间隔	
消费者的个人特征	$ActiveLevel_j$	参与对话 j 的消费者的活跃度，反映消费者使用阿里旺旺进行沟通的频繁程度	Lv 等[12]，Kang 等[13]，Ou 等[26]
	$MemberLevel_j$	参与对话 j 的消费者的会员等级，反映消费者在淘宝网购物的开销情况	
	$CreditLevel_j$	参与对话 j 的消费者的信用等级，反映消费者在淘宝网购物历史中的守信情况	
	$WangGender_j$	参与对话 j 的消费者在阿里旺旺上填写的性别，1 为女性，0 为男性	
网页展示的产品信息和用户生产内容等	$ChatPrdctWord_j$	对话 j 中谈及的产品的平均网页描述字数	Jiang 等[11]，Lv 等[12]，Fusaroli 等[17]
	$ChatPrdctPic_j$	对话 j 中谈及的产品的平均网页展示图片数	
	$ChatReview_j$	对话 j 中谈及的产品的平均评论条数	
	$ChatRating_j$	对话 j 中谈及的产品的平均评分	
	$ChatPrice_j$	对话 j 中谈及的产品的平均价格	
	$ChatRcmd_j$	对话 j 中谈及的产品出现在卖方推荐列表中的产品个数	
	$PrdctMentione_j$	对话 j 中是否谈及具体产品；若是则取值为 1，反之取值为 0	
	$ChatDiversityDegree_j$	对话 j 中谈及的所有产品所属的类别数，反映消费者谈论的产品多样性	
消费者原有的购买意愿和不确定性程度	$RptDialogue_j$	参与对话 j 的消费者是否在过去一周内与卖方进行过对话，如果是则取值为 1，否则为 0。该变量值为 1 时表明消费者的购买意愿较强	Tan 等[7]，Lv 等[12]
	$CountQuestion_j$	对话 j 中消费者的问题个数，问题越多说明消费者对于产品的不确定性越高	

对于对话协调性，本文主要采用峰-峰相对相位指标。本文通过获取到的对话文本训练三元语言模型，然后计算每个对话文本中对应每个句子的信息熵。在三元语言模型中，一句话被当作词语的序列，即 $S = \{w_1, w_2, \cdots, w_n\}$，能够对上下文情境进行充分的考虑。句子的信息熵是通过式（5）进行估计的：

$$H(w_1, \cdots, w_n) = -1/n \sum \log P(w_i | w_1, \cdots, w_{i-1}) \tag{5}$$

其中，$w_1, \cdots, w_n$ 是该句子；w_1 和 w_n 是该句子中的第一个词和最后一个词；n 是该句子的总数目；w_i 是该句子中的第 i 个词，$P(w_i | w_1, \cdots, w_{i-1})$ 是该句子中已知前 $i-1$ 个词的概率下第 i 个词的位置为现在第 i 个词的概率；$H(w_1, \cdots, w_n)$ 是该句子的信息熵。本文采用 SRILM 软件来构建训练语言模型和计算句子的信息熵[34]。

基于对话文本的熵值序列，Rp 的计算步骤如下：第一步，将计算得到的句子信息熵记成序列的形式：

$$H_k = \left\{ H(s_i^k) | i = 1, 2, \cdots, N_k \right\} \tag{6}$$

其中，N_k 是第 k 份对话文本中的句子数目；s_i^k 是第 k 份对话文本中第 i 句话；$H(s_i^k)$ 是根据上文中等式计算出来该句的信息熵；H_k 是第 k 份对话文本中句子信息熵组成的序列。第二步，基于熵值序列 H_k 对文本数据进行平稳性检验和白噪声检验，确认其适用于频谱分析的处理。本文采用 Kwiatkowski-Phillips-Schmidt-Shin（KPSS）检验[44]方法对文本数据进行熵值序列的平稳性检验，超过 61% 的对话文本通过平稳性检验，基本符合平稳性要求。然后将对应的频谱图与白噪声进行比较，证实本文关于熵值数据的周期性假设。第三步，将句子的熵值序列根据句子的来源（买方和卖方）分成两个子序列，分别是买方的熵值序列 H_k^B 和卖方的熵值序列 H_k^S，以句子为单位进行频谱分析。具体而言，对两个熵值序列进行傅里叶变换后，得到对应的频谱图 P_k^B 和 P_k^S，计算两个频谱图曲线的峰-峰相位之差。相位之差取值为 0 到 π 之间，将其标准化到 0 到 1 之间，即为峰-峰相对相位。

对于对话内容的分类，本文采用文本卷积神经网络（text convolutional neural network，TextCNN）模型。具体分为以下步骤：第一步，先对对话文本进行预处理，通过回复速度等识别并提取卖方的自动回复用于单独的统计分析（后面步骤的对话文本均不含自动回复），并且对网址和产品专业词汇等名词进行替换处理。第二步，从 5 137 个有效的对话样本中，随机选取 423 份对话记录（包含 6 257 个句子，约占有效对话样本句子总数目的 10%），然后通过人工标记的方法将所获文本中的每句话分为以下四组中的一个组：产品匹配相关内容、产品质量相关内容、服务相关内容和其他。在标记过程中，本文邀请两位管理专业学生，对其培训后分别对所获文本进行标记，两人标记一致性超过 95%，标记不一致的数据由本文作者进行判断。第三步，用 6 257 个句子中的 5 305 个句子（84.79%）作为训练集，输入 TextCNN 模型、支持向量机（support vector machine，SVM）模型和朴素贝叶斯（naive Bayesian，NB）模型中构建分类器。第四步，用三个分类器对剩下的 15.21% 的句子进行分类。结果显示，输入 TextCNN 模型构建分类器的分类准确率（86.55%）较 SVM（80.78%）模型和 NB 模型（76.42%）更高。第五步，采用 TextCNN 模型构建的分类器对所有对话文本的句子进行分类。

5 研究结果

5.1 描述性统计

对于 5 137 份有效的对话记录，参与相关对话的消费者平均购买 0.973 个产品，平均涉及 0.743 个产品类别，买卖双方间的平均协调性为 0.214。平均而言，每份对话中卖方与消费者交流最多的是产品质量相关内容，其信息熵为 1.117；其次是服务相关内容，其信息熵为 0.973；最后是产品匹配相关内容，其信息熵为 0.754。此外，平均每份对话中自动回复的信息熵是 0.720。对消费者的不确定性和购买意愿的刻画中，参与这些对话的消费者在每次对话中平均产生 8.327 个问题，同时 7.60% 的消费者在过去一周内曾与卖方进行过对话。其他控制变量的描述性统计见表 2。

表 2　买卖双方对话行为相关变量的描述性统计

变量名称	均值	标准差	最小值	最大值
$PurchaseDepth_j$	0.973	2.321	0	100
$PurchaseBreadth_j$	0.743	1.313	0	13
$Coordination_j$	0.214	0.633	0	0.778
$FitEntropy_j$	0.754	0.953	0	10.865
$QuaEntropy_j$	1.117	1.512	0	16.415
$SerEntropy_j$	0.973	1.722	0	14.650
$ArEntropy_j$	0.720	1.029	0	15.477
$Frequency_j$	8.570	10.087	0	122
$Speed_j$	1 040.469	7 491.828	0	86 400
$ActiveLevel_j$	10 269.050	19 984.280	0	214 423
$MemberLevel_j$	3.013	0.930	0	6
$CreditLevel_j$	5.913	1.657	1	13
$WangGender_j$	0.826	0.380	0	1
$ChatPrdctWord_j$	1 447.896	530.521	20	3 715
$ChatPrdctPic_j$	7.662	2.503	1.25	19

续表

变量名称	均值	标准差	最小值	最大值
$ChatReview_j$	21.930	20.113	0	130
$ChatRating_j$	4.816	0.099	4.4	5
$ChatPrice_j$	146.314	119.100	2	686
$ChatRcmd_j$	0.135	0.460	0	8
$PrdctMentione_j$	0.730	0.443	0	1
$ChatDiversityDegree_j$	1.173	0.384	1	7
$RptDialogue_j$	0.076	0.266	0	1
$CountQuestion_j$	8.327	6.573	0	37

注：对于购买深度 $PurchaseDepth_j$ 和购买广度 $PurchaseBreadth_j$ 大于 10（购买数量和购买种类大于 10）的对话都有进行人工核对，认为其属于有效购买行为（如此处 $PurchaseDepth_j$ 为 100 的对话是购买 100 袋脱脂棉）

这些变量之间的相关系数基本都低于 0.6。同时本文计算了方差膨胀因子，所有变量的方差膨胀因子均低于 Kutner 等建议的临界值 10[45]。

5.2　假设检验

本文使用负二项回归对模型进行估计，具体结果见表 3 和表 4。首先分析对话协调性的影响。根据回归结果，对话的协调性对消费者的购买深度（β=0.261，p<0.01）和购买广度（β=0.274，p<0.01）有显著的正向影响。即 H_1 被证实。

表 3　买卖双方对话行为对购买深度的影响

变量名称	Model 1		Model 2		Model 3	
	系数	标准误	系数	标准误	系数	标准误
Controls						
$ArEntropy_j$	0.136***	0.037	0.128***	0.040	0.125***	0.040
$Frequency_j$	0.024***	0.005	0.007	0.006	0.013**	0.006
$Speed_j$	0***	5.16×10^{-6}	0***	5.20×10^{-6}	0***	5.31×10^{-6}
$ActiveLevel_j$	0	1.63×10^{-6}	0	1.66×10^{-6}	0	1.64×10^{-6}
$MemberLevel_j$	0.125***	0.035	0.119***	0.035	0.124***	0.035
$CreditLevel_j$	0.085***	0.020	0.090***	0.020	0.092***	0.020
$WangGender_j$	−0.212***	0.070	−0.134*	0.072	−0.119*	0.072
$ChatPrdctWord_j$	0	5.01×10^{-5}	0	4.99×10^{-5}	0	4.99×10^{-5}
$ChatPrdctPic_j$	0.138***	0.010	0.137***	0.010	0.137***	0.010
$ChatReview_j$	0.003	0.002	0.004*	0.002	0.004*	0.002
$ChatRating_j$	0.534*	0.324	0.550*	0.327	0.521	0.331
$ChatPrice_j$	−0.003***	3.21×10^{-4}	−0.002***	3.33×10^{-4}	−0.002***	3.27×10^{-4}
$ChatRcmd_j$	−0.166**	0.065	−0.159**	0.064	−0.154**	0.063
$PrdctMentione_j$	−0.391***	0.068	−0.414***	0.068	−0.434***	0.068
$ChatDiversityDegree_j$	0.275***	0.076	0.269***	0.077	0.255***	0.074
$RptDialogue_j$	0.403***	0.096	0.412***	0.097	0.411***	0.097
$CountQuestion_j$	−0.004	0.004	−0.004	0.004	−0.004	0.004
Main effects						
$Coordonation_j$			0.261***	0.049	0.418***	0.066

续表

变量名称	Model 1		Model 2		Model 3	
	系数	标准误	系数	标准误	系数	标准误
Main effects						
$FitEntropy_j$			0.129^{***}	0.034	0.354^{***}	0.064
$QuaEntropy_j$			-0.034	0.022	-0.049	0.036
$SerEntropy_j$			0.060^{***}	0.016	0.111^{***}	0.030
Moderating effects						
$Coordonation_j \times FitEntropy_j$					-0.246^{***}	0.057
$Coordonation_j \times QuaEntropy_j$					0.020	0.033
$Coordonation_j \times SerEntropy_j$					-0.050^{**}	0.024
intercept	-4.492^{***}	1.589	-4.832^{***}	1.607	-4.890^{***}	1.630
/lnalpha	0.649^{***}	0.049	0.617^{***}	0.051	0.607^{***}	0.051
alpha	1.913	0.094	1.854	0.094	1.834	0.094
N		5 137		5 137		5 137
Log-likelihood		$-6\,431.86$		$-6\,402.11$		$-6\,391.14$
Likelihood-ratio test：χ^2	481.690^{***}		580.760^{***}		607.750^{***}	

$*p<0.1$；$**p<0.05$；$***p<0.01$

注：标准误为稳健性标准误

表 4　买卖双方对话行为对购买广度的影响

变量名称	Model 1		Model 2		Model 3	
	系数	标准误	系数	标准误	系数	标准误
Controls						
$ArEntropy_j$	0.125^{***}	0.031	0.106^{***}	0.032	0.102^{***}	0.031
$Frequency_j$	0.019^{***}	0.004	0.002	0.004	0.008^{*}	0.004
$Speed_j$	0^{***}	4.66×10^{-6}	0^{***}	4.68×10^{-6}	0^{**}	4.78×10^{-6}
$ActiveLevel_j$	0	1.15×10^{-6}	0	1.15×10^{-6}	0	1.14×10^{-6}
$MemberLevel_j$	0.089^{***}	0.031	0.083^{***}	0.031	0.086^{***}	0.031
$CreditLevel_j$	0.094^{***}	0.017	0.100^{***}	0.018	0.100^{***}	0.017
$WangGender_j$	-0.250^{***}	0.062	-0.194^{***}	0.063	-0.178^{***}	0.063
$ChatPrdctWord_j$	0	4.65×10^{-5}	0	4.63×10^{-5}	0	4.61×10^{-5}
$ChatPrdctPic_j$	0.123^{***}	0.009	0.122^{***}	0.009	0.122^{***}	0.009
$ChatReview_j$	0.001	0.001	0.002	0.001	0.002	0.001
$ChatRating_j$	0.453	0.276	0.469^{*}	0.275	0.441	0.274
$ChatPrice_j$	-0.002^{***}	2.58×10^{-4}	-0.002^{***}	2.68×10^{-4}	-0.002^{***}	2.65×10^{-4}
$ChatRcmd_j$	-0.125^{**}	0.061	-0.121^{**}	0.058	-0.114^{**}	0.057
$PrdctMentione_j$	-0.367^{***}	0.061	-0.387^{***}	0.061	-0.404^{***}	0.061
$ChatDiversityDegree_j$	0.317^{***}	0.071	0.313^{***}	0.072	0.302^{***}	0.068
$RptDialogue_j$	0.409^{***}	0.079	0.421^{***}	0.081	0.421^{***}	0.082
$CountQuestion_j$	0.000	0.004	0.000	0.004	0.000	0.003
Main effects						
$Coordonation_j$			0.274^{***}	0.043	0.416^{***}	0.057
$FitEntropy_j$			0.127^{***}	0.031	0.336^{***}	0.056

续表

变量名称	Model 1		Model 2		Model 3	
	系数	标准误	系数	标准误	系数	标准误
Main effects						
$QuaEntropy_j$			−0.016	0.020	−0.032	0.032
$SerEntropy_j$			0.044***	0.014	0.087***	0.028
Moderating effects						
$Coordonation_j \times FitEntropy_j$					−0.233***	0.051
$Coordonation_j \times QuaEntropy_j$					0.019	0.031
$Coordonation_j \times SerEntropy_j$					−0.041*	0.022
intercept	−4.172***	1.341	−4.496***	1.334	−4.536***	1.334
/lnalpha	0.152**	0.062	0.106*	0.064	0.092	0.064
alpha	1.164	0.072	1.112	0.0701	1.096	0.071
N	5 137		5 137		5 137	
Log−likelihood	−5 761.18		−5 726.02		−5 714.92	
Likelihood−ratio test：χ^2	658.670***		762.180***		773.730***	

*$p<0.1$；**$p<0.05$；***$p<0.01$
注：标准误为稳健性标准误

　　该结果说明如果企业在消费者提供大量信息后也急于表达（对话协调性低），可能会由于信息的过载而不能进行有效沟通，不利于消费者的购买。例如，某一方有很多内容要交流，在对方还没有做出反应时就抛出很多新的问题，另一方需要同时对很多个问题进行回答（附表 A1）。由于缺乏互动和反馈，可能另一方在沟通时不能很好地全方位回答对方想要了解的确切内容。提问只是一个比较典型的场景，对于不同话题内容在交流时的衔接和转换都需要注意合适的时机。例如，当消费者与商家对于某款保湿喷雾是否合适进行探讨时提到自己还会长痘："但是我脸上有时候还觉得疼，有时候还长痘，这款能缓解吗？"（附表 A2）。此时对于该款保湿喷雾的话题还没有完全沟通清楚，商家就迫不及待地提供对于问题肌肤的产品推荐："如果长痘的话，我们还推荐这一款"。新话题引入后，商家在此时进一步提供大量新的信息："有痘又敏感的话，这款也可以"……对于两个话题同时进行探讨时，买卖双方都会有自己想要表达的内容，信息的过载会影响买卖双方的相互配合，让沟通显得低效，此时消费者感到较大的不确定性，不利于消费者购买。

　　与之相反，选择合适的时间将所要表达的内容提供给消费者，较高的对话协调性能让企业和消费者感受到良好的互动，有利于沟通的展开和消费者的购买决策。例如，在某一对话情境中消费者或商家有很多问题需要沟通时，应该等另一方对提出的问题进行充分的讨论后，再依次提出新的问题进行沟通（附表 A3）。与依次提问类似，在多个话题的沟通时，最好等一个话题沟通完毕再抛出新的话题进行沟通。例如，消费者对某一产品进行询问，"请问有吗"，商家对消费者的疑问进行回答："有"（附表 A4）。然后商家等待消费者继续表达自己的困惑，"上次好像听说洁面皂停产了？还以为没有了呢"，以及消费者提出新的问题"这款没停产吗"，商家再次进行回答，"没停产啊"……商家配合消费者的节奏，等待消费者充分阐述自己的疑问，并依次对消费者的疑问进行回答。等消费者不再引入新的话题后，商家再通过"您要温和型还是清爽型"的提问引导消费者在此对于产品具体选择进行探讨，并适当地提供自己对产品的建议等相关信息，"那您为啥不买大块的呀"，"大块的多划算啊"，"128 还包邮"……对于话题之间转换和衔接的把握充分体现出买卖双方之间的相互配合，让沟通更加高效，降低消费者感知到的不确定性，从而促进购买。

然后分析对话内容的效果。根据回归结果,产品匹配相关对话内容对消费者的购买深度(β= 0.129,p<0.01)和购买广度(β=0.127,p<0.01)有显著的正向影响。产品质量相关对话内容对消费者的购买没有显著影响(购买深度:β=-0.034,p=0.573;购买广度:β=-0.016,p=0.265)。因此产品匹配相关对话内容比产品质量相关对话内容的影响更大。即 H$_2$ 被部分证实。此处产品质量相关对话内容影响不显著的原因,本文推测是由于产品质量不确定性的个性化程度较低,通过网页上的产品信息展示已经能够有效地降低。因此对相关产品的网页信息等进行控制后,买卖双方在即时通信中交流产品质量相关内容,不会再产生显著的正向影响。服务相关对话内容对消费者的购买深度(β=0.060,p<0.01)和购买广度(β=0.044,p<0.01)有显著的正向影响。即 H$_3$ 被证实。

最后分析对话协调性对于对话内容的调节作用。根据回归结果,对话的协调性会显著减弱产品匹配相关对话内容(购买深度:β=-0.246,p<0.01;购买广度:β=-0.233,p<0.01)和服务相关对话内容(购买深度:β=-0.050,p<0.05;购买广度:β=-0.041,p<0.10)对购买的正向影响。由于产品质量相关对话内容对购买的影响不显著,所以此处不分析对话协调性对其影响的调节作用。即 H$_4$ 被部分证实。

该结果说明在线上购物情境中,如果企业和消费者在对话中配合程度较高,能让消费者在沟通过程中感受到与企业较高的交互性,此时即使企业没有过多地介绍产品匹配等相关内容,消费者也更倾向于选择购买。例如,当对话协调性比较高时,消费者能够通过商家的配合感受到与商家的积极交互(附表 A3),原有的需求通过较少的信息也能够得到解决。在通过简单的问题"您是什么肤质"后,商家针对消费者的情况进行推荐,然后对于消费者对质量和服务的疑问进行简单回答,高交互性能够有效降低消费者的不确定性。

与之相反,如果对话协调性比较低,消费者在沟通过程中不能感受到企业的积极配合,感知到的交互性较低,可能需要更大的信息量才能促进购买。例如,当消费者对一个产品的相关问题进行咨询时,若商家引入另一个产品进行讨论(附表 A2),会让沟通过程由于多个话题并行而变得更加低效。此时,由于信息没有得到有效的传递,可能需要商家提供较多的产品匹配等相关内容,才能让消费者购买。

由于负二项回归一般适用于因变量无大量零值的情况,因此本文还通过零膨胀负二项回归进行稳健性检验,回归结果展示出较强的稳健性(见附录 B)。在本文最终得到的 5 137 份有效样本中,对于因变量购买深度和购买广度,有 3 168 个零观测值,有 1 969 个非零的观测值。在零膨胀负二项回归中,将因变量的回归视为两个过程。第一个对应于零事件的发生过程,假定其服从二项分布,在本文的建模过程中用 logit 模型进行回归,称为零过程。第二个对应购买深度和购买广度的发生过程,假定其服从负二项分布,此过程中个体的取值可为零或正的事件数,称为计数过程。在零模型中,选取较为重要的对话特征变量 Frequency$_j$ 和 Speed$_j$,以及对于消费者原有购买意愿和不确定性程度的描述变量 RptDialogue$_j$ 和 CountQuestion$_j$ 作为解释变量。零膨胀负二项回归与负二项回归结果基本一致,由此本文提出的假设在实证结果中得到了较强的支撑。

6 研究结论

6.1 研究结果

本文采用一家线上护肤品商店的数据,分析买卖双方在即时通信中的对话行为如何促进消费者购买。研究发现:第一,卖方与买方对话的协调性正向影响购买(购买深度和购买广度)。具体而言,买卖双方不要同时输出大量信息或极少信息，双方的信息交换达到动态的平衡更有利于购买决策。第二，买卖双方交流产品匹配相关内容对购买有显著的正向影响，但是产品质量相关对话内容的影响却不显著，可能是因为产品质量不确定性的个性化程度较低，通过网页上产品信息的展示和用户评论等能被有效地降低。第三，买卖双方交流服务相关内容对购买有显著的正向影响。第四，卖方与买方对话的协调性对于产品匹配和服务相关对话内容对购买的正向影响存在替代作用。

6.2　理论贡献

第一，本文对即时通信中买卖双方的行为进行研究，充分考虑买卖双方之间的交互，将以往单方视角的行为研究（多从卖方角度进行考虑）拓展到买卖双方交互视角的行为研究。在单方视角的行为研究中，Lv 等[12]提出卖方的回复速度、回复次数和对话内容会影响购买行为，Kang 等提出卖方和买方的对话内容会影响购买行为[13]。从对话领域相关文献可以看到，对话研究强调对话者之间的相互影响，尤其是一方的话语会影响另一方的话语理解和产生[16~18, 30, 31]。因此，在即时通信对话场景中，若仅对某一方的行为进行研究，对于对话行为的刻画是不完全的。将单方视角拓展到买卖双方交互视角，能够很好地弥补之前研究在这方面的缺失。从交流语言内容来看，对话内容通常是上下文关联的，甚至有些场景下多个对话者会合作来产生同一句话[16, 30]。单方视角的行为研究，由于没有考虑到另一方的对话内容而缺少上下文背景，对于对话内容衡量可能存在缺失或者不准确的情况[12, 13]。考虑到对话内容会受上下文情境的影响，本文将买卖双方的交流内容进行整体分析。从交流语言加工来看，卖方和买方在语言处理时会受到另一方的影响[17, 30, 31]，单方视角的行为研究往往难以刻画对话者之间的相互配合。参考对话和认知相关文献，本文引入对话协调性分析买卖双方的信息交互，具体采用峰-峰相对相位指标衡量对话协调性，充分体现买卖双方的交互和相互影响。

第二，本文拓展了互动校准模型和人际协同理论在线上情境中的应用。相较于以往研究的线下情境[46~50]，由于不能面对面沟通，线上情境中的对话可能会展示出区别于线下对话的新特性，如线上对话场景更需要对话者之间的相互配合[16, 19]。在本文研究的线上购物情境中，买卖双方只能在即时通信中进行文字交流，不能看到对方也不能听到对方的声音，对对话协调性的分析显得更加重要。本文以即时通信为背景分析对话，补充了互动校准模型和人际协同理论在线上对话场景中的分析和应用，证明了对话协调性在线上情境中的重要性。

第三，本文从交流语言内容和交流语言加工视角出发，在研究对话内容和对话协调性对于购买影响的基础上，进一步提出对话协调性对于对话内容的替代作用，能够为交流语言内容和交流语言加工的交互研究提供启示。虽然有少量研究揭示不同内容的对话在交流语言加工上体现出不同的特性[18, 31]，但是大部分研究聚焦于交流语言内容或交流语言加工单方面的研究[8, 46~49]，对于两方面交互作用的研究不是很充分。本文对于对话内容和对话协调性的交互分析，能够为对话领域中交流语言内容和交流语言加工两方面的交互作用提供启示。此外，关于线上购买中即时通信的已有研究仅分析对话内容或者回复次数等语言处理对购买的影响[12, 13]，却忽视了买卖双方之间不同对话行为（对话内容和回复次数等）是否会存在交互的影响。本文基于不确定性和感知交互性等相关理论[21~26, 33]，提出对话协调性对于对话内容的替代作用，能够为线上购买中的对话研究提供新的理论视角。

第四，本文在对话内容分类和信息量及购买行为的分析上采用定量指标，对即时通信在线上购物情境中的定量研究进行补充。对于对话内容的分类，本文结合不确定性理论将对话内容进一步划分为产品质量、产品匹配和服务相关内容，在实证研究的分类过程中采用 TextCNN 模型，较之前的研究在分类准确度上有所提升[12]。在分类的基础上，本文采用三元语言模型计算每句话的信息熵衡量信息量，充分考虑上下文情境。相较于字数或句子数目的衡量方法[14, 15]，本文能够进一步考虑具体信息内容出现的概率，更精确地计算出该信息在相关上下文情境中的信息量。此外，之前的研究多采用是否购买衡量购买行为，本文进一步从购买深度和购买广度刻画购买行为，证明即时通信中的对话行为在消费者和企业关系加深和延展上的有效性[43]。

6.3 管理启示

考虑到线上购物环境中的对话和传统的面对面对话存在巨大差异，买卖双方之间的沟通效率显得更加重要，此时更加需要消费者和商家在对话中彼此配合。在本文研究过程中，一位商家表明了自己的困惑，"有时候明明讲的内容差不多，但是效果却完全不一样"。一些商家敏锐地意识到除了对话内容，合适的时机和恰当的节奏同样重要。基于这一背景，本文对即时通信中的对话行为进行分析，强调"对话协调性"的重要性，让企业充分意识到沟通过程中与消费者配合的重要性。本文的研究结果能够为企业与消费者在 CMC 中从交流语言内容和交流语言加工两个方面提供指导，从而促进消费者购买，并加深和延展消费者和企业之间的关系。

在交流语言内容方面，企业在介绍产品质量相关信息之外，还要注重产品匹配相关信息和服务相关信息的提供。对于产品质量相关信息，企业可以通过线上的网页描述等途径展示给消费者。但是对于更加个性化的产品匹配和服务相关信息，企业应该通过沟通的方式提供给消费者。因此企业在与消费者进行沟通时，可以多结合消费者的个人状况和偏好针对性地提供建议，让消费者更好地了解不同产品与自己的匹配程度，并注意提供物流和优惠活动等相关服务信息，让消费者对于企业提供的服务质量有更好的判断，进一步降低对企业的不确定性。

在交流语言加工方面，企业要注意与消费者沟通的相互配合，选择合适的时机传递信息。诚然，企业与消费者沟通时传达的信息内容很重要，同时企业在沟通时对信息的分配策略同样不可忽视。当消费者在沟通时提供大量信息后，企业不必急于立即提供大量信息，而是要选择合适的时间将所要表达的内容提供给消费者。这种信息高峰的错开让企业和消费者在沟通过程中感受到良好的互动，能够更好地保证沟通的有效进行，有利于消费者的购买决策。值得注意的是，消费者或者企业提供的信息量并不是用字数来衡量的，而是用在沟通的前后文情境下，消费者或者企业提供的信息为沟通带来的新的内容的数量及需要消化和理解的时间来衡量。例如，"欢迎光临美国倩碧代购店~倩碧专卖！正品现货，能拍即有"虽然字数很多，但是由于在相关情境下并没有带来大量新内容（附表 A1），更偏向于商家的礼貌性用语，在信息量上并不大。与之相比，消费者对于自身肤质情况介绍的话语，如"有时候还长痘"（附表 A2），虽然字数不多，但是所包含的信息量往往比礼貌性用语大。

结合交流语言内容和交流语言加工两个方面，企业消费者对话中的配合对产品匹配和服务等相关内容的介绍存在替代作用。在线上购物情境中，若企业和消费者在对话中实现较高的配合度，能够让消费者在沟通过程中感受到与企业较高的交互性，从而降低其不确定性。此时即使企业没有过多地介绍产品匹配等相关内容，消费者也更倾向于选择购买。

6.4 局限和未来研究方向

本文还存在一些局限性。第一，研究数据仅局限于一家淘宝店铺，数据来源较为单一，在研究结果的普适性方面可能存在问题。本文所合作的店家具有较为丰富的产品品类，覆盖了较大的客户群体，并且成立时间较长，因此具有一定的代表性。然而一家淘宝店铺的数据从某些角度说具有一定的局限性，以后的研究可以加入更多店家的数据进行更加深入的研究，对本文结论的普适性进行进一步验证。第二，本文的研究数据虽然覆盖较多的产品，但都局限于护肤品等个性化产品，在研究结果的拓展性上可能存在问题。以后的研究可以加入非个性化产品的数据进行对比研究，探索不同产品类型中的结果是否存在差异。第三，由于本文研究的对话数据主要是人工回复，仅少量自动回复，因而在研究过程中将自动回复作为控制变量。以后的研究可以加入自动回复为主的对话数据进行对比研究，探索自动回复与人工回复中的结果是否存在差异。此外，本文研究的焦点是对话协调性，并没有关注情绪。然而情绪一直是电子商务研究中非常重要的话题，在对话行为中的研究比较缺乏。以后的研究可以关注电子商务情景下对话中的情绪，如即时通信中消费者的情绪是否会影响对话协调性的效果。

参 考 文 献

[1] Ji R，Meeker M. Creating consumer value in digital China[R]. New York：Morgan Stanley，2005.

[2] 艾瑞研究院. 中国移动即时通讯应用用户调研报告[R]. 北京：艾瑞咨询，2014.

[3] 艾瑞研究院. 2014 年中国 B2C 在线零售商 Top50 研究报告[R]. 北京：艾瑞咨询，2014.

[4] 艾瑞研究院. 2020 年中国双 11 网络购物消费信任洞察报告[R]. 北京：艾瑞咨询，2020.

[5] Kang L，Wang X，Tan C H，et al. Understanding the antecedents and consequences of live chat use in electronic markets[J]. Journal of Organizational Computing and Electronic Commerce，2015，25（2）：117-139.

[6] Sundar S S，Bellur S，Oh J，et al. Theoretical importance of contingency in human-computer interaction[J]. Communication Research，2014，43（5）：595-625.

[7] Tan X，Wang Y，Tan Y. Impact of live chat on purchase in electronic markets：the moderating role of information cues[J]. Information Systems Research，2019，30（4）：1248-1271.

[8] Brown-Schmidt S. Partner-specific interpretation of maintained referential precedents during interactive dialog[J]. Journal of Memory and Language，2009，61（2）：171-190.

[9] Pickering M J，Garrod S. The interactive-alignment model：developments and refinements[J]. Behavioral and Brain Sciences，2004，27（2）：212-225.

[10] 张恒超. 交流语言认知特征[J]. 心理科学进展，2018，26（2）：270-282.

[11] Jiang Z，Chan J，Tan B C，et al. Effects of interactivity on website involvement and purchase intention[J]. Journal of the Association for Information Systems，2010，11（1）：34-59.

[12] Lv Z，Jin Y，Huang J. How do sellers use live chat to influence consumer purchase decision in China? [J]. Electronic Commerce Research and Applications，2018，28：102-113.

[13] Kang L，Tan C H，Zhao J L. Do cognitive and affective expressions matter in purchase conversion? A live chat perspective[J]. Journal of the Association for Information Science and Technology，2020，71（4）：436-449.

[14] Shannon C E. A mathematical theory of communication[J]. The Bell System Technical Journal，1948，27：379-423.

[15] Xu Y，Reitter D. Information density converges in dialogue：towards an information-theoretic model[J]. Cognition，2018，170：147-163.

[16] Pickering M J，Garrod S. Toward a mechanistic psychology of dialogue[J]. Behavioral and Brain Sciences，2004，27（2）：169-190.

[17] Fusaroli R，Rączaszek-Leonardi J，Tylen K. Dialog as interpersonal synergy[J]. New Ideas in Psychology，2014，32：147-157.

[18] Reitter D，Moore J D. Alignment and task success in spoken dialogue[J]. Journal of Memory and Language，2014，76：29-46.

[19] Doherty-Sneddon G，Anderson A，O'Malley C，et al. Face-to-face and video-mediated communication：a comparison of dialogue structure and task performance[J]. Journal of Experimental Psychology Applied，1997，3（2）：105-125.

[20] Clark H H，Wilkes-Gibbs D. Referring as a collaborative process[J]. Cognition，1986，22（1）：1-39.

[21] Pavlou P，Liang H，Xue Y. Understanding and mitigating uncertainty in online exchange relationships：a principal-agent perspective[J]. MIS Quarterly，2007，31（1）：105-136.

[22] Hong Y，Pavlou P A. Product fit uncertainty in online markets：nature，effects，and antecedents[J]. Information Systems Research，2014，25（2）：328-344.

[23] Ghose A. Internet exchanges for used goods：an empirical analysis of trade patterns and adverse selection[J]. MIS Quarterly，2009，33（2）：263-291.

[24] Dimoka A，Hong Y，Pavlou P A. On product uncertainty in online markets：theory and evidence[J]. MIS Quarterly，2012，36（2）：395-426.

[25] Benbasat I，Gefen D，Pavlou P A. Trust in online environments[J]. Journal of Management Information Systems，2008，24（4）：275-286.

[26] Ou C X，Pavlou P A，Davison R M. Swift guanxi in online marketplaces：the role of computer-mediated communication technologies[J]. MIS Quarterly，2014，38（1）：209-230.

[27] Zhang G，Liu Z. Effects of influential factors on consumer perceptions of uncertainty for online shopping[J]. Nankai Business Review International，2011，2（2）：158-171.

[28] Adjei M T，Noble S M，Noble C H. The influence of C2C communications in online brand communities on customer purchase behavior[J]. Journal of the Academy of Marketing Science，2010，38（5）：634-653.

[29] Lowry P B，Romano N C，Jenkins J L，et al. The CMC interactivity model：how interactivity enhances communication quality and process satisfaction in lean-media groups[J]. Journal of Management Information Systems，2009，26（1）：155-196.

[30] Menenti L，Pickering M J，Garrod S C. Toward a neural basis of interactive alignment in conversation[J]. Frontiers in Human Neuroence，2012，6（1）：185-193.

[31] Abney D H，Paxton A，Dale R，et al. Complexity matching in dyadic conversation[J]. Journal of Experimental Psychology General，2014，143（6）：2304-2315.

[32] Fusaroli R，Bahrami B，Olsen K，et al. Coming to terms：quantifying the benefits of linguistic coordination[J]. Psychological Science，2012，23（8）：931-939.

[33] Fusaroli R，Tylen K. Investigating conversational dynamics：interactive alignment，interpersonal synergy，and collective task performance[J]. Cognitive Science，2016，40（1）：145-171.

[34] Xu Y，Reitter D. Spectral analysis of information density in dialogue predicts collaborative task performance[C]. Proceedings of the 55th Annual Meeting of the Association for Computational Linguistics，Vancouver，2017：623-633.

[35] Oullier O，de Guzman G C，Jantzen K J，et al. Social coordination dynamics：measuring human bonding[J]. Social Neuroence，2008，3（2）：178-192.

[36] Pickering M J，Garrod S. Alignment as the basis for successful communication[J]. Research on Language and Computation，2006，4（2/3）：203-228.

[37] Valvi A C，Fragkos K C. Critical review of the e-loyalty literature：a purchase-centred framework[J]. Electronic Commerce Research，2012，12（3）：331-378.

[38] Andrews C C，Haworth K. Online customer service chat：usability and sociability issues[J]. Journal of Internet Marketing，2002，2（1）：1-20.

[39] Bell S J，Auh S，Smalley K. Customer relationship dynamics：service quality and customer loyalty in the context of varying levels of customer expertise and switching costs[J]. Journal of the Academy of Marketing Science，2005，33（2）：169-183.

[40] Elmorshidy A. Applying the technology acceptance and service quality models to live customer support chat for e-commerce websites[J]. Journal of Applied Business Research，2013，29（2）：589-596.

[41] Lu B Z，Fan W G，Zhou M. Social presence，trust，and social commerce purchase intention：an empirical research[J].

Computers in Human Behavior，2016，56：225-237.

[42] Weiss A M，Lurie N H，Macinnis D J. Listening to strangers：whose responses are valuable，how valuable are they，and why? [J]. Journal of Marketing Research，2008，45（4）：425-436.

[43] Bolton R N，Lemon K N，Verhoef P C. The theoretical underpinnings of customer asset management：a framework and propasitions for fuure research[J]. Journal of the Academy of Marketing Science，2004，32（3）：271-292.

[44] Kwiatkowski D，Phillips P C，Schmidt P，et al. Testing the null hypothesis of stationarity against the alternative of a unit root：how sure are we that economic time series have a unit root? [J]. Journal of Econometrics，1992，54（1/3）：159-178.

[45] Kutner M H，Nachtsheim C J，Neter J，et al. Applied Linear Statistical Models[M]. 5th Edition. New York：McGraw-Hill Irwin，2004.

[46] Pickering M J，Garrod S. Do people use language production to make predictions during comprehension? [J]. Trends in Cognitive Sciences，2007，11（3）：105-110.

[47] Pickering M J，Ferreira V S. Structural priming：a critical review[J]. Psychological Bulletin，2008，134（3）：427-459.

[48] Pickering M J，Garrod S. An integrated theory of language production and comprehension[J]. Behavioral and Brain Sciences，2013，36（4）：329-347.

[49] Pickering M J，Gambi C. Predicting while comprehending language：a theory and review[J]. Psychological Bulletin，2018，144（10）：1002-1044.

[50] Mills G. J. Dialogue in joint activity：complementarity，convergence and conventionalization[J]. New Ideas in Psychology，2014，32（1）：158-173.

Research on Influence of Dialogue Behavior on Purchase in Instant Messaging between Buyers and Sellers

ZHOU Yimei，HUANG Jinghua

（School of Economics and management，Tsinghua University，Beijing 100084，China）

Abstract   It is of great practical significance for sellers and buyers to communicate more effectively in instant messaging. Drawing on the interactive-alignment model and the theory of interpersonal synergy，this study introduces the concept of dialogue coordination（the degree to which interlocutors cooperate with each other during communication）and analyzes the influence of dialogue behaviors of buyer and sellers（dialogue coordination and dialogue content）on purchase. It is found that dialogue coordination and dialogue content related to product fit and service will promote purchase，while dialogue coordination will weaken the influence of these two types of dialogue content on purchase. This study can provide guidance for enterprises in communication with consumers，promoting consumer purchase.

Key words   instant messaging，dialogue behavior，dialogue coordination，dialogue content，uncertainty

作者简介

周逸美（1998—），女，清华大学经济管理学院博士研究生，研究方向为管理信息系统、IT 中的用户行为等。E-mail：zhouym.18@sem.tsinghua.edu.cn。

黄京华（1963—），女，清华大学经济管理学院教授、博士生导师，研究方向为信息系统与电子商务等。E-mail：huangjh@sem.tsinghua.edu.cn。

附录 A　即时通信中对话实例

附表 A1　即时通信中对话实例 1

对话者	对话内容
买方	亲在吗
卖方	欢迎光临美国倩碧代购店~倩碧专卖！正品现货，能拍即有
卖方	您好，欢迎光临，全店现货能拍即有
买方	产品怎么没有盒子啊
买方	亲眼霜怎么没有盒子啊
买方	亲好评返现不
卖方	是从礼盒拆的，您看下说明
卖方	日上机场免税店的
卖方	五星带字好评，返 3 元店铺优惠券；五星带字好评+晒图分享，返 5 元店铺优惠券。单笔满 100 元启用，有效期至 2015 年 11 月 15 日（请提交评价前，截图给客服）

附表 A2　即时通信中对话实例 2

对话者	对话内容
买方	你好请问我最近脸上又痒又疼是缺水了么？我是敏感肌，想问问保湿喷雾能不能用
卖方	您好
买方	（产品链接）
卖方	这个季节一般是的
买方	敏感肌可以用吗
卖方	可以用
买方	（产品链接）
买方	这款保湿喷雾也可以用吗
卖方	可以用
买方	但是我脸上有时候还觉得疼，有时候还长痘，这款能缓解吗？
卖方	如果长痘的话，我们还推荐这一款
卖方	（产品链接）
买方	我脸上很敏感，这款可以吗？
卖方	有痘又敏感的话，这款也可以
卖方	（产品链接）
买方	算了，就之前那款
买方	（产品链接）
卖方	嗯，这款也比较适合你的皮肤，镇定缓解的效果不错
买方	那是用什么快递发？ 还有这个是什么时候用？
卖方	中通快递，北京发货哈~~
买方	好的，这个是什么时候用？在三部护肤以后吗？
卖方	嗯，这款用途很广
买方	是什么时候用？

对话者	对话内容
卖方	三部曲后任意步骤都可以
买方	必须得在三部护肤以后吗?
卖方	嗯嗯,妆后也可以用

附表 A3　即时通信中对话实例 3

对话者	对话内容
买方	有洗面奶和面霜推荐吗
卖方	您是什么肤质
买方	油性吧
买方	但是冬天容易干
卖方	您多大?
买方	20
卖方	(产品链接)
卖方	秋冬季可以用这款
买方	您这能保证是正品吗
卖方	放心吧,我开倩碧专卖 6 年了,正品要是都保证不了,就甭干了!
买方	你们发什么快递?
卖方	中通快递,北京发货哈～
买方	那个面霜多大啊,能用多久
卖方	一个月吧

附表 A4　即时通信中对话实例 4

对话者	对话内容
买方	(产品链接)
买方	请问有吗
卖方	您好
卖方	有
买方	上次好像听说洁面皂停产了 ? 还以为没有了呢
买方	这款没停产吗
卖方	没停产啊
买方	我在北京机场的日上免税店。。。那个店员说停产了。。。
卖方	没有停产
卖方	只不过日上不卖固体皂
卖方	只卖液体皂
买方	哦,原来如此
买方	这个洁面皂买三个,就带小盒子是吧
卖方	是的
买方	好的
卖方	您要温和型还是清爽型

续表

对话者	对话内容
买方	清爽型
买方	我是油性皮肤
卖方	那您为啥不买大块的呀
卖方	大块的多划算啊
买方	大块的用到最后就不想用了。。。
买方	你说的哪种?
买方	我看看
卖方	好的~
卖方	（产品链接）
卖方	这个
卖方	128 还包邮
卖方	反正您也是都用了
卖方	都是 150g
买方	这个好大 哈哈 出门带着不方便
买方	我还是小的吧
卖方	行，随您
买方	今天发吗
卖方	您好，除周六休息不发货外，每天 17 点发货
买方	好的。

附录 B   零膨胀负二项回归结果

从附表 B1 和附表 B2 可以看出，零膨胀负二项回归与负二项回归结果一致。对于对话协调性，其对消费者的购买深度（$\beta=0.139$，$p<0.01$）和购买广度（$\beta=0.156$，$p<0.01$）有显著的正向影响，即 H_1 被证实。对于对话内容，产品匹配相关对话内容对于购买深度（$\beta=0.109$，$p<0.01$）和购买广度（$\beta=0.109$，$p<0.01$）有显著的正向影响，但是产品质量相关对话内容影响不显著（购买深度：$\beta=-0.025$，$p=0.673$；购买广度：$\beta=-0.009$，$p=0.258$）。即 H_2 被部分证实。服务相关对话内容对于购买深度（$\beta=0.059$，$p<0.01$）和购买广度（$\beta=0.044$，$p<0.01$）有显著的正向影响。即 H_3 被证实。对于对话协调性对对话内容的调节作用，对话协调性会减弱产品匹配相关对话内容（购买深度：$\beta=-0.147$，$p<0.05$；购买广度：$\beta=-0.133$，$p<0.05$）对购买的影响，对于服务相关对话内容（购买深度：$\beta=-0.038$，$p=0.128$；购买广度：$\beta=-0.029$，$p=0.147$）对购买影响的替代效果不显著。即 H_4 被部分证实。

附表 B1   买卖双方对话行为对购买深度影响的零膨胀负二项回归

变量名称	Model 1		Model 2		Model 3	
	系数	标准误	系数	标准误	系数	标准误
Count model						
Controls						
$ArEntropy_j$	0.112^{***}	0.032	0.112^{***}	0.034	0.110^{***}	0.034

续表

变量名称	Model 1		Model 2		Model 3	
	系数	标准误	系数	标准误	系数	标准误
Count model						
Controls						
$Frequency_j$	0.012^{***}	0.004	0.001	0.005	0.004	0.005
$Speed_j$	0	1.05×10^{-5}	0	1.05×10^{-5}	0	1.06×10^{-5}
$ActiveLevel_j$	0	1.33×10^{-6}	0	1.34×10^{-6}	0	1.34×10^{-6}
$MemberLevel_j$	0.108^{***}	0.031	0.104^{***}	0.031	0.108^{***}	0.031
$CreditLevel_j$	0.094^{***}	0.019	0.098^{***}	0.019	0.098^{***}	0.019
$WangGender_j$	-0.165^{**}	0.070	-0.092	0.073	-0.083	0.073
$ChatPrdctWord_j$	0	4.80×10^{-5}	0	4.80×10^{-5}	0	4.80×10^{-5}
$ChatPrdctPic_j$	0.127^{***}	0.011	0.127^{***}	0.011	0.128^{***}	0.011
$ChatReview_j$	0.004^{***}	0.001	0.004^{***}	0.001	0.004^{***}	0.001
$ChatRating_j$	0.575^{**}	0.291	0.604^{**}	0.292	0.580^{**}	0.292
$ChatPrice_j$	-0.003^{***}	2.47×10^{-4}	-0.002^{***}	2.57×10^{-4}	-0.002^{***}	2.57×10^{-4}
$ChatRcmd_j$	-0.138^{**}	0.063	-0.133^{**}	0.063	-0.130^{**}	0.063
$PrdctMentione_j$	-0.416^{***}	0.061	-0.427^{***}	0.062	-0.440^{***}	0.062
$ChatDiversityDegree_j$	0.298^{***}	0.064	0.293^{***}	0.064	0.284^{***}	0.064
$RptDialogue_j$	0.312^{***}	0.091	0.330^{***}	0.091	0.333^{***}	0.092
$CountQuestion_j$	-0.006	0.004	-0.006	0.004	-0.006	0.004
Main effects						
$Coordonation_j$			0.139^{***}	0.046	0.238^{***}	0.063
$FitEntropy_j$			0.109^{***}	0.036	0.252^{***}	0.07
$QuaEntropy_j$			-0.025	0.023	-0.050	0.04
$SerEntropy_j$			0.059^{***}	0.015	0.099^{***}	0.028
Moderating effects						
$Coordonation_j \times FitEntropy_j$					-0.147^{**}	0.062
$Coordonation_j \times QuaEntropy_j$					0.027	0.034
$Coordonation_j \times SerEntropy_j$					-0.038	0.024
intercept	-4.360^{***}	1.429	-4.747^{***}	1.432	-4.774^{***}	1.433
Zero model						
$Frequency_j$	-0.485^{***}	0.088	-0.475^{***}	0.097	-0.466^{***}	0.101
$Speed_j$	0^{**}	1.25×10^{-5}	0^{***}	1.27×10^{-5}	0^{***}	1.30×10^{-5}
$RptDialogue_j$	-0.565	0.465	-0.568	0.505	-0.568	0.531
$CountQuestion_j$	-0.014	0.015	-0.016	0.016	-0.016	0.017
intercept	0.687^{***}	0.234	0.558^{**}	0.254	0.468^{*}	0.265
/lnalpha	0.338^{***}	0.063	0.344^{***}	0.064	0.351^{***}	0.064
alpha	1.403	0.088	1.410	0.090	1.420	0.091
N		5 137		5 137		5 137
Log-likelihood		$-6\,369.62$		$-6\,352.65$		$-6\,348.39$
Likelihood-ratio test: χ^2	527.25^{***}		561.21^{***}		569.71^{***}	

$*p < 0.1$；$**p < 0.05$；$***p < 0.01$

注：标准误为稳健性标准误

附表 B2　买卖双方对话行为对购买广度影响的零膨胀负二项回归

变量名称	Model 1		Model 2		Model 3	
	系数	标准误	系数	标准误	系数	标准误
Count model						
Controls						
$ArEntropy_j$	0.106^{***}	0.028	0.096^{***}	0.03	0.094^{***}	0.030
$Frequency_j$	0.008^{**}	0.003	-0.003	0.004	0	0.004
$Speed_j$	0	9.13×10^{-6}	0^{*}	9.21×10^{-6}	0^{*}	9.32×10^{-6}
$ActiveLevel_j$	0	1.25×10^{-6}	0	1.25×10^{-6}	0	1.25×10^{-6}
$MemberLevel_j$	0.067^{**}	0.029	0.065^{**}	0.029	0.068^{**}	0.029
$CreditLevel_j$	0.103^{***}	0.018	0.106^{***}	0.018	0.106^{***}	0.018
$WangGender_j$	-0.219^{***}	0.063	-0.167^{**}	0.065	-0.159^{**}	0.066
$ChatPrdctWord_j$	0	4.39×10^{-5}	0	4.39×10^{-5}	0	4.40×10^{-5}
$ChatPrdctPic_j$	0.114^{***}	0.009	0.114^{***}	0.009	0.115^{***}	0.009
$ChatReview_j$	0.001	0.001	0.002	0.001	0.002	0.001
$ChatRating_j$	0.435	0.274	0.468^{*}	0.274	0.451	0.275
$ChatPrice_j$	-0.002^{***}	2.33×10^{-4}	-0.002^{***}	2.43×10^{-4}	-0.002^{***}	2.43×10^{-4}
$ChatRcmd_j$	-0.099^{*}	0.057	-0.098^{*}	0.057	-0.095^{*}	0.057
$PrdctMentione_j$	-0.404^{***}	0.056	-0.411^{***}	0.056	-0.420^{***}	0.056
$ChatDiversityDegree_j$	0.338^{***}	0.056	0.335^{***}	0.056	0.328^{***}	0.057
$RptDialogue_j$	0.340^{***}	0.082	0.360^{***}	0.082	0.364^{***}	0.083
$CountQuestion_j$	-0.001	0.004	-0.001	0.004	-0.001	0.004
Main effects						
$Coordonation_j$			0.156^{***}	0.042	0.246^{***}	0.058
$FitEntropy_j$			0.109^{***}	0.032	0.241^{***}	0.063
$QuaEntropy_j$			-0.009	0.020	-0.030	0.035
$SerEntropy_j$			0.044^{***}	0.014	0.074^{***}	0.026
Moderating effects						
$Coordonation_j \times FitEntropy_j$					-0.133^{**}	0.055
$Coordonation_j \times QuaEntropy_j$					0.022	0.030
$Coordonation_j \times SerEntropy_j$					-0.029	0.021
intercept	-3.730^{***}	1.344	-4.145^{***}	1.349	-4.189^{***}	1.351
Zero model						
$Frequency_j$	-0.490^{***}	0.088	-0.487^{***}	0.101	-0.479^{***}	0.106
$Speed_j$	0^{***}	1.22×10^{-5}	0^{***}	1.27×10^{-5}	0^{***}	1.31×10^{-5}
$RptDialogue_j$	-0.348	0.418	-0.340	0.468	-0.330	0.493

续表

变量名称	Model 1		Model 2		Model 3	
	系数	标准误	系数	标准误	系数	标准误
Count model						
Zero model						
CountQuestion$_j$	−0.008	0.015	−0.009	0.017	−0.009	0.018
intercept	0.626***	0.237	0.457*	0.268	0.354	0.284
/lnalpha	−0.228***	0.083	−0.207**	0.083	−0.195**	0.083
alpha	0.796	0.066	0.813	0.068	0.823	0.069
N		5 137		5 137		5 137
Log−likelihood		−5 699.04		−5 680.42		−5 676.49
Likelihood−ratio test：χ^2	479.63***		516.86***		524.73***	

*$p<0.1$；**$p<0.05$；***$p<0.01$

注：标准误为稳健性标准误

技术双刃 vs.因人而异：技术特征与心理特征对社交媒体用户消极使用行为的影响研究

王玮[1]，郭俊伶[1]，苏倩倩[2]，郑思齐[3]

（1. 暨南大学 管理学院，广州 510632；

2. 上海寻梦信息技术有限公司，上海 200050；

3. 悉尼大学 商学院，澳大利亚 悉尼 2006）

摘　要　近年来，社交媒体用户的使用行为逐渐由积极主动转变为消极被动，如何减少消极使用行为引起 IS（information system）学者的高度关注。本文引入"压力源—应变—结果"（stressor-strain-outcome，S-S-O）框架，构建社交媒体用户消极使用模型，实证检验了 335 份数据。研究发现信息技术过载和社会比较作为压力源，借助社交媒体倦怠影响消极使用行为，心理弹性在压力源与社交媒体倦怠之间起调节作用。本文对于深入理解用户倦怠情绪，帮助企业激活并留存用户具有指导意义。

关键词　信息技术过载，社会比较，社交媒体倦怠，消极使用行为，心理弹性

中图分类号　C939

1　引言

社交媒体满足了人们足不出户便能了解天下大事、朋友家人"面对面"交流情感的需要。第 46 次《中国互联网络发展状况统计报告》[1]指出，截至 2020 年 6 月，QQ 空间、微博使用率分别为 41.6%、40.4%，微信朋友圈使用率高达 85%。以微信为主的一系列社交媒体已成为人们生活的必需品。

社交平台增长迅猛，但用户的倦怠情绪和消极使用行为（passive use behavior）却与日俱增。以微信为例，好友数量不断增长，朋友质量却逐步下降；信息技术曝光"朋友圈幸存者"的信息，人们观察并对比他人分享的内容，容易产生"我不如别人"的失落感。于是，用户有意识地降低社交 APP（应用程序，application 的缩写）的使用频次或时长、关闭应用的推送提醒功能、甚至卸载对自己有干扰的社交媒体。用户为什么会产生回避、卸载等消极使用行为呢？如何激活并留存用户？对这些问题的深入探索直接关系社交平台的长远发展。

现有学者研究用户消极使用行为产生的原因[2]，但仍存在不足之处。首先，用户在社交媒体上的社会比较行为普遍存在，但已有文献仅探讨单一社会比较维度的心理诱因[3]，忽略社会比较行为的多样性[4]。其次，已有研究缺乏对用户个人因素的考量[5]，探讨技术、个体因素共同影响社交媒体倦怠（social media fatigue）的研究更为匮乏。最后，鲜有学者分析个体心理特征的异质性[6]，尤其是对不同用户对信息技术的感知差异方面的研究严重不足。

基于此，本文借助"压力源—应变—结果"框架，从信息技术过载、社会比较两大压力源入手，构

通信作者：郭俊伶，暨南大学管理学院，硕士研究生，E-mail：971030389@qq.com。

建社交媒体用户消极使用模型，并考察心理弹性（mental resilience）在压力源与应变之间的调节作用。本文的理论贡献如下：第一，探究不同压力源对消极使用行为的影响，以期丰富现有理论对社交媒体用户采纳后消极使用的认识。第二，将信息技术过载和社会比较行为纳入消极使用模型，旨在打开不同压力源到消极使用行为的黑箱。第三，引入"心理弹性"，拓展心理弹性的研究内容并丰富其实践情境。

2　文献综述

2.1　消极使用行为

近年来，用户过度使用、强迫性使用社交媒体的现象严重，引发了学术界对其后续产生的消极使用行为的关注。有学者从持续使用的对立面，将消极使用行为简单界定为不持续使用行为（discontinuous usage behavior）[7]。刘鲁川等认为，消极使用行为的内涵更为丰富，它是潜水、忽略、屏蔽、转移及退出等消极、被动、不情愿使用社交媒体的表现[8]，也包括员工因工作需要或社交压力被迫持续使用社交媒体等[6]。

Zhang 等提出，倦怠情绪会降低用户对社交媒体的满意度，进而产生消极使用行为，但并未考虑用户个人因素的影响[9]。刘鲁川等梳理了焦虑、抑郁等情绪影响知识隐藏及信息回避等消极使用行为的研究脉络[8]。已有研究表明负面情绪会引发用户消极使用，但情绪在何种情境下产生并进而诱发消极使用行为，国内外学者尚未达成一致意见[2]。

2.2　社交媒体倦怠

社交媒体倦怠通常与"信息爆炸""社交绑架"及"害怕错过"等用户体验紧密相连。Yamakami 提出，社交媒体倦怠是用户在社交网络中产生疲劳、不安、愤怒、防备及失望等生理或心理的不适感[10]，它是一种感性、多维的负面心理认知，是个体对社交媒体活动的消极情感反应[9]。

有学者研究了社交媒体倦怠的影响因素。Bright 等认为社交媒体倦怠与隐私关注、社交媒体有用性及自我效能等有关[11]。郭佳和曹芬芳提出信息过载（information overload）和隐私关注影响社交媒体使用倦怠，而转换成本及习惯影响社交媒体转换倦怠[12]。刘鲁川等通过扎根理论探讨外部环境及个体特征对用户倦怠情绪的共同影响[13]。

2.3　信息技术过载

过载（overload）是个体承受能力范围外的信息量或关系链时的心理感知和主观评价[14]。后有学者将其应用到知识型员工的办公场景，提出信息技术过载的概念，并划分为系统功能过载（system feature overload）、信息过载和社交过载（social overload）[9]。

系统功能过载是指给定的信息技术超过个体所能处理的限度，或更新后的系统技术高于用户需求从而导致的功能过剩[9]。例如，系统设置界面、信息展现方式及应用功能的迭代，不断重塑用户使用习惯，易诱发社交媒体倦怠[15]。

信息过载是指个体在单位时间内消化加工的信息量小于各渠道的信息接收量[9]，体现为过多的信息容量和模棱两可的信息内容[15]。例如，Facebook 用户面对大量低价值的信息时，工作效率会明显降低[11]。其负面影响还体现在理性决策行为、网络购物体验、人际信任、生理及心理健康等方面。

社交过载指用户对社交媒体空间拥挤氛围的感知[9]。社交网络的连接性促使人们花费过多时间去关注朋友近况，体验过多"被需要"的错觉[16]。社交过载还与用户的印象管理有关，在社会规范及他人期望下，个体通过朋友圈、个性签名等打造或维护专属"人设"。

2.4　社会比较理论

社会比较理论指出，人们在自我评价缺乏可参考的客观标准时，便通过与他人比较来评估自身状态及行为。个体与某方面优于自身的/与自身相似的/弱于自身的他人比较，产生上行、平行、下行三种形式的社会比较[17]。

上行同化理论表明，上行社会比较（upward social comparison）有利于个体产生积极向上的自我评价行为，其效用大小取决于比较结果是否符合个人期望。当用户与比较对象存在明显差异时，个体被迫推断自己是低人一等的[18]。

平行社会比较（parallel social comparison）是指个体与符合自身所处情境的他人比较，并非只通过相似的外在行为选定比较对象[19]。个体也希望与具有特定属性的个人或群体比较[20]，增加自我评估的稳定性和准确性，促使其在小范围内定位自身的能力水平。

面对生活不幸或消极事件，低自尊或低幸福感的个体易引发下行社会比较（downward social comparison）[21]。个体认为他人比自己过得更糟糕，以此提高自尊水平、增强幸福感并减少焦虑[22]；若个体将注意力集中在自身变差的可能性上，反而会带来压迫与焦虑[23]。

2.5　心理弹性

弹性指物体受到外力挤压后又恢复到原始状态。后有学者将其引入心理学领域，称为"心理弹性"，指个体面对压力或严重后果时，依然能维持原本状态受到较少影响或不受影响，甚至在逆境中成长的状态[24]。

不同心理弹性水平的个体差异显著。高心理弹性者拥有积极乐观的态度，对新事物保持好奇心，通过幽默、变通及放松的心态直面危机[25]；低心理弹性者则较为敏感[26]，困境中的他们更易感知到无奈、疲惫、焦虑等负面情绪。

综上，已有研究关注影响用户消极使用行为的单一因素，这与真实社交媒体倦怠情境下同时存在多种影响因素不符，尤其忽略了个体心理特质的差异。因此，本文综合考虑技术及用户特征，认为信息技术过载和社会比较是用户产生倦怠情绪的前置因素，进一步探讨社交媒体倦怠及消极使用行为的作用机理，并分析心理弹性在信息技术过载/社会比较与社交媒体倦怠之间的调节作用，以弥补现有研究的不足。

3　概念模型与研究假设

压力源—应变—结果模型由 Koeske 和 Koeske 提出，最初被用于员工压力研究[27]。该模型指出，个体受到内外部环境的压力刺激（stressor），会引发一系列压力应变活动（strain），进而产生消极的行为反应（outcome）。

在社交媒体使用情境下，也存在"压力源—应变—结果"的影响机制。本研究认为压力源分为技术特征和用户特征两大类，前者以信息技术为核心，代表个体对技术压力源的感知——信息技术过载，包括系统功能过载、信息过载和社交过载；后者则以用户认知为主导，映射用户对社交媒体比较行为的反应——社会比较行为，包括上行社会比较、平行社会比较和下行社会比较，两种压力源通过社交媒体倦怠这一应变反应，进而影响消极使用行为。同时，人们常说信息技术是一把双刃剑，彼之砒霜吾之蜜糖。面对社交媒体带来的压力，人们的应变水平不同，表现也不同。因此，心理弹性这一个体心理特质作为调节变量，在压力源与应变反应之间产生影响。本文的研究模型如图 1 所示。

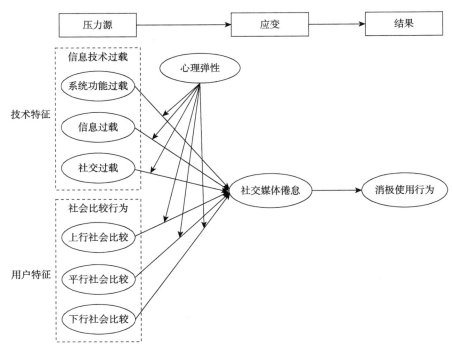

图 1 研究概念模型

3.1 信息技术过载和社交媒体倦怠

根据认知负荷理论，社交软件的系统升级、功能修复会改变原本的应用界面、信息呈现方式等，短时间内新增内容虽能吸引用户体验，但过多功能会增加其心理负担[28]。当用户花费过多精力去体验不必要的功能或太过复杂的操作任务时，容易给个体带来使用压力，导致紧张、倦怠等消极情绪产生。

数字时代下个体的"信息疲劳综合征"表现为焦虑情绪加剧、对事物的判断力下降及决策时的自我怀疑等[29]。在信息加工过程中，由于个体认知的局限，用户难以在海量信息中及时确定所需内容，需投入大量时间才能完成信息筛选，容易让用户陷入迷茫和无助之中。

用户在社交媒体上的从众行为是导致社交过载的原因之一，长期性的从众行为易造成用户的自我损耗及对社交媒体的过度依赖[30]。150 人是个体维持稳定社会关系人数的上限，一旦超过此范围，便会增加用户的社交压力[31]。一般地，当个体的社交应对量高于社交需求时，容易造成角色过载，进而产生倦怠。因此提出假设。

H1a~H1c：系统功能/信息/社交过载正向影响社交媒体倦怠。

3.2 社会比较和社交媒体倦怠

社会比较理论认为，社会比较是社交媒体影响个体心理的重要因素，用户越频繁使用社交工具，越容易产生社会比较行为。个体过度与优于自身的他人比较，导致抑郁的可能性更高[32]。人们在社交媒体上频繁看到别人发布的积极动态时，易引发上行社会比较，产生焦虑、嫉妒等消极情绪[33]。

在自我评价动机的驱使下，困境中的人们更倾向于通过平行比较，获取与自身相似之人的行为结果，以达到自我安慰的目的，减少自身的不确定性[19]。当事情的发展处于可控范围内，人们应对环境变化便能更加游刃有余，以此保持情绪稳定。

个体为了给不如自己的人留下完美或个性化（personalization）的印象，倾向于在社交媒体上编辑并分享高品质的内容，耗费过多时间精力，从而产生疲惫感[34]。下行社会比较的结果虽能部分缓解个体自尊被威胁的状态，但比较过程却不断提醒自己可能变得比别人更糟糕。因此提出假设。

H$_{2a}$：上行社会比较正向影响社交媒体倦怠。

H$_{2b}$：平行社会比较负向影响社交媒体倦怠。

H$_{2c}$：下行社会比较正向影响社交媒体倦怠。

3.3 社交媒体倦怠和消极使用行为

社交媒体倦怠是个体心理与行为共同作用的表现，它是个体面对各种社交媒体压力源而引发的消极情感反应，承受压力的用户通常拥有较高的消极使用意愿。Ravindran 等提出，社交媒体倦怠导致 Facebook 用户倾向于选择间歇休息、暂停使用社交 APP 等断连行为[29]。特别是，当用户经历较高水平的精疲力竭和情绪困扰后，用户会降低对社交媒体的满意度，甚至停止使用社交网络服务。因此提出假设。

H$_3$：社交媒体倦怠正向影响消极使用行为。

3.4 信息技术过载、社会比较行为、社交媒体倦怠和消极使用行为的关系

消极使用行为表现在用户当前暂不使用或永久停用社交媒体。社交媒体倦怠是指内外部多方因素导致用户产生的负面心理认知（如疲惫感、情绪耗竭等）。由前文推导可知，信息技术过载、社会比较对社交媒体倦怠的影响不同，而社交媒体倦怠会显著影响消极使用行为[16]。根据压力源—应变—结果模型，用户使用社交媒体时，信息技术过载或社会比较可能不会直接影响消极使用行为，而是先诱发社交媒体倦怠，进而产生消极使用行为。据此，本研究推断，社交媒体倦怠是信息技术过载、社会比较对消极使用行为的中介变量。因此提出假设。

H$_{4a}$~H$_{4c}$：社交媒体倦怠是系统功能/信息/社交过载对消极使用行为影响的中介变量。

H$_{5a}$~H$_{5c}$：社交媒体倦怠是上行/平行/下行社会比较对消极使用行为影响的中介变量。

3.5 心理弹性

心理弹性是个体面对压力时自我调整的能力，高/低心理弹性者身处同一困境时的情绪表现及应激反应不同。徐曼等探讨了使用内容类社交 APP 用户的心理弹性在压力知觉和错失焦虑关系中的调节作用[35]。与低心理弹性者相比，高心理弹性者能更顺利地应对压力、焦虑及风险等情境。简言之，随着压力水平的提高，高心理弹性的用户比低心理弹性的用户感受到较少的社交媒体倦怠。因此提出假设。

H$_{6a}$~H$_{6c}$：心理弹性负向调节系统功能/信息/社交过载与社交媒体倦怠之间的关系。

H$_{7a}$~H$_{7c}$：心理弹性负向调节上行/平行/下行社会比较与社交媒体倦怠之间的关系。

4 实证研究

4.1 样本选取和数据收集

本研究的调研对象是拥有社交媒体使用经验的用户。问卷的发放经历了两个阶段，预调研共收回 105 份问卷，有效问卷 88 份，修改存在歧义的题项并确定最终版问卷。正式调研在问卷星平台进行问卷编辑及数据收集，历时近 5 周，共收集 402 份问卷，有效问卷 335 份。

由表 1 样本信息可知，样本年龄集中在 18~45 岁，其中 18~25 岁的互联网原住民占比 60.0%，26~45 岁的数字移民占比 27.7%；接近 92.0%的被调查者社交媒体使用年限在 3 年以上，其中 3 年以上 6 年以

下占比 27.2%，6 年以上 9 年以下占比 24.8%，9 年及以上占比 39.7%。综上，从样本的基本信息考虑，此样本满足本研究的要求。

表 1　样本人口统计学信息

测量	题项	频数	比例
性别	男	136	40.6%
	女	199	59.4%
年龄	18 岁以下	10	3.0%
	18~25 岁	201	60.0%
	26~35 岁	44	13.1%
	36~45 岁	49	14.6%
	45 岁以上	31	9.3%
教育程度	高中及以下	29	8.7%
	大专	38	11.3%
	本科	171	51.0%
	硕士及以上	97	29.0%
社交媒体使用年限	小于 1 年	10	3.0%
	1 年~3 年（不含）	18	5.4%
	3 年~6 年（不含）	91	27.2%
	6 年~9 年（不含）	83	24.8%
	9 年或 9 年以上	133	39.7%

注：因四舍五入，占比合计可能非 100%

4.2　变量测量

本文问卷均来自成熟量表，并根据实际情境调整。系统功能过载、信息过载、社交过载分别采用 Karr-Wisniewski 和 Lu[36]、Zhang 等[9]、Maier 等[16]的量表；上行社会比较、平行社会比较、下行社会比较均采用 Gibbons[22]和 Buunk 等[23]的量表；社交媒体倦怠、消极使用行为、心理弹性分别采用 Dhir 等[37]、Maier 等[38]、Connor 和 Davidson[39]的量表。所有题项均使用 Likert 五级量表来测量（1 表示"完全不同意"，5 表示"完全同意"）。

4.3　数据处理

本研究利用 AMOS 22.0 检验测量模型的拟合优度。其中，心理弹性共有 7 个题项，而第一个和第七个题项的因子载荷较低，分别是 0.60 和 0.62，为提高模型拟合水平，我们选择删去这两个题项。修正后测量模型的拟合指标如下：CMIN/DF=1.510，$p<0.001$，CFI=0.970，TLI=0.960，RMSEA=0.039，Standardized RMR=0.040，GFI=0.900，AGFI=0.870（表 2），表明拟合度较好。

表 2　测量模型的拟合度指标

拟合优度指标	初始测量模型	修正后的测量模型	判断标准
CMIN/DF	1.630	1.510	<3.000

续表

拟合优度指标	初始测量模型	修正后的测量模型	判断标准
CFI	0.960	0.970	>0.900
TLI	0.950	0.960	>0.900
RMSEA	0.043	0.039	<0.080
Standardized RMR	0.043	0.040	<0.080
GFI	0.880	0.900	>0.900
AGFI	0.850	0.870	>0.800
潜变量数	9	9	
总题项数	35	33	

本文使用 SPSS 23.0 及 AMOS 22.0 检验量表的信度和效度。如表 3 所示，各变量的克朗巴哈系数（Cronbach's α）及组合信度（composite reliability，CR）值均大于 0.7，说明问卷的信度较好。所有测量题项的因子载荷均大于 0.6，CR 值均大于 0.8，AVE（average variance extracted，平均提取方差）值均大于 0.5，验证了该问卷的收敛效度。各变量 AVE 值的平方根均大于该变量与其他变量相关系数的绝对值，表明变量之间的区分效度较好（表 4）。

表 3　信度检验结果

变量	题项	因子载荷	克朗巴哈系数	CR	AVE
系统功能过载	SFO1	0.77***	0.83	0.83	0.62
	SFO2	0.79***			
	SFO3	0.81***			
信息过载	IO1	0.88***	0.83	0.84	0.64
	IO2	0.84***			
	IO3	0.66***			
社交过载	SO1	0.74***	0.85	0.85	0.65
	SO2	0.85***			
	SO3	0.84***			
平行社会比较	PSC1	0.70***	0.88	0.88	0.60
	PSC2	0.82***			
	PSC3	0.81***			
	PSC4	0.81***			
	PSC5	0.73***			
上行社会比较	USC1	0.81***	0.91	0.91	0.72
	USC2	0.82***			
	USC3	0.89***			
	USC4	0.88***			

续表

变量	题项	因子载荷	克朗巴哈系数	CR	AVE
下行社会比较	DSC1	0.92***	0.96	0.96	0.85
	DSC2	0.86***			
	DSC3	0.95***			
	DSC4	0.95***			
社交媒体倦怠	SMF1	0.80***	0.83	0.84	0.63
	SMF2	0.85***			
	SMF3	0.74***			
消极使用行为	PUB1	0.69***	0.80	0.82	0.60
	PUB2	0.89***			
	PUB3	0.72***			
心理弹性	MR1	0.77***	0.88	0.89	0.61
	MR2	0.85***			
	MR3	0.74***			
	MR4	0.77***			
	MR5	0.76***			

***表示 $p<0.001$

表4　潜变量的均值、标准差、相关系数矩阵和 AVE 的平方根

变量	均值	标准差	1	2	3	4	5	6	7	8	9
系统功能过载	3.60	0.90	**0.78**								
信息过载	3.71	0.88	0.53**	**0.77**							
社交过载	3.28	0.93	0.22**	0.35**	**0.79**						
平行社会比较	3.44	0.82	0.24**	0.29**	0.44**	**0.92**					
上行社会比较	3.48	0.86	0.23**	0.23**	0.36**	0.61**	**0.85**				
下行社会比较	2.73	1.00	0.06	0.12**	0.29**	0.27**	0.26**	**0.78**			
社交媒体倦怠	3.37	0.88	0.29**	0.38**	0.40**	0.35**	0.40**	0.26**	**0.81**		
消极使用行为	3.11	0.86	0.20**	0.27**	0.29**	0.22**	0.28**	0.33**	0.44**	**0.78**	
心理弹性	3.63	0.68	0.12**	0.16**	0.18**	0.20**	0.23**	0.11**	0.24**	0.21**	**0.79**

**表示 $p<0.01$

注：对角线加粗数字为相应构念 AVE 值的平方根，非对角线数字为构念之间的相关系数

5　数据分析结果

5.1　假设检验

本研究通过 AMOS 22.0 建立结构方程模型，其中并未纳入心理弹性这一调节变量，而是直接检验

信息技术过载、社会比较对社交媒体倦怠的影响，以及社交媒体倦怠对消极使用行为的影响。运算结果见表5，整体结构模型的拟合效果良好。

表5　结构模型拟合度指标

拟合优度指标	结构模型	理想值
CMIN/DF	1.690	<3.000
CFI	0.970	>0.900
TLI	0.960	>0.900
RMSEA	0.045	<0.080
Standardized RMR	0.044	<0.080
GFI	0.900	>0.900
AGFI	0.820	>0.800
潜变量数	8	
总题项数	28	

如图 2 所示，H_{1a} 系统功能过载对社交媒体倦怠的路径不显著，后续中介效应及调节效应无法被检验，H_{1a}、H_{4a} 及 H_{6a} 不成立。信息过载（$\beta=0.28$，$p<0.05$）和社交过载（$\beta=0.35$，$p<0.001$）均正向影响社交媒体倦怠，H_{1b} 和 H_{1c} 成立。上行社会比较（$\beta=0.61$，$p<0.001$）、平行社会比较（$\beta=-0.41$，$p<0.01$）和下行社会比较（$\beta=0.13$，$p<0.05$）均显著影响社交媒体倦怠，H_{2a}、H_{2b} 和 H_{2c} 成立。社交媒体倦怠对消极使用行为有显著正向影响（$\beta=0.65$，$p<0.001$），H_3 成立。至此，模型解释了社交媒体倦怠 61%的变异量、消极使用行为 46%的变异量，说明模型具有很好的预测效果。

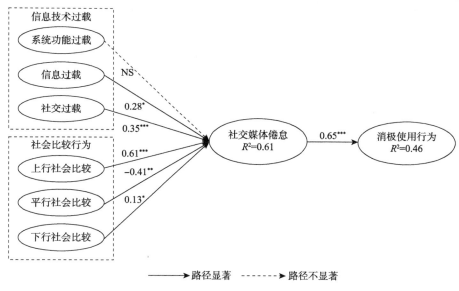

图2　结构模型路径系数估计结果
***代表 $p<0.001$；**代表 $p<0.01$；*代表 $p<0.05$

5.2　中介效应检验

根据 Bootstrap 中介效应检验法，选择 SPSS 中回归分析的 PROCESS，采用重复随机抽样，选取 2 000 个 Bootstrap 样本，设定置信区间为 95%，加入中介变量后，分析结果见表6。"信息过载→社交媒体倦怠→消极使用行为"的中介路径显著（BootLLCI=0.13，BootULCI=0.31，在 95%置信区间不包括零）；"社交过载→社交媒体倦怠→消极使用行为"的中介路径显著（BootLLCI=0.15，BootULCI=0.31，在 95%

置信区间不包括零）；"上行社会比较→社交媒体倦怠→消极使用行为"的中介路径显著（BootLLCI=0.17，
BootULCI=0.34，在95%置信区间不包括零）；"平行社会比较→社交媒体倦怠→消极使用行为"的中介
路径显著（BootLLCI=0.20，BootULCI=0.36，在95%置信区间不包括零），且平行社会比较对消极使用
行为的直接影响不显著（LLCI=-0.03，ULCI=0.19）；"下行社会比较→社交媒体倦怠→消极使用行为"
的中介路径显著（BootLLCI=0.08，BootULCI=0.21，在95%置信区间不包括零）。

表6　社交媒体倦怠在信息技术过载/社会比较与消极使用行为之间的中介效应分析

关系路径	总效应	直接效应（加入中介变量后）	置信区间		间接效应（中介变量的影响）	置信区间	
			下限	上限		下限	上限
信息过载→社交媒体倦怠→消极使用行为	0.36	0.15	0.05	0.24	0.22	0.13	0.31
社交过载→社交媒体倦怠→消极使用行为	0.39	0.17	0.07	0.27	0.22	0.15	0.31
上行社会比较→社交媒体倦怠→消极使用行为	0.41	0.16	0.05	0.27	0.25	0.17	0.34
平行社会比较→社交媒体倦怠→消极使用行为	0.35	0.08	-0.03	0.19	0.27	0.20	0.36
下行社会比较→社交媒体倦怠→消极使用行为	0.42	0.28	0.21	0.36	0.14	0.08	0.21

综上，社交媒体倦怠分别是信息/社交过载、上行/平行/下行社会比较和消极使用行为的中介变量，
H_{4b}、H_{4c}及H_{5a}~H_{5c}均成立。其中，社交媒体倦怠在平行社会比较和消极使用行为之间起完全中介作用，
在信息/社交过载、上行/下行社会比较和消极使用行为之间起部分中介作用。

5.3　调节效应检验

为避免产生多重共线性，去中心化处理自变量及调节变量。结果表明，信息过载×心理弹性（β=0.06，
t=1.21，p>0.05）及下行社会比较×心理弹性（β=0.09，t=1.76，p>0.05）的检验不显著，H_{6b}和H_{7c}不成立。
心理弹性分别正向调节社交过载（β=0.16，t=3.55，p<0.001）、上行社会比较（β=0.11，t=2.50，p<0.05）、
平行社会比较（β=0.18，t=3.48，p<0.001）与社交媒体倦怠之间的关系。H_{6c}、H_{7a}及H_{7b}的结果虽与原先
设想不一致，但仍说明心理弹性对社交过载、上行社会比较、平行社会比较与社交媒体倦怠之间的关系具
有显著调节作用。与低心理弹性水平相比，当心理弹性水平较高时，社交过载、上行社会比较、平行社会
比较与社交媒体倦怠之间的正向关联性均更强（图3~图5）。

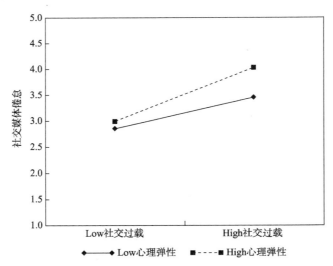

图3　心理弹性对社交过载和社交媒体倦怠的调节

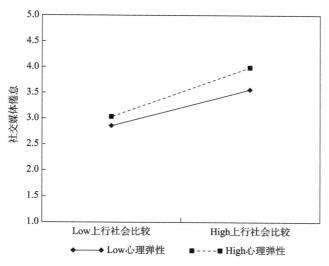

图 4　心理弹性对上行社会比较和社交媒体倦怠的调节

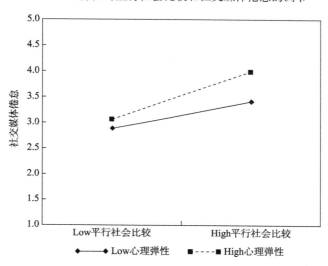

图 5　心理弹性对平行社会比较和社交媒体倦怠的调节

6　研究结论与未来展望

6.1　结论

　　本文探讨了社交媒体用户消极使用行为的影响因素及其作用机制，实证检验了前文提出的 19 个假设（表 7）。下文将详细分析研究结果。

表 7　假设检验结果

假设	内容	结果
H_{1a}	系统功能过载正向影响社交媒体倦怠	不支持
H_{1b}	信息过载正向影响社交媒体倦怠	支持
H_{1c}	社交过载正向影响社交媒体倦怠	支持
H_{2a}	上行社会比较正向影响社交媒体倦怠	支持

续表

假设	内容	结果
H$_{2b}$	平行社会比较负向影响社交媒体倦怠	支持
H$_{2c}$	下行社会比较正向影响社交媒体倦怠	支持
H$_3$	社交媒体倦怠正向影响消极使用行为	支持
H$_{4a}$	社交媒体倦怠是系统功能过载对消极使用行为影响的中介变量	不支持
H$_{4b}$	社交媒体倦怠是信息过载对消极使用行为影响的中介变量	支持
H$_{4c}$	社交媒体倦怠是社交过载对消极使用行为影响的中介变量	支持
H$_{5a}$	社交媒体倦怠是上行社会比较对消极使用行为影响的中介变量	支持
H$_{5b}$	社交媒体倦怠是平行社会比较对消极使用行为影响的中介变量	支持
H$_{5c}$	社交媒体倦怠是下行社会比较对消极使用行为影响的中介变量	支持
H$_{6a}$	心理弹性负向调节系统功能过载与社交媒体倦怠之间的关系	不支持
H$_{6b}$	心理弹性负向调节信息过载与社交媒体倦怠之间的关系	不支持
H$_{6c}$	心理弹性负向调节社交过载与社交媒体倦怠之间的关系	正向调节
H$_{7a}$	心理弹性负向调节上行社会比较与社交媒体倦怠之间的关系	正向调节
H$_{7b}$	心理弹性负向调节平行社会比较与社交媒体倦怠之间的关系	正向调节
H$_{7c}$	心理弹性负向调节下行社会比较与社交媒体倦怠之间的关系	不支持

（1）用户的社交媒体倦怠存在两种不同的驱动机制。以信息技术过载为主的技术压力源与以社会比较为主的用户认知压力源共同影响社交媒体倦怠。区别于已有研究[9, 15]，系统功能过载并未显著正向影响社交媒体倦怠。究其原因，一方面，社交平台运营商对应用软件的更新给予了用户充分的选择权，并说明了应用更新前后在功能内容、使用操作上的差异，用户可根据其使用习惯来决定是否升级软件，如微信用户可自主管理"发现页"中视频号、看一看及直播等新增功能。另一方面，根据使用与满足理论，社交媒体用户基于个性化的动机选择、接触并参与媒介活动，以满足自身特定的需求，且社交网络使用场景、用户偏好等也会影响用户的个性化使用。考虑本研究 60%的样本年龄在 18~25 岁，其"个性化"特征鲜明，面对自身不喜欢（或较少兴趣）的程序功能，会采用"忽略"甚至"屏蔽"等"一刀切"的退出方式来维持现状。

（2）社交媒体倦怠在压力源与消极使用行为之间的中介效应。社交媒体倦怠在平行社会比较和消极使用行为之间起完全中介作用，可能的原因在于，当用户与自身相似之人在社交网络中形成信息共享、合作互助的双赢状态时，消极使用行为不易被直接激发。一旦发现对方即将赶超自己，便会诱发懊悔、害怕、不安等倦怠情绪，进而产生"不看对方朋友圈""取消关注对方"等消极使用行为。

社交媒体倦怠在信息/社交过载、上行/下行社会比较和消极使用行为之间起部分中介作用。这说明，互联网时代随处可见的"标题党"现象、花式"鸡汤文"等会增加用户信息过滤的负担，用户还饱受来自好友砍价、投票等"绑架式社交"的困扰，并不时落入社交平台"晒幸福""曝成就"及"卖惨"等社会比较的"陷阱"，这些不但会诱发用户的倦怠情绪，甚至可能直接导致其暂时离开或停止使用社交媒体。

（3）心理弹性是压力源与社交媒体倦怠之间的调节变量。令人意外的是，个体在心理弹性的差异分别正向调节社交过载、上行/平行社会比较与社交媒体倦怠之间的关系，这与理论假设不相符。分析其潜在原因，在充满技术过载、社会比较的社交媒体情境下，低心理弹性者将比高心理弹性者更易察觉到焦虑、无助、不安等倦怠情绪，他们往往通过探索式途径（heuristic approach）来规避压力，将有限的时间精力集中在相对重要的社交活动中；高心理弹性者则倾向于直面压力环境，当压力强度增加时，高心理弹性者会因需适应多方压力而感到更多的社交媒体倦怠，造成"能者多劳"的结果。

心理弹性并未在信息过载与社交媒体倦怠之间起调节作用。究其原因，社会交换理论表明，个体基于互惠原则参与人际互动以实现资源交换，而依赖理论指出个体当前的行为决策与过去的偏好相关。本研究中接近 95%的样本社交媒体使用年限大于 3 年，面对信息过载引发的社交媒体倦怠，用户能根据过往经验、个人偏好等分辨有益的信息内容，以缓解信息过载造成的成本收益失衡。例如，微信团队推出的朋友圈"三天可见"、私密照片仅自己能见等功能，赋予用户信息决策权，解决部分社交平台的隐私及信息过载问题。

心理弹性在下行社会比较与社交媒体倦怠之间的调节效应不显著，理论假设未得到支持，但与 Gibbons 和 Gerrard 的研究部分相符[40]。可能的原因在于，自我肯定理论指出，个体与能力更差、社会地位更劣势的他人比较能增强自我满意度，激励高心理弹性者付出更多努力去维持或超越现有的优势水平，并提高低心理弹性者的自尊水平和积极情绪，整体展现用户的自我增强（self-enhancement）动机。

综上，本文综合考虑了不同压力源对社交媒体倦怠的影响，并进一步证实了社交媒体倦怠会导致消极使用行为的产生。相比已有研究[6, 12]，本研究发现系统功能过载并未显著影响社交媒体倦怠，且压力源对社交媒体倦怠的影响会受个体特质——心理弹性的调节。

6.2　理论意义

基于技术和用户角度，本文借助"压力源—应变—结果"框架及社会比较理论，探讨了社交媒体用户消极使用行为的影响机制，丰富了信息系统采纳后消极使用相关领域的研究。已有消极使用行为的文献关注其基本表征、类型划分及情绪诱因等，且大多是以扎根研究为主的综述文章。本研究聚焦于影响消极使用行为的前置因素，综合考虑信息技术过载、社会比较为什么及如何对消极使用行为产生影响，更好地解释了社交媒体的双刃剑效应。

引入"心理弹性"概念，实证检验了心理弹性在压力源与压力应变之间的调节作用，打开了以技术及用户为核心的压力源到社交媒体倦怠的黑箱，证明了高/低心理弹性者对信息技术过载、社会比较的应激反应及行为表现不同，进一步拓展并丰富了心理弹性的研究情境，为未来研究提供新思路。

6.3　管理启示

对社交媒体运营商而言，应精准定位用户偏好，优化产品系统。例如，微信用户受公众号、视频号等同质化且不相关信息的困扰，导致产生取消关注、已读不回等消极使用行为。因此，企业应增强社交媒体的内容识别、智能筛选及信息过滤等功能，为用户推送个性化的定制内容，提升社交媒体产品的日活、月活等关键指标。企业还可考虑优化好友申请、用户分组及动态分享的时间范围等，如微信朋友圈除"三天可见""半年可见"等功能之外增加"指定日期可见"的系统设置，满足用户个性化的分享需求。同时，严格审核外来链接，加强对广告营销行为的管控与拦截。

对社交媒体用户而言，应培养合理使用社交媒体的习惯。用户应理性分辨社交媒体推送的信息内容及朋友分享的个人动态等，合理设置不同 APP 的使用时长，尽量避免非必要的外来信息干扰，减少自身与其他用户之间不合理的社会比较行为，进而减轻社交媒体带来的焦虑、沮丧等消极情绪。特别是，多重压力交互情境下的高心理弹性者可考虑屏蔽无效信息源，取消关注非必要的朋友，减少无意义的社交活动，延迟时间或集中时段回复消息，将注意力集中在最重要的任务处理上。例如，微信新增"我的状态"功能，方便用户展示当前的心情、在线与否及某时间段正在做什么等。

6.4　研究局限与未来展望

本研究有一定的局限性。首先，采用横截面数据，未考虑时间因素等变化，未来可通过纵向动态追踪调查，挖掘用户消极使用行为的变化规律。其次，调查问卷源自国外成熟量表，但国内外用户社交媒体使用现状存在差异，之后可开发符合本土情境的量表。最后，在研究内容上还可考虑用户的印象管理、强迫性使用等对消极使用行为的影响。

参 考 文 献

[1] 中国互联网络信息中心. 第 46 次中国互联网络发展状况统计报告[EB/OL]. http://www.gov.cn/xinwen/2020-09/29/content_5548176.htm，2020-09-29.

[2] 王松，王瑜，李芳. 匹配视角下社会化商务用户消极使用行为形成机理研究——基于认知失调的中介[J]. 软科学，2020，34（10）：133-139.

[3] 刘鲁川，张冰倩，李旭. 社交媒体用户焦虑和潜水行为成因及与信息隐私关注的关系[J]. 情报资料工作，2018，39（5）：72-80.

[4] 宫秀双，张红红. "别人家的孩子" vs.平庸的自己：社会比较对独特性寻求行为的影响[J]. 心理学报，2020，52（5）：645-658.

[5] 王文琛，张补宏. 社交媒体用户倦怠与消极使用行为研究综述[J]. 情报探索，2020，（3）：103-110.

[6] 万君，王慧. 社交媒体用户倦怠及消极使用行为研究[J]. 情报探索，2019，（5）：1-8.

[7] Sajad S，Hossein S S，Khazeni R M. How social influence and personality affect users' social network fatigue and discontinuance behavior[J]. Aslib Proceedings，2018，70（4）：344-366.

[8] 刘鲁川，李旭，张冰倩. 社交媒体用户的负面情绪与消极使用行为研究评述[J]. 情报杂志，2018，37（1）：105-113，121.

[9] Zhang S，Zhao L，Lu Y，et al. Do you get tired of socializing? An empirical explanation of discontinuous usage behavior in social network services[J]. Information & Management，2016，53（7）：904-914.

[10] Yamakami T. Towards understanding SNS fatigue：exploration of social experience in the virtual world[C]. The 7th International Conference on Computing and Convergence Technology. IEEE Press，2012：203-207.

[11] Bright L F，Kleiser S B，Grau S L. Too much Facebook? An exploratory examination of social media fatigue[J]. Computers in Human Behavior，2015，44：148-155.

[12] 郭佳，曹芬芳. 倦怠视角下社交媒体用户不持续使用意愿研究[J]. 情报科学，2018，36（9）：77-81.

[13] 刘鲁川，李旭，张冰倩. 基于扎根理论的社交媒体用户倦怠与消极使用研究[J]. 情报理论与实践，2017，40（12）：100-106，51.

[14] LaRose R，Connolly R，Lee H，et al. Connection overload? A cross cultural study of the consequences of social media connection[J]. Journal of Information Systems Management，2014，31（1）：59-73.

[15] Lee A R，Son S M，Kim K K. Information and communication technology overload and social networking service fatigue：a stress perspective[J]. Computers in Human Behavior，2016，55（2）：51-61.

[16] Maier C，Laumer S，Weinert C，et al. The effects of technostress and switching stress on discontinued use of social networking services：a study of Facebook use[J]. Information Systems Journal，2015，25（3）：275-308.

[17] Festinger L. A theory of social comparison processes[J]. Human Relations，1954，7（2）：117-140.

[18] Park S Y，Baek Y M. Two faces of social comparison on facebook：the interplay between social comparison orientation，emotions，and psychological well-being[J]. Computers in Human Behavior，2017，79：83-93.

[19] Suls J，Miller R. Social Comparison Processes：Theoretical and Empirical Perspectives[M]. Washington：Hemisphere，1977.

[20] Suls J，Martin R，Wheeler L. Three kinds of opinion comparison：the triadic model [J]. Personality and Social Psychology Review，2000，4（3）：219-237.

[21] Steers M-L N，Wickham R E，Acitelli L K. Seeing everyone else's highlight reels：how facebook usage is linked to depressive

symptoms[J]. Journal of Social & Clinical Psychology，2014，33（8）：701-731.

[22] Gibbons F X. Social comparison and depression：company's effect on misery[J]. Journal of Personality and Social Psychology，1986，51（1）：140-148.

[23] Buunk B P，Collins R L，Taylor S E，et al. The affective consequences of social comparison：either direction has its ups and downs[J]. Journal of Personality and Social Psychology，1990，59（6）：1238-1249.

[24] Gill W. What is resilience? A review and concept analysis[J]. Reviews in Clinical Gerontology，2011，21（2）：152-169.

[25] Smith B W，Dalen J，Wiggins K，et al. The brief resilience scale：assessing the ability to bounce back[J]. International Journal of Behavioral Medicine，2008，15（3）：194-200.

[26] Bonnano G A. Loss，trauma，and human resilience：have we underestimated the human capacity to thrive after extremely aversive events?[J]. American Psychologist，2004，59（1）：20-28.

[27] Koeske G F，Koeske R D. A preliminary test of a stress-strain-outcome model for reconceptualizing the burnout phenomenon[J]. Journal of Social Service Research，1993，17（3/4）：107-135.

[28] Ayres P. Something old，something new from cognitive load theory[J]. Computers in Human Behavior，2020，113（4）.

[29] Ravindran T，Kuan A，Lian D. Antecedents and effects of social network fatigue[J]. Journal of the Association for Information Science and Technology，2014，65（11）：2306-2320.

[30] Cao X，Khan A N，Zaigham G H，et al. The stimulators of social media fatigue among students：role of moral disengagement[J]. Journal of Educational Computing Research，2019，57（5）：1083-1107.

[31] Dunbar R I M. Neocortex size as a constraint on group size in primates[J]. Journal of Human Evolution，1992，22（6）：469-493.

[32] 连帅磊，孙晓军，牛更枫，等. 社交网站中的上行社会比较与抑郁的关系：一个有调节的中介模型及性别差异[J]. 心理学报，2017，49（7）：941-952.

[33] Krasnova H，Widjaja T，Buxmann P，et al. Research note—Why following friends can hurt you：an exploratory investigation of the effects of envy on social networking sites among college-age users[J]. Information Systems Research，2015，26（3）：585-605.

[34] Fox J，Vendemia M. Selective self-presentation and social comparison through photographs on social networking sites[J]. Cyberpsychology，Behavior，and Social Networking，2016，19（10）：593-600.

[35] 徐曼，吴肖，潘婷，等. 内容类移动社交媒体环境下用户错失焦虑影响因素研究[J]. 情报理论与实践，2021，44（4）：153-161.

[36] Karr-Wisniewski P，Lu Y. When more is too much：operationalizing technology overload and exploring its impact on knowledge worker productivity[J]. Computers in Human Behavior，2010，26（5）：1061-1072.

[37] Dhir A，Kaur P，Chen S，et al. Antecedents and consequences of social media fatigue[J]. International Journal of Information Management，2019，48：193-202.

[38] Maier C，Laumer S，Eckhardt A，et al. Giving too much social support：social overload on social networking sites[J]. European Journal of Information Systems，2015，24（5）：447-464.

[39] Connor K M，Davidson J R T. Development of a new resilience scale：the connor-davidson resilience scale（CD-RISC）[J]. Depression & Anxiety，2003，18（2）：76-82.

[40] Gibbons F X，Gerrard M. Effects of upward and downward social comparison on mood states[J]. Journal of Social & Clinical Psychology，1989，8（1）：14-31.

Double-edged Technology vs. Individual Differences: The Effect of Technical Characteristics and Psychological Characteristics on Social Media Users' Passive Use Behaviors

WANG Wei[1], GUO Junling[1], SU Qianqian[2], ZHENG Siqi[3]

(1. School of Management, Jinan University, Guangzhou 510632, China;

2. Shanghai Xunmeng Information Technology Co., Ltd., Shanghai 200050, China;

3. School of Business, University of Sydney, Sydney NSW 2006, Australia)

Abstract　In recent years, social media users' behavior have gradually changed from active to passive. How to reduce the passive use behavior has aroused the high attention of IS scholars. Drawing on the "stressor (S)-strain (S)-outcome (O)" framework, this study proposed a research model of social media users' passive use behavior. By empirically testing data set of 335 social media users, the results found that information technology overload and social comparison were the main stressors, and influenced passive use behavior through the mediating role of social media fatigue. Mental resilience played a moderating role in the relationship between stressors and social media fatigue. This study can be applied to deeply understanding users' fatigue and helping enterprises active and retain users.

Key words　information technology overload, social comparison, social media fatigue, passive use behavior, mental resilience

作者简介

王玮（1967—），女，暨南大学管理学院企业管理系教授，博士生导师，研究方向为 IT 与组织行为、管理信息系统与电子商务。E-mail：wangw@jnu.edu.cn。

郭俊伶（1997—），女，暨南大学管理学院企业管理专业 2019 级硕士研究生，研究方向为 IT 与组织行为、管理信息系统与数字化转型。E-mail：971030389@qq.com。

苏倩倩（1996—），女，上海寻梦信息技术有限公司产品经理，暨南大学管理学院工业工程专业 2018 级硕士研究生，研究方向为 IT 与组织行为。E-mail：2410533443@qq.com。

郑思齐（1998—），女，悉尼大学商学院本科生，研究方向为大数据分析、金融时间序列预测。E-mail：szhe7316@uni.sydney.edu.au。

疫情宣传标语对公众劝导效果的影响研究
——基于社交短视频视角*

李江[1]，陈习宇[1]，刘春[2]

（1. 西南交通大学 经济管理学院，成都 610031；
2. 电子科技大学 公共管理学院，成都 611731）

摘　要　本文从社交媒体视角对新冠肺炎疫情宣传标语和公众劝导效果进行深入分析研究，依据框架效应理论和叙事传输理论构建宣传标语对公众劝导影响的研究模型，通过情景问卷调研进行数据收集，并对研究假设进行检验。结果表明：相较于避害型宣传标语，趋利型宣传标语更能影响公众叙事加工和公众劝导；叙事加工正向影响公众劝导；叙事加工在宣传标语与公众劝导之间存在中介作用；公众风险感知在宣传标语与公众劝导之间存在调节作用。在此基础上，提出了在疫情防控中宣传标语建构策略。本研究对进一步完善疫情宣传标语架构和公众劝导具有重要的现实意义。

关键词　新冠肺炎，宣传标语，信息框架，公众劝导，短视频，社交

中图分类号　C939

文献标识码　A

1　引言

标语是在公共场合用简短文字写出的具有宣传性质的口号，具有动员、激励和劝说功能及宣传导向功能[1, 2]，核心任务就是唤起公众对某一事件、政策的重视和响应，因此，宣传标语被广泛运用，在不同领域、不同时期都发挥着重要作用，成为不可或缺的公共传播形式。宣传标语具有动员、激励、劝说等功能[2]，语言个性鲜明，简短易记，通俗易懂[3]，在时间和空间上具有强关联的特点[4]。在宣传标语的传播过程中，标语和空间相互生成、相互修辞[2]，脱离空间的接纳，其劝说功能、信息诉求无法有效达成。宣传标语在中国情境下非常具有政治文化代表性，在社会治理中扮演着特殊的角色[5]。

2020 年初突如其来的新冠肺炎疫情在全国蔓延，在疫情信息的传播中，社交媒体的传播作用和内在机制成为当前研究的重要课题[6]。新的通信技术极大地提高了公众对风险沟通的效率，使公众使用社交媒体的意愿显著提高[7]，社交媒体成为公众获取疫情信息的首要来源[6]，在公众对风险信息搜索的过程中社交媒体充分发挥了网络放大器作用[8]。社交短视频在疫情风险信息的传播过程中，不仅给公众呈现出疫情场景，刺激公众产生强烈的风险沉浸感[9]，还切实增强了公众的自我防护意识，实现了群防群控一体化，着力营造出防控结合的宣传氛围，让疫情防控宣传立体式发声，为坚决打赢疫情防控战提供了坚强的舆论保障。在疫情公共事件情境下，政府作为政策标语的建构者，通过象征性语言影响公众的风险认知，争取公众认同与支持[10]。公众为了使自己的风险防控选择更加安全，会采取各种策略与方法来

---

* 基金项目：国家社会科学基金西部项目"基于'生态系统'视角的大数据产业发展政策和治理规则研究"（20XGL018）。

通信作者：刘春（1976—），男，电子科技大学公共管理学院教授，博士生导师，研究方向为信息管理，E-mail：psuchunliu@gmail.com。

规避感知风险，因此，标语就成为感知风险规避的工具[11]。宣传标语对于公众决策的影响程度远远大于信息量和信息媒介的作用[12, 13]，宣传标语能否达到信息建构者传播的目的，不仅需要增加信息量来解决公众与政府之间信息不对称的问题，还需要提升宣传标语劝说内容的质量，提升宣传标语在社交新媒体传播中的内生动力，提高公众对疫情公共事件风险的感知度。

从在社交短视频中搜索的新冠肺炎疫情宣传标语来看，这些宣传标语除了具有标语的特征外，在语言和语境信息框架方面具有显著特点，如"口罩还是呼吸机，您老看着二选一""省小钱不戴口罩，花大钱卧床治病""今天到处串门，明天肺炎上门""不聚餐是为了以后还能吃饭，不串门是为了以后还有亲人""少一次聚会，多一份健康""外地回来不乱跑，疫情风险就变小"等，这些有代表性的宣传标语不仅"接地气"，还通俗易懂。语言方面不仅押韵，还具有对称的美感；语境信息框架方面，具有显著的因果逻辑特征[14]；宣传功能方面，能够给公众勾勒出强烈的画面感，刺激公众产生临场感，对不同目标人群产生心理暗示效应[15]，产生趋利避害的劝导效应，完成疫情防控信息从传播到社会影响力的有效转化。由于效用是由获得的效益与损失的成本所构成[16]，因此，本文基于损益理论将宣传标语分为趋利型和避害型，趋利劝说是指宣传内容或标语口号给公众传递利好信息的劝说方式，强调信息的正向性；避害劝说是指宣传内容或标语口号为公众远离风险或负面结果传递避险信息的劝说方式，突出信息的负激励特点。无论是趋利劝说，还是避害劝说，都是提升公众疫情风险感知的重要宣传方式，在不同的疫情风险感知环境中发挥着劝说效果。通过蚁坊软件舆情监测系统对抗疫标语的网络情绪来看，正面情绪占比为71%，中立情绪占比为22%，负面情绪占比为7%①，充分说明公众对这些个性鲜明的疫情宣传标语的认可和接受。

从实证研究层面来看，目前的宣传标语研究主要集中在广告说服、语言修辞和新闻传播等领域，如用户生成内容的感知效应与劝说效应[17]、广告劝说中的身份建构[18]、共情与公益广告说服效果[19]、旅游目的地口号与说服效应[20]、政治语篇说服模型建构[21]、群体性事件劝说艺术[22]、劝说与有效建言[23]、信息框架与体育锻炼劝说效应[24]、新闻评论劝说策略[25]；从研究内容来看，主要集中在信息框架类型和影响因素的分析，以及不同影响机制等内容的研究，如情感劝说与信任[26]、说服效应[27]、叙事传输与说服[28]、道德规范劝导力和说服力[29]、应急信息搜索行为[30]、健康信息搜索行为[31]、信息转发行为和媒体新闻报道框架策略等[32, 33]，鲜有对社交短视频宣传标语和劝导效应的研究。综上，有关宣传标语的研究已经形成较完备的理论框架，为公共事件中公众劝导研究提供理论基础，但是公共事件中宣传标语理论模型并未得到充分的实证检验，缺乏更加充分的实证证据。本文运用框架效应（framing effects）理论和叙事传输理论构建结构方程模型，分析社交短视频宣传标语对公众劝导的作用机制，为突发公共卫生事件情景下的宣传标语建构与公众劝导提供理论支持和政策建议。

2 理论分析与研究假设

2.1 宣传标语与公众劝导

Tversky 和 Kahneman 研究认为个体的决策及偏好因信息的不同表述方式而产生变化，该现象即"框架效应"[34]。目标框架效应与决策行为后的收益或损失有关，会影响信息的劝导效果[35]。在宣传标语的信息框架中语言信息表征为趋利或避害，通过隐喻转述影响公众对公共事件的风险感知和行为决策。趋利型宣传标语和避害型宣传标语通过语言表征将疫情的风险程度显现出来，加深了公众对疫情损益的认知，有利于对公众的劝导。避害型信息会降低消费者感知到的一般风险，趋利型信息会降低消费者感知

① 蚁坊软件舆情监测平台. 新冠肺炎疫情下的标语传播[EB/OL]. https://baijiahao.baidu.com/s?id=1659138019770571455&wfr=spider&for=pc, 2020-02-21.

到的学习风险[16]；风险规避者更乐于接受感知风险信息的避害劝说，风险追求者更乐于接受感知风险信息的趋利劝说[36]。

趋利型宣传标语与希望或愿望有关，使目标结果更加优越[37]，如"少一次聚会，多一份健康"就是典型的趋利型劝说。在新冠肺炎疫情背景下，健康弥足珍贵，健康是公众的共同愿望，通过趋利劝说与公众产生共鸣，达到劝说目的；避害型宣传标语则与义务和责任相关，侧重于目标实现的最低限度，如"省小钱不戴口罩，花大钱卧床治病"，通过避害劝说，提示公众要积极履行"戴口罩"的义务，在群防群控的大环境中实现个体履行义务的最低限度。当宣传标语信息传递积极的或正向的信息时，公众会在其已有的观念中更倾向于接受该宣传标语的信息内容；对于避害型宣传标语，公众则会根据自身认知，做出拒绝或者接受的决定。宣传标语的"沉浸"式影响会对公众产生潜移默化的作用，从画面感和临场感上刺激公众的认知，通过框架效应营造认同氛围，实现对公众的有效劝导。在趋利型宣传标语导向下公众喜欢有趣、愉快的事，讨厌沮丧的感觉；在避害型宣传标语导向下，公众则偏好安全、有保障的事[38]。对于趋利型信息，以趋利型信息框架呈现比避害型信息框架呈现更具说服力；同样，对于避害型信息，避害型信息框架呈现比趋利型信息框架呈现更具说服力[39]。据此，本文假设如下。

H$_1$：相较于避害型宣传标语，趋利型宣传标语的劝导效果优于避害型。

2.2 宣传标语与叙事加工

叙事传输是一种融合了注意力、想象和情感的心理过程[40]，将个体注意力和资源聚焦于事件叙述上，叙事传输使个体"沉浸于故事场景中"，通过降低个体对信息的负面认知，唤醒个体的临场感和情感反应，引起个体认同，进而达到劝导目的[41]。社交短视频具有叙事传输的优势[42]，叙事传输会给个体带来强烈的情绪体验（如临场感），改变个体态度，进而影响行为[43]。"临场感"是对信息内容的现场体验[44]，能够让个体有身临其境的感觉，体验到故事描述的信息内容比现实场景更生动、更真实[45]，让个体展开充分想象，能够带来更大的传输效果，进而提高信息的说服和劝导效果[46, 47]。宣传标语具有叙事传输的因果逻辑特征，如"外地回来不乱跑，疫情风险就变小""省小钱不戴口罩，花大钱卧床治病"，每个宣传标语的前句属于结果的前置原因，后句为结果，其他几组宣传标语也同样具有叙事传输的特征，通过叙事传输让公众产生情绪体验，如临场感和心流体验等，提升公众的疫情风险防控意识，达到对公众的劝导效果。不同的宣传标语会对公众的叙事加工（narrative processing）水平产生差异化影响，改变公众对疫情事件的思维认知和风险感知。个体在阅读文本信息的时候，会注意语义之间的连贯性[48]，对所获得的信息进行整合加工，形成文本心理表征[49]，由于这些宣传标语信息是个体在生活经验之中容易掌握和理解的，因此，当个体看到这些宣传标语信息的时候会进行实时的因果推理加工[50]。信息框架的因果逻辑会影响公众的叙事加工效果[51]，避害型和趋利型的信息框架因存在因果推理的差异，使公众在叙事加工的机制方面也存在明显的差异[52]。基于此，本文提出如下假设。

H$_2$：相较于避害型宣传标语，趋利型宣传标语的叙事加工效果优于避害型。

2.3 叙事加工的中介机制

叙事加工是个体对信息认知加工的一种处理方式。在社交短视频叙事加工的过程中，个体对疫情信息的加工过程就像是在创造故事[53]，引发了公众的情感反应，并且对公众理解叙事信息的意图产生了一定影响。叙事加工具有时间顺序和因果逻辑的特征，能够使宣传标语信息形成意义表征，个体很容易"沉浸"于宣传标语信息所构建的故事中，进入"叙事传输状态"的个体会被故事内容、画面和场景等所影响进而产生强烈的临场感、认同感和情绪反应[54]，感觉宣传标语所叙述的内容好像在说自己一样，逐步接受宣传标语所主张的内容[55]，降低公众的负面认知，改变公众的态度，最终达到劝导效果。基于叙事传输理论，研究认为宣传标语对公众劝导的成功与否，与宣传标语信息的叙事加工有间接的正向关系。公众对宣传标语信息的叙事加工越真实，劝导效果越理想。因此，本文提出如下假设。

H₃：叙事加工对公众劝导具有直接的正向影响。

H₄：叙事加工在社交宣传标语与公众劝导之间存在中介作用，且具有间接的正向影响。

2.4　风险感知的调节作用

在新冠肺炎疫情背景下，公众因疫情的不确定性和后果，在需要做选择或决策时会感知到风险[56]，公众的疫情风险感知会使自己产生紧迫感。在紧急事件中避害型宣传标语的重要性高于趋利型[57]，但是从趋利劝说所获得的信息要大于避害劝说，获得的风险感知要低于避害劝说。公众对疫情风险信息与自己相关性、有用性的认知促使其对信息进行叙事加工[58]。人类出于自我保护本能的应激心理作用，则会对灾难和灾害等特殊信息进行叙事处理[59]，当公众认为疫情风险高时，在自我保护动机的驱动下，则会深入对风险信息进行叙事加工，进而产生强烈的沉浸感和临场感；当公众认为疫情风险低时，自我防范意识较低，对风险信息的叙事加工低于疫情风险感知高的公众。

疫情事件风险感知是公众对某种疾病发生后，防控或治疗的期望主观认知和判断，治愈的可能性越高，疫情风险的不确定性就越低，风险感知就越低；反之，公众风险感知则越高。疫情信息通过公众风险感知间接影响其行为[60]。公众在决策过程中不仅受到外在因素的影响，如公共事件的宣传劝说形式，还会受到公众心理模型中信息（information）和情境（context）维度的影响[35]，公众的风险偏好在受到宣传信息不同陈述方式的"结果框架"影响后，会改变其对决策问题参照点的感知，进而改变公众的风险偏好，产生"框架效应"[61]。宣传标语在社交短视频中，构成一个完整的故事，为公众呈现一个可以想象的疫情画面，在此基础上，公众产生显著的全息浸入感和临场感，进而影响公众的风险感知。由积极劝导通过引发趋利动机促进公众产生趋利行为，消极劝导引发回避动机促使公众产生回避行为[62, 63]。在疫情的防控中，相比避害型劝说，高感知风险的公众更愿意采用趋利劝说方式履行义务；相比趋利劝说，低感知风险的公众能够在疫情风险中看到希望，态度积极，更乐意接受避害劝说的宣传方式。根据前景理论，当宣传标语和疫情事件风险产生交互效应和公众对疫情事件风险比较敏感时，公众才能遵循宣传标语释放的信息调整自己的行为。当公众感知疫情事件风险较高时，趋利型宣传标语的劝导效果好于避害型宣传标语；当公众感知疫情事件风险较低时，避害型宣传标语的劝导效果好于趋利型宣传标语。基于上述分析，本文提出如下假设。

H₅ₐ：风险感知调节宣传标语对公众叙事加工的影响，当公众的风险感知高时，避害型宣传标语对公众叙事加工的影响高于趋利型宣传标语；

H₅ᵦ：风险感知调节宣传标语对公众劝导的影响，当公众的风险感知高时，趋利型宣传标语对公众劝导的影响高于避害型宣传标语。

综上所述，本文的理论模型如图1所示。

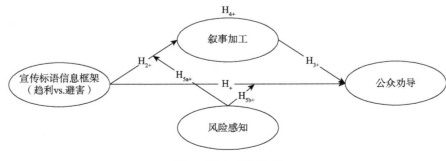

图1　研究理论模型

3　研究设计

3.1　实验设计

本文采用 2（宣传标语：避害 vs.趋利）×2（风险感知：高 vs.低）双因素组间设计的情景模拟实验来检验理论模型：自变量为宣传标语类型，包括避害型和趋利型，中介变量为叙事加工，因变量为公众劝导，调节变量为风险感知。本实验素材来自知名社交短视频平台——抖音，根据实验的需要对素材内容进行了适当调整，确保实验结果外部效度的稳定性。选择抖音平台基于两方面原因：第一，抖音是目前国内知名的社交短视频平台，用户主要以短视频或直播形式进行信息交流，该平台的使用群体较为广泛，具有很强的影响力和代表性。第二，抖音平台短视频素材获取方便，且清晰度高，便于实验素材的剪辑和加工。

3.2　预实验

预实验目的是根据研究内容确定实验材料，为避免情景实验材料在抖音号、版式、图片、字体、字号、颜色、收藏数、评论数和转发数等方面的差异进而影响实验结果，对相关影响因素进行标准化处理，降低这些干扰因素对实验结果的影响。结合研究变量设置相对应的实验素材，按照上述标准共制作 8 个视频素材。邀请成都某高校 W 教授对实验素材中的宣传标语类型进行归类校正；然后邀请 27 名经管学院研究生，针对宣传标语内容的客观性、易知性和趣味性等进行 Likert 7 级量表评定；最后研究团队根据评定结果，选取视频素材各 3 条作为实验刺激材料。对确定的实验刺激材料进行 T 检验，结果表明，避害型宣传标语和趋利型宣传标语之间存在显著差异（$M_{避害型}$=5.42±0.902，t=30.652，$p<0.001$；$M_{趋利型}$=6.00±0.748，t=40.883，$p<0.001$），因此，实验素材宣传标语类型具有显著的区分效度。

3.3　正式实验

本实验于 2020 年 11 月在成都某高校企业管理咨询课堂分 4 次进行，招募到 192 名被试人员（本科大一新生），且有在抖音平台分享生活、学习等经历，其中男生 103 人，女生 189 人，平均年龄 19.48±1.26 岁。

根据研究模型将被试人员分为四组，第一组，避害型宣传标语—高风险感知；第二组，避害型宣传标语—低风险感知；第三组，趋利型宣传标语—高风险感知；第四组，趋利型宣传标语—低风险感知。为了使被试人员更准确地了解实验背景和素材内容，实验所用素材会不停循环播放，直至实验结束。具体实验步骤如下。

第一，向被试人员介绍研究背景、实验程序和问卷填写方法，以及问卷构成（实验导语、宣传标语、叙事加工、公众劝导、疫情风险感知和个人基本信息）。第二，向被试人员播放央视战疫情宣传视频《病毒隔离了我们，却隔绝不了爱，中国加油》，为情景实验营造疫情氛围，使被试人员能够充分沉浸于实验中。第三，正式实验，让被试人员想象此时自己在抖音平台看到疫情宣传标语信息，呈现出的画面对自己的劝导影响。第四，回收实验问卷，核检问卷填写情况。第五，对参与实验的被试人员发放奖励，每名被试人员均可获得一份精美纪念品（价值 10 元），结束情景实验。实验结束后，共收到 192 份问卷，剔除 9 份填写不完整问卷，收到有效问卷 183 份。

3.4　变量测量

叙事加工参考 Busselle 和 Bilandzic 的研究量表[64]，主要包括：我完全沉浸在新冠肺炎宣传标语中/

当我想到这个标语时，很容易地描绘该内容/我可以把自己置身于标语所描述的情境之中；公众劝导参考李启毅等的研究量表[28]，主要包括：我愿意响应国家新冠肺炎疫情的防控措施/我愿意劝说他人响应新冠肺炎疫情的防控措施/我愿意参与新冠肺炎疫情防控的宣传，本文问卷采用 Likert 7 级量表设计，在问卷所测量的题项中，非常同意和非常不同意、非常愿意和非常不愿意，分别赋值为 7 分和 1 分。

4　实证分析

4.1　操纵检验

为了验证实验变量分组操作的有效性，需要对疫情风险感知类型进行差异检验。依据叶仁荪等[65]、李悦和李蔚[66]的风险感知量表，通过独立样本 T 检验对研究的疫情风险感知分组进行操纵检验，结果表明，不同类型的疫情风险感知得分存在显著差异（$M_{高}$=5.80 ± 0.497，$M_{低}$=5.12 ± 0.546，T=8.997，p<0.001），疫情风险感知的分组操作成功，因此，本研究的实验分组设计具有良好的操纵效度。

4.2　问卷信效度检验

通过 SPSS 22.0 对数据进行处理，结果表明：各潜变量的克朗巴哈系数（Cronbach's α）均在 0.7 以上，同一潜变量下删除任何题项均无法提高 Cronbach's α，表明问卷具有可靠性。KMO 检验值为 0.875，Bartlett's 球形检验读取的卡方为 79.929，p=0<0.05，标准化因子载荷系数在 0.734~0.887，均大于 0.5，且 AVE（average variance extracted，平均提取方差）值均大于 0.5，结果表明该问卷信度、效度均较好，如表 1 所示。

表 1　问卷信效度检验

潜变量	变量名	标准化因子载荷系数	T 值	组合信度	Cronbach's α	AVE
叙事加工	JG 1	0.771	90.187	0.850 2	0.760	0.654 7
	JG 2	0.798	78.680			
	JG 3	0.856	78.889			
公众劝导	QD 1	0.786	108.570	0.845 7	0.757	0.647 8
	QD 2	0.734	105.003			
	QD 3	0.887	105.539			
KMO		0.875				
Bartlett's		79.929				

4.3　主效应分析

对叙事加工和公众劝导进行独立样本 T 检验，结果如表 2 所示。在疫情背景下，不同宣传标语类型对公众劝导具有显著差异。避害型宣传标语对公众叙事加工的影响明显低于趋利型宣传标语，$M_{趋利型}$=17.12>$M_{避害型}$=16.29（T=-2.868，p=0.005<0.01）。趋利型宣传标语在氛围凝重的疫情背景下能够给公众呈现更多积极的宣传信息和心理安慰，使公众构建强烈的画面感和沉浸感，更加有利于公众对疫情宣传信息的叙事加工；在公众劝导方面，趋利型宣传标语除了带来沉浸感、故事感和画面感外，更多的是提升公众对疫情风险的具身认知，进而发挥劝导作用，结果表明，趋利型宣传标语对公众的劝导效果高于避害型宣传标语，$M_{趋利型}$=18.06>$M_{避害型}$=17.23（T=-3.337，p=0.001<0.01），因此，H$_1$ 和 H$_2$ 得到支持。

表 2　宣传标语与叙事加工、公众劝导独立样本 *T* 检验

因变量	宣传标语类型	个案数	平均值	标准偏差	*T*	自由度	Sig.（双尾）
叙事加工	避害型	93	16.29	1.426	−2.868**	180	0.005
	趋利型	89	17.12	2.392			
公众劝导	避害型	93	17.23	1.623	−3.337**	180	0.001
	趋利型	89	18.06	1.734			

**表示 *p* <0.01

进一步对叙事加工和公众劝导进行回归分析，结果表明（表 3），叙事加工正向影响公众劝导，β=0.277，*T*=3.868，*F*（1 180）=14.962，*p*=0<0.001，R^2=0.077，ΔR^2=0.072，H_3 得到验证。

表 3　叙事加工与公众劝导回归分析

模型		标准化系数 β	*T*	显著性	*F*	R^2	ΔR^2
1	（常量）		13.118***	0	14.962	0.077	0.072
	叙事加工	0.277	3.868***	0			

***表示 *p* <0.001

4.4　中介效应检验

本文采用 Bootstrap 程序验证叙事加工在避害型宣传标语、趋利型宣传标语与公众劝导之间的中介效应[67]，将自变量避害型宣传标语和趋利型宣传标语、中介变量叙事加工、因变量公众劝导放入模型中，重复测量的样本数为 5 000，以第 97.5 百分位和 2.5 百分位估计 95% 的置信区间，通过 Process 插件进行中介效应验证，如果间接效应 95% 的置信区间没有包括 0，表明中介效应具有统计学意义，如果直接效应 95% 的置信区间包括 0，表明完全中介。研究结果如表 4 所示，总效应为 0.830，置信区间为 0.336~1.325，*p*=0.001<0.05，因此，宣传标语与公众劝导之间的总效应具有统计学意义。直接效应为 0.656，置信区间为 0.141~1.179，*p*=0.013<0.05；间接效应为 0.174，置信区间为 0.039~0.404，*p*=0<0.05，说明叙事加工在宣传标语与公众劝导之间存在部分中介效应，H_4 得到验证。

表 4　叙事加工中介效应 Bootstrap 检验

路径	效应	Effect	LLCI/Boot LLCI	ULCI/Boot ULCI	*p*
宣传标语→叙事加工→公众劝导	总效应	0.830	0.336	1.325	0.001
	直接效应	0.656	0.141	1.179	0.013
	间接效应	0.174	0.039	0.404	0

4.5　调节效应检验

本文为了避免交互项与其他变量之间出现多重共线性现象，在检验调节效应之前先将调节变量和自变量进行去中心化处理，采用逐层回归分析对调节变量进行检验，结果如表 5 所示，模型 1 检验控制变量对因变量（叙事加工）的影响，在模型 1 中放入宣传标语变量和风险感知变量形成模型 2，模型的解释力明显提升，ΔR^2=0.047，*p*<0.01。在模型 2 中加入交互项（宣传标语×风险感知）后形成模型 3，模型的解释力明显增强，ΔR^2=0.169，*p*<0.001，风险感知能够正向调节宣传标语与叙事加工的关系（β=0.157，*p*<0.01），交互项显著，风险感知正向调节宣传标语与叙事加工的关系（β=1.541，*p*<0.001），H_{5a} 通过验证。模型 4 检验控制变量对因变量（公众劝导）的影响，在模型 4 中放入宣传标语变量和风

险感知变量形成模型 5，模型的解释力明显提升，ΔR^2=0.055，p<0.01。在模型 5 中加入交互项（宣传标语 × 风险感知）后形成模型 6，模型的解释力明显增强，ΔR^2=0.121，p<0.001，而且风险感知正向调节宣传标语与公众劝导的关系（β=1.147，p<0.001），H_{5b} 得到验证。

表 5　风险感知调节效应检验

变量	叙事加工			公众劝导		
	模型 1	模型 2	模型 3	模型 4	模型 5	模型 6
控制变量						
性别	0.020	0.025	0.080	0.049	0.048	0.042
文化程度	0.022	−0.004	0.021	0.058	0.052	0.039
自变量						
宣传标语		0.210***	1.267***		0.246***	1.033***
调节变量						
风险感知		0.157**	0.889***		0.204***	0.676***
交互项						
宣传标语 × 风险感知			1.541***			1.147***
F	0.076	3.232**	8.372***	0.521	3.656**	5.975***
R^2	0.001	0.068	0.192	0.006	0.076	0.145
ΔR^2	−0.010	0.047	0.169	0.005	0.055	0.121

***表示 p<0.001，**表示 p<0.01

为了进一步检验风险感知在宣传标语与公众劝导之间的调节效应，根据方杰等的检验方法[68]，绘制如图 2 所示的调节效应图。图 2 显示，在新冠肺炎疫情期间，当公众对疫情的风险感知高时，采用趋利型宣传标语对公众叙事加工的效果要优于避害型宣传标语；当公众对疫情的风险感知低时，采用避害型宣传标语对公众叙事加工的效果要优于趋利型宣传标语；当公众对疫情的风险感知高时，采用趋利型宣传标语对公众的劝导效果要优于避害型宣传标语；当公众对疫情的风险感知低时，采用避害型宣传标语对公众的劝导效果要优于趋利型宣传标语。因此，H_{5a}、H_{5b} 得到进一步验证。

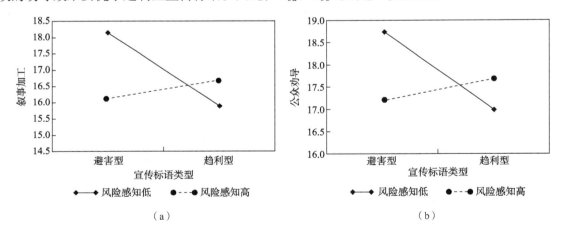

（a）   （b）

图 2　风险感知调节效应图

5 结论与建议

5.1 研究结论

社交媒体中的公众劝导是整个新冠肺炎疫情防控中主要的环节，公众劝导本身也存在复杂的结构特征和心理表征。如何显化和量化新冠肺炎疫情背景下的公众劝导效果是公共卫生管理领域的难题。本文应用框架效应理论和叙事加工理论构建社交短视频平台形成标语与公众劝导模型，分析宣传标语对公众劝导的影响作用机制，探讨叙事加工在宣传标语与公众劝导之间的中介作用，以及公众风险感知在宣传标语与公众劝导之间的调节作用。通过情景实验，研究表明：①疫情宣传标语对公众劝导具有正向影响，相较于避害型宣传标语，趋利型宣传标语对公众的劝导效果优于避害型宣传标语。②疫情宣传标语对公众的叙事加工效果产生正向影响，相较于避害型宣传标语，趋利型宣传标语更能给公众信心和希望，能够给公众呈现出触动人心的故事画面，让公众产生临场感，增强心理认同感，因此，趋利型宣传标语对公众叙事加工的影响优于避害型宣传标语。③叙事加工效果正向影响公众劝导效果，公众通过社交短视频对疫情宣传标语叙事加工，建立临场感，使其沉浸于疫情宣传标语所营造的防控宣传氛围中，改变其对疫情防控的认知和态度，达到疫情宣传标语的劝导目的。④公众对疫情宣传标语进行叙事加工后，通过"沉浸—唤醒—认同—改变"的心理过程，完成对疫情宣传标语的理解和认知，验证分析结果表明，疫情宣传标语的直接效应和间接效应均显著，叙事加工在疫情宣传标语与公众劝导之间存在部分中介作用。⑤公众的风险感知高低在疫情宣传标语与公众叙事加工、劝导之间存在显著的调节作用，当公众的风险感知高时，趋利型宣传标语对公众的劝导效果优于避害型宣传标语；当公众的风险感知高时，趋利型宣传标语对公众的叙事加工效果优于避害型宣传标语。

5.2 理论贡献

本文的理论贡献主要体现在三个方面：①在现有宣传标语研究基础上拓展了宣传标语的形式和内容研究，依据框架效应理论将宣传标语形式分为避害型和趋利型，丰富了宣传标语的研究领域，为进一步研究宣传标语和公众劝导等奠定了基础。②结合叙事传输理论，将叙事加工作为中介变量，研究分析宣传标语对公众叙事加工的影响，将公众心理与宣传形式结合起来，为宣传标语的研究提供了新的研究思路和方法。③将公众风险感知作为调节变量引入研究模型中，充分揭示了宣传标语对公众劝导的作用机制。④基于社交短视频视角探究了宣传标语对公众劝导的作用机制，将宣传标语从传统的政策宣传和动员研究延伸到公众劝导层面，通过社交短视频不仅拓展了公众获取信息的渠道，还提升了公众在疫情风险当中的沉浸感和临场感，使得宣传标语的功能更加丰富和完善。

5.3 管理启示

疫情宣传标语对公众劝导的影响路径并不是单一的，既有直接效应的影响，还有中介效应和调节效应的影响，因此，在疫情期间，要实现对公众的有效劝导，还需要针对疫情宣传标语的不同特点采取不同的信息建构和防控措施，本文的政策建议如下。

（1）根据信息框架特征建构不同类型的宣传标语。短视频具有信息速达、身临其境和互动及时等社交特点，为强化疫情宣传成效，宣传标语的信息内容应通俗易懂，"土味"硬核，通过不同类型宣传标语信息的协同宣传，如趋利型宣传标语和避害型宣传标语，在社交短视频平台让公众通过对比增强个人的防护意识，自觉进入疫情防控宣传的氛围，真正实现疫情防控宣传"横到边，纵到底"的目的，全方位、多角度、多形式地为众志成城打赢疫情防控阻击战营造良好的舆论氛围。

　　（2）根据叙事加工的心理特点建构完整的宣传标语信息。叙事加工具有时间顺序和因果逻辑的特征，因此，宣传标语信息的建构应该结合社交短视频的特点，给公众呈现一个可感知、可体验的故事画面，使公众真正置身于该公共事件的氛围中，提高公众的认知能力，通过心流体验和情感唤醒来影响公众对公共事件的风险感知。

　　（3）根据公共事件的风险程度建构不同的宣传标语。在公共事件高风险区域，建构趋利型宣传标语，通过宣传标语信息为公众建立故事感、临场感和心理认同，让公众能够感知更多的利好或利益，进而达到良好的劝导效果；在公共事件低风险区域，建构避害型宣传标语，通过叙事加工，让公众对该风险有足够的认知，看到风险的损害性和危险性，进而达到劝导作用。无论是避害型宣传标语还是趋利型宣传标语都属于具象型信息框架。在公共事件防控宣传中，往往也有很多抽象型信息框架，如"健康第一，生命至上""科学应对，群防群控，战胜疫情"等，这些无法给公众带来故事化的临场感和画面感，对公众的劝导作用非常有限，因此，在公共事件的防控宣传中，宣传标语的信息框架应以具象型（避害或趋利）为主，让公众真正产生情感共鸣，通过心理认同改变其态度和行为，最终实现对公众的劝导和群防群控。

5.4　研究局限性

　　在防控新冠肺炎疫情的宣传中，本研究提到的避害型宣传标语和趋利型宣传标语能够给公众呈现明显的风险画面，使其产生强烈的沉浸感，因此，这些标语也具有明显的具象特征，除此之外，也有很多抽象型宣传标语，如"疫情就是命令，防控就是责任"等。本研究主要聚焦于具象型宣传标语，没有对抽象型宣传标语进行研究，这些宣传标语在疫情背景下是否也有显著的劝导效果，将是以后要深入研究的内容之一。

参 考 文 献

[1] 胡仁春，李隽薇. 公益标语传播的价值传导与意义转换[J]. 当代传播，2018，（6）：56-57，69.

[2] 晏青. 近代中国标语的表征实践：历史逻辑、空间修辞与现代性焦虑[J]. 新闻与传播研究，2012，19（4）：103-107，112.

[3] 钱少青. 广告标语的语言艺术[J]. 湖南师范大学教育科学学报，2001，（6）：109-111.

[4] 聂桂兰. 标语口号：劝说和宣告功能丧失之后——江西吉安乡村"过期"标语口号的调查[J]. 修辞学习，2004，（6）：30-32.

[5] 龚晓洁. 我国农村社会治理中的官方话语权困境——基于标语现象的研究[J]. 山东社会科学，2017，（11）：80-84.

[6] 张克旭. 社交媒体在疫情危机风险传播中的核心作用与传播机制[J]. 新闻与传播评论，2020，73（3）：26-35.

[7] 李祎惟，郭羽. 网络传播与认知风险：社交媒体环境下的风险信息搜索行为研究（英文）[J]. 国际新闻界，2020，42（4）：156-175.

[8] 王丹娜. 新西兰恐怖袭击凸显社交媒体网络放大器效应[J]. 中国信息安全，2019，（4）：12-15.

[9] 黄元豪，李先国，黎静仪. 网红植入广告对用户行为回避的影响机制研究[J]. 管理现代化，2020，40（3）：102-105.

[10] 刘一弘. 危机管理的意义建构——基于"甲流"事件的政府话语分析[J]. 公共管理学报，2017，14（4）：118-128，158-159.

[11] Clemons E K. How information changes consumer behavior and how consumer behavior determines corporate strategy[J]. Journal of Management Information Systems，2008，25（2）：13-40.

[12] Thompson D V, Hamilton R W. The effects of information processing mode on consumers' responses to comparative advertising[J]. Journal of Consumer Research，2006，32（4）：530-540.

[13] Pennington G L. Aaker Jr L, Mogilner C. The pressing preference for prevention：the impact of temporal construal on the

persuasiveness of prevention versus promotion framed product information[J]. Advances in Consumer Research，2007，34：210-211.

[14] Morrow D G，Greenspan S L，Bower G H. Accessibility and situation models in narrative comprehension[J]. Journal of Memory and Language，1987，26（2）：165-187.

[15] Zwaan R A，Langston M C，Graesser A C. The construction of situation models in narrative comprehension：an event-indexing model[J]. Psychological Science，1995，6（5）：292-297.

[16] 涂荣庭，吕堂荣，韦夏. 趋利或避害：信息内容对新产品感知风险的影响[J]. 经济管理，2011，33（8）：134-148.

[17] 汪旭晖，陈鑫. 用户生成内容的图文匹配对消费者感知有用性的影响[J]. 管理科学，2018，31（1）：101-115.

[18] 王雪玉. 广告劝说中的元话语资源和身份建构[J]. 天津外国语大学学报，2012，19（3）：1-7.

[19] 李倩倩，范雅雯. 共情对公益广告说服效果的影响研究[J]. 管理学报，2018，15（3）：420-426，441.

[20] 曲颖，周曦. 旅游目的地口号的记忆效应和说服效应——以国内海滨目的地为例的整合研究[J]. 经济管理，2018，40（7）：178-192.

[21] 淮艳梅. 政治语篇说服模型建构——语篇信息分析视角[J]. 理论与改革，2013，（1）：64-67.

[22] 刘敏. 群体性事件现场中的劝说艺术及影响因素[J]. 湖南公安高等专科学校学报，2010，22（4）：19-21.

[23] 陈芳丽，郑文智. 基于社会劝说理论的中国 HR 有效建言行为开发研究[J]. 科技与经济，2015，28（2）：106-110.

[24] 娄虎，刘萍. 信息框架对体育锻炼劝说效应的影响研究：有中介的调节模型[J]. 浙江体育科学，2019，41（2）：79-85.

[25] 董育宁. 新闻评论语篇劝说策略的修辞性分析[J]. 太原师范学院学报（社会科学版），2014，13（1）：81-84.

[26] 伍京华，张富娟，许陈颖. 基于 Agent 的情感劝说的信任识别模型研究[J]. 管理工程学报，2019，33（2）：219-226.

[27] 马向阳，徐富明，吴修良，等. 说服效应的理论模型、影响因素与应对策略[J]. 心理科学进展，2012，20（5）：735-744.

[28] 李启毅，胡竹菁，王鑫强，等. 叙事传输理论与说服机制：以叙事型公益广告为例[J]. 心理科学进展，2015，23（11）：2001-2008.

[29] 杨彬. 论道德规范的劝导力和说服力[J]. 理论探讨，2002，（1）：11-12.

[30] 刘静，安璐. 突发公共卫生事件中社交媒体用户应急信息搜寻行为画像研究[J]. 情报理论与实践，2020，43（11）：8-15.

[31] 周敏，林苗. 风险感知与自我效能的正和博弈——基于 ELM 模型的健康类信息搜索行为影响因素研究[J]. 新闻大学，2020，（9）：38-55，120-121.

[32] 胥琳佳，屈启兴. 突发公共卫生事件中社交媒体内容与社会网络结构对转发行为的影响[J]. 现代传播（中国传媒大学学报），2018，40（11）：155-160.

[33] 薛可，王舒瑶. 议程注意周期模式下中美主流媒体对突发公共卫生事件的报道框架——以《人民日报》和《纽约时报》对禽流感的报道为例[J]. 国际新闻界，2012，34（6）：30-35.

[34] Tversky A，Kahneman D. The framing of decisions and the psychology of choice[C]//Wright G. Behavioral Decision Making. New York：Plenum Press，1985：25-41.

[35] 张聚媛，许潇，刘勤学. 信息框架及个体情绪诱发对大学生捐助行为的影响[J]. 心理与行为研究，2019，17（3）：360-367.

[36] 王爽，余明阳，薛可. 风险偏好对感知风险信息劝说效果的影响——基于食品营养标签的实证研究[J]. 中国流通经济，2014，28（6）：82-88.

[37] Idson L C，Liberman N，Higgins E T. Distinguishing gains from nonlosses and losses from nongains：a regulatory focus perspective on hedonic intensity[J]. Journal of Experimental Social Psychology，2000，36（3）：252-274.

[38] Aaker J L，Lee A Y. "I" seek pleasures and "we" avoid pains：the role of self-regulatory goals in information processing and persuasion[J]. Journal of Consumer Research，2001，28（1）：33-49.

[39] Lee A Y，Aaker J L. Bringing the frame into focus：the influence of regulatory fit on processing fluency and persuasion[J].

Journal of Personality and Social Psychology，2004，86（2）：205-218.

[40] Green M C，Brock T C. The role of transportation in the persuasiveness of public narratives[J]. Journal of Personality and Social Psychology，2000，79（5）：701-721.

[41] 严进，杨珊珊. 叙事传输的说服机制[J]. 心理科学进展，2013，21（6）：1125-1132.

[42] 王佳航. 新型把关模式下新闻客体的翻转叙事——以快手平台用户短视频为例[J]. 当代传播，2019，（4）：59-62.

[43] Volkova E P，Mohler B J，Dodds T J，et al. Emotion categorization of body expressions in narrative scenarios[J]. Frontiers in Psychology，2014，30（5）：623.

[44] Lee K M. Presence，explicated[J]. Communication Theory，2004，14（1）：27-50.

[45] Ratan R A. Self-presence：body，emotion，and identity extension into the virtual self[J]. Dissertations & Theses- Gradworks，2013，15（5）：765-781.

[46] Green M C，Brock T C，Kaufman G F. Understanding media enjoyment：the role of transportation into narrative worlds[J]. Communication Theory，2004，14（4）：311-327.

[47] Stavrositu C D，Kim J. All blogs are not created equal：the role of narrative formats and user-generated comments in health prevention[J]. Health Communication，2015，30（5）：485-495.

[48] Estevez A，Calvo M G. Working memory capacity and time course of predictive inferences[J]. Memory，2000，8（1）：51-61.

[49] Wiley J，Myers J L. Availability and accessibility of information and causal inferences from scientific text[J]. Discourse Processes，2003，36（2）：109-129.

[50] Sieborger F T，Ferstl E C，von Cramon D Y. Making sense of nonsense：an fMRI study of task induced inference processes during discourse comprehension[J]. Brain Research，2007，1166：77-91.

[51] Guillemette M，Browning C，Payne P. Don't like the picture? Change the frame：the impact of cognitive ability and framing on risky choice[J]. Applied Economics Letters，2015，22（18）：1515-1518.

[52] Takahashi T，Oono H，Inoue T，et al. Depressive patients are more impulsive and inconsistent in intertemporal choice behavior for monetary gain and loss than healthy subjects-an analysis based on Tsallis' statistics[J]. Neuroendocrinology Letters，2008，29（3）：351-358.

[53] Kang J A，Hong S，Hubbard G T . The role of storytelling in advertising：consumer emotion，narrative engagement level，and word-of-mouth intention[J]. Journal of Consumer Behaviour，2020，19（1）：47-56.

[54] Hamby A，Brinberg D，Daniloski K. Reflecting on the journey：mechanisms in narrative persuasion[J]. Journal of Consumer Psychology，2017，27（1）：11-22.

[55] Antonetti P，Maklan S. Feelings that make a difference：how guilt and pride convince consumers of the effectiveness of sustainable consumption choices[J]. Journal of Business Ethics，2014，124（1）：117-134.

[56] Rolison J J，Shenton J. How much risk can you stomach? Individual differences in the tolerance of perceived risk across gender and risk domain[J]. Journal of Behavioral Decision Making，2020，33（1）：63-85.

[57] Mogilner C，Aaker J L，Pennington G L. Time will tell：the distant appeal of promotion and imminent appeal of prevention[J]. Journal of Consumer Research，2008，34（5）：670-681.

[58] Zhao G，Pechmann C. The impact of regulatory focus on adolescents' response to antismoking advertising campaigns[J]. Journal of Marketing Research，2007，44（4）：671-687.

[59] 王晓骊. 创伤性记忆的自我隔离和审美表达——唐宋词战争灾难叙事的特殊模式[J]. 南京师大学报（社会科学版），2017，（1）：109-115.

[60] 时勘，范红霞，贾建民，等. 我国民众对 SARS 信息的风险认知及心理行为[J]. 心理学报，2003，35（4）：546-554.

[61] Tversky A，Kahneman D. Advances in prospect theory：cumulative representation of uncertainty[J]. Journal of Risk and

Uncertainty，1992，5（4）：297-323.

[62] 张晓雯，禤宇明，傅小兰. 情绪效价对趋避反应的作用[J]. 心理科学进展，2012，20（7）：1023-1030.

[63] 马惠霞，宋英杰，刘瑞凝，等. 情绪的动机维度对趋避行为的影响[J]. 心理科学，2016，39（5）：1026-1032.

[64] Busselle R，Bilandzic H. Measuring narrative engagement[J]. Media Psychology，2009，12（4）：321-347.

[65] 叶仁荪，胡杰，王玉芹，等. 对"非典"时期江西民众社会心理行为的研究[J]. 江西社会科学，2003，（11）：5-9.

[66] 李悦，李蔚. 基于汶川地震的灾后风险认知量表编制研究[J]. 西南民族大学学报（人文社会科学版），2013，34（10）：21-25.

[67] Hayes A F. Introduction to mediation，moderation，and conditional process analysis：a regression-based approach[J]. Journal of Educational Measurement，2013，51（3）：335-337.

[68] 方杰，温忠麟，梁东梅，等. 基于多元回归的调节效应分析[J]. 心理科学，2015，38（3）：715-720.

A Study on the Influence of Epidemic Propaganda Slogans on Public Persuasion: from the Perspective of Social Short Video

LI Jiang[1]，CHEN Xiyu[1]，LIU Chun[2]

（1. School of Economics and Management，Southwest Jiaotong University，Chengdu 610031，China；

2. School of Public Affairs and Administration，University of Electronic Science and Technology of China，Chengdu 611731，China）

Abstract In this study，the effect of publicity slogans and public persuasion on the COVID-19 epidemic was analyzed and studied from the perspective of social media. A research model of the influence of publicity slogans on public persuasion was built based on the framing effect theory and narrative transmission theory. Data were collected through a situational questionnaire survey，and the research hypothesis was tested. The results showed that compared with the harm-avoidance slogans, the profit-oriented slogans had more influence on the public narrative processing and public persuasion. Narrative processing positively influences public persuasion；Narrative processing plays an intermediary role between propaganda slogans and public persuasion. Public risk perception has a moderating effect between propaganda slogans and public persuasion. On this basis，the strategies of slogan construction in epidemic prevention and control are put forward. The study is of great practical significance to further improve the slogan structure and public persuasion of the epidemic.

Key words COVID-19，propaganda slogans，information framework，public persuasion，short video，social contact

作者简介

李江（1981— ），男，西南交通大学经济管理学院博士研究生，河南南阳人，研究方向为品牌与信息管理。E-mail：81092978@qq.com。

陈习宇（1985— ），女，西南交通大学经济管理学院博士研究生，四川成都人，研究方向为信息管理。

刘春（1976— ），男，电子科技大学公共管理学院教授，博士生导师，四川成都人，研究方向为信息管理。E-mail：psuchunliu@gmail.com。

社会影响下网络视频平台的自制剧播放策略研究

王文怡，石纯来

（西安电子科技大学 经济与管理学院，西安 710126）

摘　要　根据网络视频平台的实际运营情况，将平台自制剧的播放策略概括为联播和独播，研究社会影响和竞争作用下平台的播放策略选择问题。分析自制剧版权拥有平台和购买平台在社会影响和竞争环境下的策略均衡解，以及社会影响下播放策略选择的变化。研究结果表明，社会影响总是会增加市场需求、平台收益及自制剧总收益。社会影响能够促使平台在激烈的竞争中实现合作联播，甚至免费向竞争对手分享自制剧的播放权。其中，当平台间竞争较小时，自制剧版权拥有平台会选择联播策略。当平台间竞争适中或较大时，若社会影响较大，平台仍然会选择联播策略；反之，若社会影响较小，独播为最优策略。此外，无论是否考虑社会影响，联播策略对消费者来说都是最有利的。社会影响对平台实施联播具有促进作用，对独播具有抑制作用。

关键词　网络视频平台，自制剧，社会影响，联播，独播

中图分类号　C93

1　引言

我国网络视频行业一直保持着快速发展趋势，根据中国互联网络信息中心的最新统计数据，截至2020 年 12 月，网络视频用户已突破 9.2 亿，占网民总体规模的 93.7%，网络视频行业已经拥有庞大且稳固的用户基础[1]。同时，行业内部竞争也日趋激烈，同质化问题愈发严重。为吸引消费者、缓解高成本的压力，自制视频成为网络视频平台的发展出路。根据《2018 中国网络视听发展研究报告》，剧集类视频是消费者最常观看的节目类型，因而自制剧集成为平台自制视频的主要构成。自制剧集（以下简称自制剧）发端于 2013 年美国视频平台 Netflix 的原创剧集《纸牌屋》，随后的一年里，中国的网络视频自制剧市场也逐步开启。以优酷、爱奇艺、腾讯、搜狐、乐视等为代表的网络视频平台，开始大规模投资和生产自制剧。自制剧作为传统剧集的延伸和补充，已成为各大平台视频产品的主要部分。据统计，2019 年各大平台的自制剧数量占总量的近 65%，爱奇艺的自制剧内容资产同比增长更是高达139%[2]。网络视频平台已从单一的买剧播剧发展为"制播合一"，逐步介入视频行业的全产业链。同时，自制剧的市场运营策略成为网络视频平台需要解决的新问题。平台既可以将自制剧版权转售给其他网络视频平台实行联播，扩大视频需求①；又可以实行独播，享有自制剧的独家播放权，凭借排他性优势为平台赢得更多的会员用户。例如，美国视频平台 HBO 将《西洋帝国》《新闻编辑室》《副总统》等自制剧播放权出售给 Amazon Video，将自制剧《权利的游戏第一季》在美国地区的播放权授权给 Hulu 视频平台。腾讯视频出品的《庆余年》《古董局中局》与爱奇艺实行联播，《战毒》与爱奇艺、优酷实行联播。爱奇艺的自制剧《隐秘的角落》和《原生之罪》、腾讯视频的自制剧《鬼吹灯之精绝古城》和《清平乐》

通信作者：王文怡，西安电子科技大学，讲师，E-mail：sxwangwenyi@163.com。

① 根据搜狐网发布的评论文章《网剧联播常态化的背后：视频平台竞争格局之变》，在 2020 年新冠肺炎疫情对文娱行业的冲击下，越来越多的平台在推出独播剧的同时，引入了剧集联播等新的盈利模式。https://www.sohu.com/a/387046754_211289。

等均为独家播放（图1）。对于各有优势的播放策略，网络视频平台应如何选择？是否愿意将其自制剧播放权分享给竞争对手？不同播放策略的具体实施条件如何？这是本文想要尝试回答的问题。

古董局中局之鉴墨寻瓷 高清视频在线观看
已完结 全36集
2020 中国大陆
主演：夏雨 魏晨 阿丽亚 沙宝亮 陈楚
类型：剧情 悬疑 犯罪
百科：五脉传人许愿替爷爷洗刷了汉奸之耻后，秉遗训，追查古董造假团老朝奉，而情同手足的药不然却投靠老朝奉，许愿孤身调查，幸有女友黄烟烟帮衬 更多>>

第二季　第一季　　　　　　　　　　　　　爱奇艺 ▼
　　　　　　　　　　　　　　　　　　　　爱奇艺
1集　2集　3集　4集　5集　6集　　腾讯视频
9集　10集　11集　12集　13集　14集　15集　16集

隐秘的角落 高清视频在线观看
已完结 全12集
2020 中国大陆
主演：秦昊 王景春 荣梓杉 史彭元 王圣迪
类型：剧情 悬疑 犯罪
百科：该剧改编自紫金陈的推理小说《坏小孩》，讲述了沿海小城的三个孩子在景区游玩时，无意拍摄记录了一次谋杀，他们的冒险也由此展开。扑朔…更多>>

爱奇艺
1集　2集　3集　4集　5集　6集　7集　8集
9集　10集　11集　12集

战毒 高清视频在线观看
更新至 24集
2020 香港
主演：黄宗泽 吴卓羲 关智斌 周秀娜 张雅卓
类型：剧情 警匪 tvb
百科：香港缉毒大案告破，毒王伏法，本是作为缉毒警察的程天、韦俊轩、许修平三兄弟重聚的荣耀时刻，谁料卧底俊轩却已变节。而后遭到黑帮诬陷的修…更多>>

爱奇艺　优酷　腾讯视频
24集　23集　22集　21集　20集　19集　18集　17集
16集　15集　14集　13集　12集　11集　10集　9集

清平乐 高清视频在线观看
已完结 全70集
2020 中国大陆
主演：王凯 江疏影 任敏 杨玏 边程
类型：剧情 古装 爱情
百科：北宋皇帝赵祯（王凯饰）得知将自己养大的当朝太后刘娥并非亲生母亲，而自己的生母乃是太后当年的婢女李兰清，深感愧疚。为了报答李家，赵祯…更多>>

腾讯视频
1集　2集　3集　4集　5集　6集　7集　8集
9集　10集　11集　12集　13集　14集　15集　16集

图1　2020年网络视频平台的部分自制剧集播放策略（截图于2021年1月）

　　同时，信息技术和社交网络的发展使得消费者交互影响对促进产品扩散的作用越来越明显，网络视频平台更加注重社会影响对视频的传播作用，有研究甚至证实社会影响具有比传统广告更强的产品扩散作用[3, 4]。作为经济活动中的一种传播媒介，社会影响体现了消费者购买行为的一种跟随效应[5, 6]，它是消费者与他人（包括个人、团体、机构或社会）或媒体（报纸、电视、广告、社交网站）交互过程中所产生的认知、情感、态度、行为的变化[6, 7]。为维持他们的群体组织关系，消费者常常会做出与其他成员相同的购买选择[8]。当消费者倾向于趋同他人的选择时，产品接受就产生了路径依赖，使得消费者需求不仅依赖于自身偏好，还会因社会影响而变化[9, 10]。产生这一变化的影响源可能包括口碑效应（word-of-mouth）、消费者的观察学习（observational learning）、社会规范（social normals）等[8, 9]。

　　网络视频平台的发展离不开社会影响的推力，消费者观看视频的行为决策常常会受到他人或社交媒体等外部信息的直接或间接影响，这时他们会做出与他人相同的观看选择[11~14]。Hong等证实娱乐类移动服务中社会影响对消费者的顺从意向和选择行为具有正向促进作用[8]。较多研究证实了先来者（pre-adopter）对后来者（post-adopter）的重要作用，消费者更易于选择受欢迎的产品[8, 9]。对于某一产品或服务而言，越多的消费者使用或购买，就会形成越大的社会影响；反之，社会影响会带来消费需求的羊群效应[9, 10]。当群体中有人订阅了付费服务时，会将其他消费者订阅服务的可能性提高至60%[15]。更有研究证实在产品后期传播扩散中，90%的购买行为归结于社会影响的作用[4]。企业在制定价格决策时应根据产品的社会影响程度做出调整[14]，通过促销激励活动来引导更多的消费者购买并从社会影响效应中获利[9]。例如，爱奇艺视频在自制剧《隐秘的角落》播放期内推出VIP会员费限时五折促销活动，并通过知乎等社交平台宣传促销活动，以吸引更多消费者追剧。此外，国内各大视频平台在自制剧上线前会通过微博等社交平台制造热搜话题，并在剧集官方微博与粉丝实施互动活动，如分享剧集精彩花絮以回馈粉丝，在互动中提升剧集的关注度，为平台带来可观收益。基于上述背景，本文提出第二个研究问题，即社会影响是否会对平台自制剧的播放策略产生影响，不同情况下策略选择的实施依据如何？这对于网络视频平台运营管理，以及相关领域的学术研究，具有积极意义。

2　相关研究评述

网络视频自制剧的概念最初源于用户自制内容（user generated content，UGC），消费者不仅是网络视频的浏览者，也是网络视频的创造者[16]。消费者在观看视频的同时，还参与了视频内容的自制和分享，向平台上传自制的微电影、短视频等。社交网络会增加用户自制内容的互动密度，让更多消费者参与制作、访问和浏览[17]，视频平台通过引导消费者传播自制内容，从消费者的双向参与中获益。这使得较多学者关注社会影响在用户自制内容经济活动中的作用机理[17~19]，他们发现社会影响对用户参与制作、浏览自制内容具有促进作用，同时也有助于提高内容平台收益[20~22]。社会影响的传播机制体现在社交网络对偏好和产品搜寻行为的引导作用[17]，社交利益、自我价值提升等是影响视频传播行为的主要因素[19]。

随着用户自制内容的推广，基于平台生成内容（enterprise generated content，EGC）的自制剧开始迅速发展。网络视频自制剧是由视频平台官方制作、发行、播出的原创视频节目[16]。本文的研究对象就是网络视频平台的自制剧。其营利模式直接关乎平台的经济收益，因而这一问题成为学术领域的研究热点。早期国内视频市场主要通过提供免费内容获取广告收益，而国外视频平台收益主要源于付费订阅。Peitz和 Valletti 关注了不同营利方式下的平台内容差异，发现付费媒体平台为吸引消费者总是尽可能地提高其内容差异，而免费媒体平台的内容差异较小[23]。Kind 等进一步证实了上述结论，他们还指出平台广告收益会受到市场上竞争对手数量的限制[24]。同时，较多研究考察了竞争环境下网络视频平台的运营策略。Godes 等发现竞争情况下媒体产品价格总是高于垄断情况，竞争会增加平台利润但降低广告收益[25]。李子庆和谭德庆研究了用户情绪效用对网络视频平台市场策略选择的影响，证实低质量平台应选择“免费+嵌入广告”的方式获取利润，高质量平台应该选择付费模式[26]。这也是目前直接围绕网络视频运营策略的研究。本文与它的区别主要体现在研究视角，它是对视频收费机制的研究，本文立足于自制视频的版权合作与竞争问题。

不同于普通视频的营利模式，除广告和用户付费收益以外，平台针对自制剧还可以通过售卖版权来获利。视频资源共享、版权售卖在当前网络视频行业已经得到了十分广泛的应用。平台常常将自制视频的播放权进行转售，以扩大视频观看量和影响力，增加自身收益[27]，对于普通产品而言，企业实施产品共享时往往需要面临确保产能充足和竞争对手压力的权衡[28]。对于边际成本极低的网络视频产品而言，平台实施版权共享时不用担心产能问题，但需要权衡版权共享与独享的利弊。然而至今尚未见学者关注上述问题，只有黄健等分析了视频版权资源竞争问题，指出合作策略能够促使视频平台之间实现共赢[29]。这与本文的自制剧联合播放策略含义相同，但其主要立足于视频版权的竞价博弈，未能同时考虑独家版权和共享版权策略下平台的均衡策略选择，以及竞争对均衡策略的影响。

与本文相关的还有信息产品的版权共享和竞争问题的研究，一些学者证实当产品替代性较大时，企业应实施合作共享，与竞争者共同销售自己的产品[27, 30]。Gal-Or 和 Ghose 认为竞争替代性越大，意味着信息共享价值越高，合作共享在竞争激烈的行业中会产生更大效益[27]。还有少数学者在不同影响因素下探讨企业的外部竞合策略[31, 32]。Cheng 等在消费者异质性偏好和网络外部性下研究专有软件企业对开源软件的兼容合作策略，发现考虑网络外部性时，专有软件不会与竞争对手实施兼容合作策略，但这一策略对开源软件是有利的[31]。Niculescu 等围绕企业是否将其知识产权共享给进入者这一问题，构建知识产权分享策略博弈模型。研究表明，平台开放程度、进入者的吸收能力及网络效应强度是影响企业合作共享均衡策略的主要因素[32]。

综上所述，本文与已有相关研究成果的不同之处在于：首先，关于网络视频营利模式的研究均立足于平台向消费者传递视频视角，在竞争环境下分析视频的收费机制、讨论平台市场运营策略。然而，网络视频平台之间往往是竞争与合作并存的，既存在相互替代性，又具有合作共赢性。从整个产业链来看，平台既是视频的"传递者"，还是视频的"生产者"。随之而来的自制剧版权运营是当前平台最关心的一个话题，也是学术界有待探究的问题，本文立足于外部竞合视角，研究网络视频平台是否与竞争对手进行合作。其次，围绕信息产品版权共享和竞争的研究为本文构建自制剧版权运营策略选择模型提供了参考思路。但这类文献在研究设计中大多考虑了消费者偏好效用，以及信息技术类产品的共享程度、吸收能力等内生性变量，这些并不适用于网络视频自制剧运营问题。无论平台采用版权合作还是独家播放，消费者所感知的差异都很小，不会因此而改变对剧集本身的效用。平台对自制剧的版权运营策略更多在于对社会影响带来的需求增量效应和外部竞争替代性之间的权衡。最后，基于用户自制内容的研究从侧面为本文提供了一个研究依据，即社会影响对用户参与、浏览和分享自制内容具有促进作用，那么其对平台自制内容运营的作用和影响如何，平台如何利用社会影响来挖掘视频价值，这些问题尚未得到回答。基于上述背景，本文提出网络视频自制剧播放策略运营问题，在考虑社会影响和外部竞争的作用下，分析自制剧联合播放和独家播放策略的优劣，确定不同播放策略的实施条件，讨论平台是否愿意分享自制剧播放权，通过对比分析社会影响在自制剧播放策略决策中的作用。

3 问题描述与需求函数

考虑两个网络视频平台，分别为平台 A 和平台 B，二者均向消费者提供自制剧。以平台 A 决定是否将其自制剧版权授权于平台 B 为研究背景，即设定平台 A 为自制剧版权拥有平台，平台 B 为版权购买平台。平台 B 可以播放平台 A 的自制剧，并在约定期内支付一定的版权费 F。若平台 A 的自制剧既可以在平台 A 播放亦可以在平台 B 播放，视为联播策略；若平台 A 的自制剧仅可以在平台 A 播放，则为独播策略。根据已有研究，社会影响对消费者需求具有促进作用[9]，当观察到他人观看视频时，消费者常常会自发地做出跟随行为以增强群体归属感和自身效用[8]。因而本文在模型构建中假设消费者的效用会因观看与他人相同的视频而增加，继而促使需求增加[9]，并采用线性形式 μQ 表示社会影响对自制剧需求的作用，即自制剧的需求量会因已经观看过的消费者而增加。Sun 等[14]、Shen 等[33]、Dou 和 Liu[34]、Jing[35]关于社会影响的研究均采用了类似的模型设定。μ 为社会影响系数，其值越大表明社会影响越大，其中 $\mu \in [0, \mu_c)$，$\mu_c = (\sqrt{2} - 1)\beta + 2 - \sqrt{2}$，反映社会影响具有一定阈值，且会随着平台竞争替代性系数 β 的增大而增强，同时确保市场需求为正①。

在模型构建中，考虑到研究建立在平台 A 为自制剧的生产者视角，考察其是否愿意共享自制剧播放权，与其他平台联播。所研究问题主要集中于平台层面，无论平台选择独播还是联播，消费者对自制剧

---

① 上述关于社会影响系数阈值设定的原因在于，随着竞争替代性的增强，平台对市场需求的响应性和自身的运营效率会得到相应地提升[36]，促使消费者的市场参与度提升，客观上增强了社会影响。此外，Hu 等证实社会影响会导致产品之间的潜在可替代性增强。即社会影响下，当产品受到群体成员欢迎时，消费者更易于容忍产品位置与其理想偏好之间的差异[9]。这与本文的研究假设基本相同，通过分析社会影响系数阈值 $\mu \in [0, \mu_c)$ 中上界 μ_c 和竞争替代性系数 β 的关系易知，满足社会影响系数越大竞争替代性越强的假设条件。

的效用估值变化都很小，通常不会因为在哪个平台播放而改变对自制剧本身的效用。因此，本文采用扩展的古诺模型来刻画两个平台的竞合关系，分析平台 A 的播放策略选择。为了更好地反映社会影响对自制剧需求的促进作用，在不影响研究结论的基础上假设需求为内生变量（与会员费作为内生变量时的分析结论基本一致）。类似的研究方法已经被广泛地应用于电信运营服务[37]、网络媒体服务[38]、软件产品[39]等相关问题研究。

在独播策略下，平台 A 播放自制剧具有一定的排他性，不会受到平台 B 的竞争压力，遵循 Niculescu 等的研究思路[32]，假设平台 A 选择独播时市场为垄断状态。平台 A 的逆需求函数为 $p_A^M = a - Q_A^M + \mu Q_A^{EM}$。由于网络视频具有近乎为零的边际成本[34]，无论消费者的预期需求如何，平台总是可以满足其需求。故参考 Katz 和 Shapiro 的研究[40]，假设消费者在理性预期下的预期需求与实际需求相等，即 $Q_A^{EM} = Q_A$，已有较多学者采用类似设定[37~39]。

在联播策略下，平台 A 与平台 B 共同向消费者提供自制剧。平台 A 将自制剧播放权共享给平台 B，平台 B 在支付一定的版权费后享有播放权。此时，平台 A 因共享播放权而获得额外版权收益，平台 B 因购买播放权而付出成本。两个平台因共同分割自制剧市场需求而受到竞争替代性影响，二者的逆需求函数分别为

$$p_A^D = a - Q_A^D - \beta Q_B^D + \mu\left(Q_A^{ED} + Q_B^{ED}\right); \quad p_B^D = a - Q_B^D - \beta Q_A^D + \mu\left(Q_A^{ED} + Q_B^{ED}\right) \tag{1}$$

其中，$\mu\left(Q_A^{ED} + Q_B^{ED}\right)$ 表示社会影响对市场需求的增量效用，当平台实施联播时，社会影响的增量效用由平台 A 和平台 B 共同的预期市场规模构成。全文所用符号参见表 1。

表 1　符号及其含义

符号	含义
a	自制剧的市场保留价格，即消费者对自制剧的基本效用，反映自制剧的市场潜在需求
p_i^j	消费者观看平台 i 自制剧支付的会员费，其中 $i = A, B$，$j = M, D$ 表示独播和联播策略
Q_i^j	消费者对平台 i 自制剧的实际需求
Q_i^{Ej}	消费者对平台 i 自制剧的预期市场规模
β	两个平台之间的竞争强度，$\beta \in (0,1)$，其值越大意味着平台间替代性越强，竞争越激烈
μ	社会影响系数，$\mu \in [0, \mu_c)$，当 $\mu = 0$ 时表示未考虑社会影响
F	自制剧的版权费，平台 B 需支付一定版权费才可享有平台 A 自制剧的播放权，$F \in [0,1)$
Π_i^j	当实施 j 策略时，平台 i 的收益
Π^j	当平台 A 实施 j 策略时，自制剧的总收益
CS^j	当平台 A 实施 j 策略时的消费者剩余

研究立足于平台 A（自制剧版权拥有平台）决策是否将自制剧版权分享给平台 B（版权购买平台）的视角，在讨论合作联播与不合作的利弊后，确定平台 A 的策略选择。因而，论文采用逆向归纳法，平台 A 为 Stackelberg 博弈中的领导者，平台 B 为追随者。博弈规则为平台 A 决策是否与平台 B 合作，实行联播；如果平台 A 选择联播，先由平台 A 确定需求量，再由平台 B 确定需求量。此外，由于版权费在实际中是后定的，论文的研究框架已经涵盖版权费在其中的作用，无论版权费是否为零，不会改变论文的主要结论。为降低模型计算的复杂性，同时确保研究的完备性，与已有研究假设相同[41]，论文在策略分析中首先讨论 $F=0$ 时平台 A 的播放策略选择。其次检验 $F \in (0,1)$ 时结论是否会

发生变化。

4 模型均衡分析

讨论平台 A 选择独家播放时的收益函数及策略均衡解，以及两个平台实行联合播放时的策略均衡解。不管选择联播还是独播，两个平台均追求期望收益最大化。

4.1 独播策略

在独播策略下自制剧仅由版权拥有平台播放，即平台 A 实行独家垄断播放，该自制剧市场需求不会受到外部竞争影响[32]。社会影响下平台 A 的收益由消费者对自制剧需求效用，以及与市场需求呈线性比例的社会影响效用 μQ_A^{EM} 构成。社会影响越大，需求增量效应就越大。由 $p_A^M = a - Q_A^M + \mu Q_A^{EM}$ 可得平台 A 的收益函数为

$$\Pi_A^M = Q_A^M \left(a - Q_A^M + \mu Q_A^{EM} \right) \tag{2}$$

根据收益最大化目标可得平台 A 独播时的市场需求为 $Q_A^{M*} = a/2(1-\mu)$，平台 A 的最优收益和独播下的消费者剩余为

$$\Pi_A^{M*} = \frac{a^2}{4(1-\mu)}; \quad CS^{M*} = \frac{a^2}{8(\mu-1)^2} \tag{3}$$

4.2 联播策略

联播策略是指该自制剧不仅由版权拥有平台播放，还可以通过分享或出售版权的方式将其转让给其他平台。此时平台 A 实行版权分享，将其自制剧播放权出售给平台 B，双方共同向消费者提供自制剧，故二者的收益会因市场分割、相互争夺消费者而受损，同时也会因联播扩大自制剧的社会影响而受益。考虑到版权费会随着社会影响的增大而增大，社会影响越大，自制剧的版权费用就越高。因此，平台 A 会得到平台 B 播放自制剧时支付的费用 μF，平台 B 会因此而付出版权成本 μF [1]。未考虑社会影响时自制剧版权费用为 F。此时，两个平台收益函数分别为

$$\Pi_A^D = Q_A^D \left[a - Q_A^D - \beta Q_B^D + \mu \left(Q_A^{ED} + Q_B^{ED\cdot} \right) \right] + \mu F \tag{4}$$

$$\Pi_B^D = Q_B^D \left[a - Q_B^D - \beta Q_A^D + \mu \left(Q_A^{ED} + Q_B^{ED} \right) \right] - \mu F \tag{5}$$

根据 Stackelberg 主从博弈原则和逆向归纳法，首先计算平台 A 和平台 B 的市场需求为

$$Q_A^{D*} = \frac{a(\mu + \beta - 2)}{\beta^2 - 2\beta\mu - \mu^2 + 4\mu - 2}; \quad Q_B^{D*} = \frac{a(\beta^2 - 4\beta\mu - \mu^2 + 2\beta + 6\mu - 4)}{4(\beta^2 - 2\beta\mu - \mu^2 + 4\mu - 2)(\mu - 1)} \tag{6}$$

为保证 $Q_A^{D*} > 0$，$Q_B^{D*} > 0$，需满足 $0 < \mu < \mu_c$，其中 $\mu_c = (\sqrt{2} - 1)\beta + 2 - \sqrt{2}$。分别计算版权费用为零或不为零，即 $F \in [0,1)$ 情况下联播策略的均衡解，结果见表 2，具体求解过程见附录。

---

① 早在 2014 年，人民网就曾发文评论韩剧的网络收视热潮导致其网络版权费水涨船高，甚至逼近天价。http://ip.people.com.cn/n/2014/0528/c136655-25075893.html。

表 2　联播策略的均衡解

变量名称		均衡解
市场需求	$F \in [0,1)$	$Q_A^{D*} = Q_A^{FD*}$，　$Q_B^{D*} = Q_B^{FD*}$
平台 A 收益	$F=0$	$\Pi_A^{D*} = \dfrac{a^2(\mu+\beta-2)^2}{8(\beta^2-2\beta\mu-\mu^2+4\mu-2)(\mu-1)}$
	$F \in (0,1)$	$\Pi_A^{FD*} = \dfrac{4(20-4\beta)\mu^3 - 8F\mu^4 + (8F\beta^2+16F\beta+a^2-48F)\mu^2 + H_0^F}{8(\beta^2-2\beta\mu-\mu^2+4\mu-2)(\mu-1)}$
平台 B 收益	$F=0$	$\Pi_B^{D*} = \dfrac{a^2(\beta^2-4\beta\mu-\mu^2+2\beta+6\mu-4)^2}{16(\beta^2-2\beta\mu-\mu^2+4\mu-2)^2(1-\mu)}$
	$F \in [0,1)$	$\Pi_B^{FD*} = \dfrac{16(9-4\beta)F\mu^5 - 16F\mu^6 + (320F\beta-32F\beta^2-a^2-448F)\mu^4 + H_1^F + H_2^F}{16(\beta^2-2\beta\mu-\mu^2+4\mu-2)^2(1-\mu)}$
自制剧 总收益	$F \in [0,1)$	$\Pi^{D*} = \Pi^{FD*} = \dfrac{a^2\left(-3\mu^4 + (28-16\beta)\mu^3 + (92\beta-22\beta^2-88)\mu^2 + K_0\right)}{16(\beta^2-2\beta\mu-\mu^2+4\mu-2)^2(1-\mu)}$
消费者 剩余	$F \in [0,1)$	$CS^{D*} = CS^{FD*} = \dfrac{a^2\left(17\mu^4 + (40\beta-108)\mu^3 + (30\beta^2-108\beta+252)\mu^2 + K_1\right)}{32(\beta^2-2\beta\mu-\mu^2+4\mu-2)^2(\mu-1)}$

其中，上标"F"表示版权费不为零时的情况，$K_0 = (8\beta_3 + 20\beta^2 - 112\beta + 96)\mu + \beta^4 - 12\beta^3 + 8\beta^2 + 32\beta - 32$；$K_1 = (-8\beta^3 - 36\beta^2 + 216\beta - 240)\mu + \beta^4 + 4\beta^3 + 12\beta^2 - 80\beta + 80$；$H_0^F = (2a^2\beta - 4a^2 - 8F\beta^2 + 16F\beta)\mu + a^2(\beta-2)^2$；$H_1^F = \left[(192F - 14a^2)\beta^2 + 4(13a^2 - 32F)\beta - 4(11a^2 + 80F) - 16F\beta^3(\beta+4)\right]\mu^2 - a^2(\beta^2 + 2\beta - 4)^2$；$H_2^F = 16(4\beta-9)(F\beta^2 - 0.13a^2 - 6F)\mu^3 + 64(4\beta-9)\left[(4F\beta^2 + 2a^2\beta + a^2 - 16F)\beta^2 + 12a^2 + 16F - 14a^2\beta\right]\mu$。

5　模型比较和策略分析

基于独播策略和联播策略下平台 A 和平台 B 的最优收益和消费者剩余，比较考虑社会影响和未考虑社会影响，版权费为零和不为零时的均衡解，讨论社会影响下平台 A 选择不同策略收益、自制剧总收益和消费者剩余的变化。考虑到实际中平台实施联播策略时多采用先联播后分账的形式，在约定期内根据剧集联播收益进行分账，版权费常常是后定的，在分析平台 A 选择独播和联播策略收益关系的基础上，还需进一步考察联播策略下自制剧总收益的情况。基于上述分析框架，论文首先得到命题 1：即平台 A 选择不同策略的收益情况。

命题 1　平台 A 选择不同策略的收益大小。

（1）当 $\mu=0$ 且 $F=0$ 时，$\Pi_A^{D*} < \Pi_A^{M*}$。

（2）当 $\mu=0$ 且 $F \in (0,1)$ 时，若 $0 < F < F_1$，$\Pi_A^{FD*} < \Pi_A^{FM*}$；若 $F_1 < F < 1$，$\Pi_A^{FD*} > \Pi_A^{FM*}$。

（3）当 $\mu \in (0,1)$ 且 $F=0$ 时，若 $0 < \mu < \beta$，$\Pi_A^{D*} < \Pi_A^{M*}$；若 $\beta < \mu < \mu_c$，$\Pi_A^{D*} > \Pi_A^{M*}$。

（4）当 $\mu \in (0,1)$ 且 $F \in (0,1)$ 时，若 $0 < \mu < \mu_1^F$，$\Pi_A^{FD*} < \Pi_A^{FM*}$；若 $\mu_1^F < \mu < \mu_c$，$\Pi_A^{FD*} > \Pi_A^{FM*}$。

证明过程详见附录。

命题 1 表明，社会影响增加了平台 A 选择联播的收益。当未考虑社会影响时，平台 A 选择联播的收益总是小于独播的收益。若平台 A 免费分享自制剧，即版权费用为零时，独播的收益总是大于联播。若平台 A 收取一定版权费时，只有当版权费用较大，联播的收益才会大于独播。社会影响下，即使版权费用为零，平台 A 联播时的收益也会大于独播时的收益。无论版权费是否为零，若社会影响较小，联播后社会影响为平台带来的增量效应不足以弥补竞争的负效应，会使联播时平台 A 的收益更低。反之，当社会影响较大时，平台 A 联播时的收益总是大于独播。这是因为，平台间竞争带来的损失在社会影响促进需求增加的过程中得以抵消，联播扩大了自制剧的需求量。同时，随着社会影响的增大，自制剧的版权费用也会随之提高，使得平台 A 联播获得的收益提高。

命题 2　不同策略下自制剧总收益的大小关系。

（1）当 $\mu=0$ 且 $F\in[0,1)$ 时，若 $0<\beta<0.748$，联播的自制剧总收益大于独播；若 $0.748<\beta<1$，联播的自制剧总收益小于独播。

（2）当 $\mu\in(0,1)$ 且 $F\in[0,1)$ 时，当 $0<\beta<0.748$ 时，联播的自制剧总收益大于独播；当 $0.748<\beta<1$ 时，若 $0<\mu<\mu_2$，联播的自制剧总收益小于独播；若 $\mu_2<\mu<\mu_c$，联播的自制剧总收益大于独播。

证明过程详见附录。

命题 2 表明，当不考虑社会影响时，自制剧总收益的大小关系仅由平台间竞争程度决定。若竞争较小，联播后自制剧的总收益大于独播的收益；若竞争较大，联播后自制剧的总收益会降低。当平台间竞争较小时，无论是否考虑社会影响，联播会使得自制剧总收益增加。平台通过自制剧版权输出，提高用户观看需求，扩大自制剧收益空间。随着平台间竞争性的逐渐增大，当社会影响较小时平台采用联播会降低自制剧总收益。这是因为社会影响带来的需求增量效应不足以抵消平台竞争所产生的负作用。相反，当社会影响较大时，联播的自制剧总收益总是大于独播的情况。无论平台间竞争激烈与否，社会影响带来的增量效应都足以抵消竞争的负效应，平台 A 可以通过合作联播，扩大自制剧的市场需求。

综上可知，无论社会影响如何变化，在平台竞争较小的情况下，联播总是有助于增加自制剧收益。在平台竞争较大情况下，平台 A 仍然可以通过实施联播提高自制剧总收益，社会影响使得联播下的自制剧总收益增加。此外，由命题 2 还可以看出，无论版权费用是否为零，自制剧总收益的大小关系不会发生变化。由于自制剧的总收益源于平台 A 和平台 B 联播时二者的收益之和，无论版权费如何变化，总收益不会发生变化。

命题 1 的结论已经证实社会影响和竞争作用下平台 A 可能会因联播而收益受损，但命题 2 的结论进一步表明平台 A 和平台 B 合作联播可能会增加自制剧的总收益。倘若增加的自制剧总收益可以弥补平台 A 因联播损失的收益，且保证平台 A 最终获得的版权费大于平台 A 的损失，那么在上述情况下二者仍然可能会实施联播。对此，为进一步讨论平台 A 的策略选择，分析其实施联播的可能条件，我们得到命题 3 关于平台 A 策略选择的研究结论。

命题 3　平台 A 自制剧的播放策略选择。

（1）当 $\mu=0$ 且 $F=0$ 时，当 $0<\beta<0.442$ 时，平台 A 选择联播；当 $0.442<\beta<1$ 时，平台 A 选择独播。

（2）当 $\mu=0$ 且 $F\in(0,1)$ 时，当 $0<\beta<0.748$ 时，若 $0<F<F_2$，平台 A 选择独播；若 $F_2<F<1$，平台 A 选择联播；当 $0.748<\beta<1$ 时，平台 A 选择独播。

（3）当 $\mu\in(0,1)$ 且 $F=0$ 时，当 $0<\beta<0.442$ 时，平台 A 选择联播；当 $0.442<\beta<1$ 时，若 $0<\mu<\mu_3$，平台 A 选择独播；若 $\mu_3<\mu<\mu_c$，平台 A 选择联播；当 $0.748<\beta<1$ 时，若 $0<\mu<\mu_4$，平台 A 选择独播；若 $\mu_4<\mu<\mu_c$，平台 A 选择联播。

（4）当 $\mu \in (0,1)$ 且 $F \in (0,1)$ 时，当 $0 < \beta < \beta_1^F$ 时，平台 A 选择联播；当 $\beta_1^F < \beta < 0.748$ 时，若 $0 < \mu < \mu_2^F$，平台 A 选择独播；若 $\mu_2^F < \mu < \mu_c$，平台 A 选择联播。

当 $0.748 < \beta < 1$ 时，若 $0 < \mu < \mu_2$，平台 A 选择独播；当 $\mu_2 < \mu < \mu_c$ 时，平台 A 选择联播。

证明过程详见附录，社会影响下平台 A 的播放策略选择结果如表 3 所示。同时，在算例分析部分对命题 3 的结论进行了图示总结，具体见图 2。

表3　社会影响下平台 A 的播放策略选择

	竞争系数 β	$(0,0.442)$	$(0.442,0.748)$		$(0.748,1)$	
$F=0$	社会影响 μ	$(0,\mu_c)$	$(0,\mu_3)$	(μ_3,μ_c)	$(0,\mu_4)$	(μ_4,μ_c)
	策略选择	联播	独播	联播	独播	联播
	竞争系数 β	$(0,\beta_1^F)$	$(\beta_1^F,0.748)$		$(0.748,1)$	
$F \in (0,1)$	社会影响 μ	$(0,\mu_c)$	$(0,\mu_2^F)$	(μ_2^F,μ_c)	$(0,\mu_2)$	(μ_2,μ_c)
	策略选择	联播	独播	联播	联播	独播

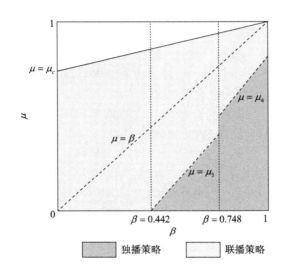

图2　社会影响对平台 A 播放策略选择的影响

命题 3 表明，不考虑社会影响时，只有当竞争系数较小且版权费用较大时，平台 A 才会选择联播。否则，独播为最优策略。版权费不为零情况下，平台选择联播的竞争系数阈值增大。说明收取一定的版权费会促使平台通过合作来应对激烈的市场竞争。考虑社会影响时，当平台间竞争较小时，平台 A 总是会选择联播。自制剧增加的收益足以弥补平台损失的那些收益，只要版权费定价介于平台 A 收益和自制剧收益之间，平台双方就是有利可图的。反之，当竞争程度适中或较大时，若社会影响较小，联播后自制剧增加的收益不足以弥补平台损失的收益，且自制剧的关注度较低，版权出售带给平台的收益较低。平台 A 宁愿选择独播、利用自制剧的排他性优势来应对平台竞争，因而独播为最优策略。相反，若社会影响较大，社会影响对收益的增量效应能够弥补竞争损失，联播可以提高自制剧的需求、扩大收益空间。此时，平台 A 的播放策略决策从独播转变为联播、甚至免费分享自制剧版权。

从命题 3 还可以看出，无论社会影响如何变化，在竞争较小的情况下平台 A 更愿意选择联播，此时社会影响未对播放策略选择产生影响。在竞争较大的情况下，社会影响会促使平台 A 实施联播，同时抑制其选择独播。进一步分析可知，虽然平台竞争激烈，但只要确保自制剧增加的总收益能够弥补平台 A 联播损失的收益，社会影响就会促使平台 A 选择联播。随着竞争逐渐增强，联播带来的收益增量效应会逐渐降低，即收益差值会逐渐减小。当社会影响的增量效应不足以抵消竞争侵蚀的收益时，平台 A 选择联播的意愿就会越来越小。

此外，版权费的变化实质并未影响研究的主要结论。无论是否考虑社会影响，只有当版权费介于联播后自制剧增加的收益与平台 A 损失的收益之间时，即满足 $|M_1| < F < M_2$ 和 $|N_1| < F < N_2$（增加的自制剧总收益大于版权费、且版权费大于平台 A 损失的收益）时，才能确保双方均有利可图，上述命题中平台实行联播的条件才会成立，否则平台 A 仍然会选择独播策略；当版权费高于自制剧增加的收益，或者低于平台损失的收益时，基于企业的理性决策，平台双方均不会选择联播。因而，当平台 A 选择联播策略的收益，以及自制剧总收益均大于独播策略的情况时，无论版权费是否为零，平台 A 与竞争对手合作的收益总是大于不合作的收益，平台 A 甚至愿意免费分享自制剧。

命题 4 当 $\mu \in [0,1)$ 且 $F \in [0,1)$ 时，联播策略总是有利于增加消费者剩余。

证明：已知 $\mathrm{CS}^{FD*} = \mathrm{CS}^{D*}$，比较联播和独播策略下消费者剩余：

$$\mathrm{CS}^{D*} - \mathrm{CS}^{M*} = \frac{a^2 (2 - \mu - \beta) H_0}{32 (\beta^2 - 2\beta\mu - \mu^2 + 4\mu - 2)^2 (\mu - 1)^2}$$

上式由 $H_0 = (50 - 11\beta)\mu^2 - 13\mu^3 + (-11\beta^2 + 44\beta - 72)\mu + 3\beta^3 + 2\beta^2 - 24\beta + 32$ 决定。已知 $0 \leqslant \mu < \mu_c$ 和 $0 < \beta < 1$，可得 $H_0|_{\mu=0} > 0$ 和 $H_0|_{\mu=\mu_c} > 0$，函数 H_0 在约束内单调递减，故 $\mathrm{CS}^{D*} > \mathrm{CS}^{M*}$。

命题 4 表明，无论社会影响和版权费用如何变化，联播总是会增加消费者剩余。通过分析消费者剩余均衡解可知，社会影响会促使消费者剩余增加，这进一步证实了学者朱存根等的研究结论[11]。消费者的选择行为会受社会群体中其他成员的影响。在群体归属感和认同感的引导下消费者会做出与群体成员相同的消费选择，平台实行联播客观上使得关注自制剧的消费者增多，消费者观看自制剧获得的体验价值得到提升，无形中提高了消费者对自制剧的预期效用。

6 算例分析

通过前文的分析可知，自制剧播放策略选择会因社会影响而发生变化。社会影响越大，平台实行联播的可能性越大。这在网络视频平台的实际运营中表现得较为明显。例如，2016 年，搜狐视频对其自制剧《法医秦明》实行独家播放，取得了很好的播出效果，该剧被评为当年播放量排名前十的网络自制剧。2018 年搜狐视频继续推出《法医秦明 2》，并与芒果 TV 联合播放。2017 年 8 月，优酷视频出品的《白夜追凶》实行独家播放，上线后不久就获得较大的关注度和超高的口碑评分，播放量高达 40 亿次。随后，优酷将该剧海外播放权出售于美国视频平台 Netflix，实行联合播放。2019 年 6 月，优酷的自制剧《长安十二时辰》首播当日就采用海内外同步上线方式，与美国视频平台 Amazon 实行联播；随后优酷又将该剧的播放权出售于 YouTube 视频平台。此外，网络视频平台是否实行联播不仅取决于社会影响，还会受到平台间竞争关系的影响。当竞争带来的负效应大于社会影响的正效应时，平台会放弃联播而选择独播。例如，2018 年 7 月，爱奇艺参与出品的爆款剧集《延禧攻略》在开播之日就在海外实行联合播放，但越南视频平台 Zing TV 对该剧集的更新速度早于国内市场引发提前剧透，最终被版权方要求下架。

　　在上述平台对自制剧播放策略的实际应用案例分析的基础上，为进一步验证研究所得命题结论，接下来将通过算例分析，首先讨论社会影响对平台A选择不同播放策略的作用，验证社会影响是抑制还是促进平台选择联播或独播。其次，分析联播策略下平台收益、市场需求对社会影响的敏感性。考虑到版权费未对研究主要结论产生影响，且 $F \in (0,1)$ 时的计算过程太过复杂，故通过分析 $F=0$ 时考虑社会影响和未考虑社会影响下平台选择不同播放策略的面积，讨论社会影响对联播和独播的不同作用。同时，检验命题3的研究结论。根据命题3的结论可得图2。

　　首先，由社会影响下平台实行联播的面积（S^D）减去未考虑社会影响情况下实行联播的面积（$S^D_{\mu=0}$），可得

$$\Delta S^D = S^D - S^D_{\mu=0} = \int_0^{0.442} \mu_c d_\mu + \int_{0.442}^{0.748} (\mu_c - \mu_3) \, d_\mu + \int_{0.748}^1 (\mu_c - \mu_4) \, d_\mu - 0.442 \qquad （7）$$

　　其次，由社会影响下平台实行独播的面积（S^M）减去未考虑社会影响情况下实行独播的面积（$S^M_{\mu=0}$），可得

$$\Delta S^M = S^M - S^M_{\mu=0} = \int_{0.442}^{0.748} \mu_3 d_\mu + \int_{0.748}^1 \mu_4 d_\mu - 0.558 \qquad （8）$$

　　根据式（7）和式（8），分别令市场竞争系数 $\beta = \{0.5, 0.6, 0.7, 0.8, 0.9\}$，分析平台播放策略的选择变化，结果如表4所示。

表4　社会影响和市场竞争下平台策略选择的变化

竞争系数	播放策略	考虑社会影响	未考虑社会影响	抑制或促进
$\beta = 0.5$	独播	0.058	0.558	－
	联播	0.735	0.422	＋
$\beta = 0.6$	独播	0.158	0.558	－
	联播	0.677	0.422	＋
$\beta = 0.7$	独播	0.258	0.558	－
	联播	0.618	0.422	＋
$\beta = 0.8$	独播	0.358	0.558	－
	联播	0.559	0.422	＋
$\beta = 0.9$	独播	0.450	0.558	－
	联播	0.500	0.422	＋

注：　"＋"表示社会影响促进了联播或独播；　"－"表示社会影响抑制了联播或独播

　　根据表3可知，社会影响会增加平台A选择联播的可能性，其对平台A选择联播具有促进作用。社会影响会降低平台A选择独播的可能性，其对平台选择独播具有抑制作用。此外，平台竞争也是影响播放策略选择的一个重要因素。随着替代性的增大，平台播放策略选择变化越来越小，此时平台实行独播的可能性逐渐增大，选择联播的偏好意愿越来越小。

　　最后，在满足约束条件的情况下，令 $a = 0.65$，$F=0.65$，$\beta = \{0.35, 0.65, 0.85\}$，继续分析平台选择联播策略时，平台A的收益、自制剧总收益及市场需求随着社会影响和竞争系数的变化趋势。由图3和图4可知，无论版权费是否为零，平台A在联播策略下的收益、自制剧总收益都随着社会影响的增加而增加；平台间的竞争系数越大，平台收益、自制剧的总收益就越小；且随着社会影响系数的逐渐增大，

收益减小的幅度逐渐拉大。竞争会相互侵蚀对方的市场规模，社会影响对需求带来的增量效应不足以抵消竞争的负面影响时，使得平台和自制剧的收益降低。

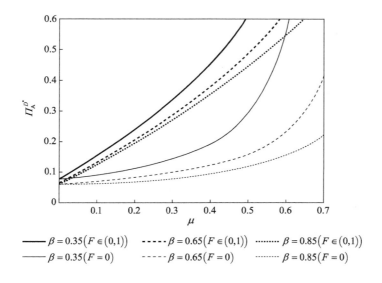

图 3　平台 A 收益的变化

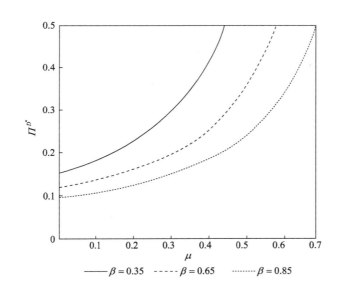

图 4　自制剧总收益的变化

　　由图 5 可知，平台 A 的需求随着社会影响的增加而增加，但与平台间竞争的关系呈现两种情况，当社会影响较大时，竞争系数越大，平台 A 的需求量越小。当社会影响远小于竞争系数时，竞争系数越大，可能会出现竞争越大需求量越大的特殊情况。虽然社会影响效应较小，但平台间竞争客观上促进了自制剧的推广，从而使得消费者需求出现短暂增加。这一结论进一步从侧面验证了命题 1 和命题 3，只有当社会影响大于平台竞争系数时，联播下的平台收益才可能会大于独播的平台收益。

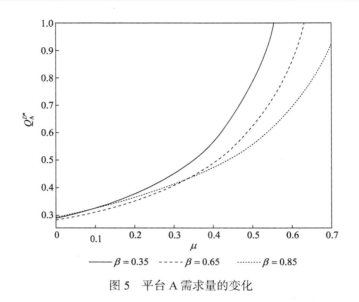

图 5　平台 A 需求量的变化

7　结论

研究通过建立社会影响和平台竞争下的自制剧播放策略选择模型，比较分析版权拥有平台及自制剧总收益大小关系，在不同决策环境下确定自制剧的最优播放策略及其实施条件，分析社会影响对平台策略选择的影响，以及对联播和独播的作用。所得结论具体如下。

（1）未考虑社会影响下，只有当竞争替代性较小时，平台 A 才可能实施联播。这与 Gal-Or 和 Ghose[27]、傅建华等[30]提出的产品替代性较大时企业应实施合作策略的结论恰恰相反，他们认为竞争替代性越大，产品和信息共享价值越大，意味着合作产生的效益就越大。在不考虑社会影响的情况下，这一合作效益无法发挥到最大，致使平台 A 不愿意实施联播。

（2）Cheng 等证实网络外部性影响下，专有软件不会与竞争对手实施兼容合作策略[31]。本文研究证实社会影响下，无论平台间竞争激烈与否，均有可能实现联播。其中，当竞争较小时，联播增加的自制剧总收益足以弥补平台损失的收益，因而只要版权费用介于自制剧总收益和平台收益损失之间，平台 A 就会选择联播。当平台间竞争适中或较大时，若社会影响较小，联播后增加的自制剧总收益不足以弥补平台损失的收益，平台 A 只会选择独播；若社会影响较大，甚至高于竞争系数，联播后增加的自制剧总收益足以抵消平台损失的收益，自制剧总收益和平台自身收益均有盈余，因而平台 A 会选择联播。相反，未考虑社会影响下，只有当平台间竞争较小时，才有可能实现联播。

（3）无论平台选择何种策略，平台 A 收益、市场需求及自制剧总收益总是随社会影响增加而增加。竞争对需求的影响却呈现不同结果，当社会影响较大时，竞争系数越大平台 A 的需求越小，但当社会影响小于竞争系数时，竞争反而会促进市场需求小幅增加。

（4）社会影响使得平台的播放策略选择发生变化，它会促使平台与竞争对手联播，甚至免费分享自制剧播放权，但同时也会抑制平台选择独播策略。平台实施联播的可能性总是大于未考虑社会影响的情况，而独播的情况与之相反。

（5）无论是否考虑社会影响，联播策略下的消费者剩余总是高于独播策略。社会影响下消费者剩余总是大于不考虑社会影响的情况，社会影响对于消费者剩余也具有促进作用。

本文所得结论对于网络视频平台自制剧播放策略选择具有一定的管理启示。平台可以通过对自制剧的营销宣传来"调控"社会影响，充分利用社会影响对需求的增量效应，借助网络媒体和社交平台制造热搜和促销活动，扩大自制剧传播力度。在应对外部竞争时，合作也不失为一种好的选择，可以权衡平台间的竞争关系、社会影响程度，选择是否进行合作联播。针对一些社会关注较高的剧集，平台可将版权转售给其他平台，通过平台间联合播放、资源共享来缓和竞争压力，同时进一步挖掘视频价值。针对一些关注度较低的剧集，可以利用平台间的竞争来加速自制剧的推广，或在竞争较小时实施联播来降低后期运营的风险，通过合作提高收益。

本文的研究立足于网络视频平台针对同一自制剧市场的竞争，当平台实施独播策略时仅考虑了垄断市场状态。然而当平台提供相似主题但非同一剧集时，尽管实施独播策略，仍然难以避免外部竞争带来的压力，考虑平台间双向合作、互相输出自制剧播放权时，在竞争情形下双方能否达成合作联播，这些问题都值得进一步探讨。此外，网络视频平台不是单一的个体，其与视频产业链上其他成员的竞合关系也值得关注，如研究平台与内容提供商、网络服务商的合作策略等。

参 考 文 献

[1] 中国网信网. 第 47 次《中国互联网络发展状况统计报告》[EB/OL]. http://www.cac.gov.cn/2021-02/03/c_1613923423079 314.htm，2021-02-03.

[2] 第一财经. 自制剧占比 65%，视频网站版权采购没那么烧钱了[EB/OL]. https://baijiahao.baidu.com/s?id=1634110597094 517027&wfr=spider&for=pc，2019-05-21.

[3] Trusov M，Bucklin O E，Pauwels K. Effects of word-of-mouth versus traditional marketing：findings from an internet social networking site[J]. Journal of Marketing，2009，73（5）：90-102.

[4] Manchanda P，Xie Y，Youn N. The role of targeted communication and contagion in product adoption[J]. Marketing Science，2008，27（6）：961-976.

[5] Asch S E. Social Psychology[M]. Englewood：Prentice-Hall，1952.

[6] Harré R，Lamb R. The Dictionary of Personality and Social Psychology[M]. Cambridge：The MIT Press，1986.

[7] 王殿文，周元元，黄敏学. 社会影响对不同类型虚拟产品扩散的差异化作用[J]. 南开管理评论，2018，21（2）：52-61，74.

[8] Hong S J，Thong J Y L，Moon J Y，et al. Understanding the behavior of mobile data services consumers[J]. Information Systems Frontiers，2008，10（4）：431-445.

[9] Hu M，Milner J，Wu J H. Liking and following and the newsvendor：operations and marketing policies under social influence[J]. Management Science，2016，62（3）：867-879.

[10] Muchnik L，Aral S，Taylor S J. Social influence bias：a randomized experiment[J]. Science，2013，341（6146）：647-651.

[11] 朱存根，姚忠，冯娇. 在线产品评论对消费者剩余的影响[J]. 信息系统学报，2016，（2）：44-55.

[12] Yang H C，Wang Y. Social sharing of online videos：examining American consumers' video sharing attitudes，intent，and behavior[J]. Psychology and Marketing，2015，32（9）：907-919.

[13] Moretti E. Social learning and peer effects in consumption：evidence from movie sales[J]. The Review of Economic Studies，2011，78（1）：356-393.

[14] Sun S X，Zheng X N，Sun L P. Multi-period pricing in the presence of competition and social influence[J]. International Journal of Production Economics，2020，227（10）：107662.

[15] Bapna R，Umyarov A. Do your online friends make you pay? A randomized field experiment on peer influence in online social networks[J]. Management Science，2015，61（8）：1902-1920.

[16] 付晓光. 新媒体实务[M]. 北京：中国传媒大学出版社，2018.

[17] Shriver S K，Nair H S，Hofstetter R. Social ties and user-generated content：evidence from an online social network[J]. Management Science，2013，59（6）：1425-1443.

[18] Susarla A，Oh J H，Tan Y. Social networks and the diffusion of user-generated content：evidence from youtube[J]. Information Systems Research，2012，23（1）：23-41.

[19] 侯德林，赵丽平，张星，等. 网络视频服务用户内容传播行为意愿实证研究[J]. 管理评论，2015，27（11）：86-95.

[20] Ransbotham S，Kane G C，Lurie N H. Network characteristics and the value of collaborative user-generated content[J]. Marketing Science，2012，31（3）：387-405.

[21] Zeng X H，Wei L Y. Social ties and user content generation：evidence from flickr[J]. Information Systems Research，2013，24（1）：71-87.

[22] Bhattacharya P，Phan T Q，Bai X，et al. A coevolution model of network structure and user behavior：the case of content generation in online social networks[J]. Information Systems Research，2019，30（1）：117-132.

[23] Peitz M，Valletti T M. Content and advertising in the media：pay-tv versus free-to-air[J]. International Journal of Industrial Organization，2008，26（4）：949-965.

[24] Kind H J，Nilssen T，Sørgard L. Business models for media firms：does competition matter for how they raise revenue?[J]. Marketing Science，2009，28（6）：1112-1128.

[25] Godes D，Ofek E，Sarvary M. Content vs. advertising：the impact of competition on media firm strategy[J]. Marketing Science，2009，28（1）：20-35.

[26] 李子庆，谭德庆. 节目试看对网络视频运营商市场策略影响研究[J]. 中国管理科学，2019，27（1）：143-152.

[27] Gal-Or E，Ghose A. The Economic incentives for sharing security information[J]. Information Systems Research，2005，16（2）：186-208.

[28] Shamir N，Shin H. Public forecast information sharing in a market with competing supply chains[J]. Management Science，2016，62（10）：2994-3022.

[29] 黄健，何坚，吴迪. 视频站点版权竞价博弈的建模和分析[J]. 系统仿真学报，2013，25（12）：2801-2805.

[30] 傅建华，张莉，程仲鸣. 产品替代程度、知识共享与企业合作 R&D[J]. 管理工程学报，2016，30（1）：1-8.

[31] Cheng H K，Liu Y P，Tang Q. The impact of network externalities on the competition between open source and proprietary software[J]. Journal of Management Information Systems，2011，27（4）：201-230.

[32] Niculescu M F，Wu D J，Xu L. Strategic intellectual property sharing：competition on an open technology platform under network effects[J]. Information Systems Research，2018，29（2）：498-519.

[33] Shen B，Qian R R，Choi T M. Selling luxury fashion online with social influences considerations：demand changes and supply chain coordination[J]. International Journal of Production Economics，2017，185：89-99.

[34] Dou Y F，Liu T L. Exploring the value of installed base：pricing information goods under value depreciation and consumer social learning[J]. Journal of Systems Science and Systems Engineering，2013，22（3）：362-382.

[35] Jing B. Social learning and dynamic pricing of durable goods[J]. Marketing Science，2011，30（5）：851-865.

[36] Adida E，DeMiguel V. Supply chain competition with multiple manufacturers and retailers[J]. Operations Research，2011，59（1）：156-172.

[37] 鲁文龙，陈宏民. 网络外部性与我国第三代移动通讯标准竞争[J]. 管理工程学报，2004，18（4）：113-116.

[38] 程贵孙，陈宏民，孙武军. 具有网络外部性特征的企业兼并模式选择[J].中国管理科学，2006，14（5）：121-127.

[39] Yi Y Y，Yang H S. An evolutionary stable strategy for retailers selling complementary goods subject to indirect network externalities[J]. Economic Modelling，2017，62：184-193.

[40] Katz M L, Shapiro C. Network externalities, competition, and compatibility[J]. The American Economic Review, 1985, 75（3）: 424-440.

[41] Wu X, Zhou Y. The optimal reverse channel choice under supply chain competition[J]. European Journal of Operational Research, 2017, 259（1）: 63-66.

Self-made Drama Play Strategy Choice of Online Video Platform in the Presence of Social Influence

WANG Wenyi, SHI Chunlai

（ School of Economics and Management, Xidian University, Xi'an 710126, China ）

Abstract This paper proposes the simulcast strategy and the exclusive broadcast strategy depends on the homemade drama broadcast operation on the online video platform in the actual situation. We make an analysis about the choice of the play strategy of the self-made drama based on consideration of the contribution of social influence to online video demand. The equilibrium solution of the video owner platform and the buy-side platform is calculated under the two conditions, that the decision of consumers is affected by social influence or not affected. The impact of social influence and competition on the strategy selection of the self-made drama is also investigated.

Our analysis has shown that: the market demand, the revenue of the platform, and the total revenue of self-made drama are going up with the increase of social influence. No matter how the competition is, it is probable to achieve cooperation by simulcasting under the condition that the consumer's decision is affected by social influence. Among which, there is only simulcast when the cooperation of the two platforms is in a less competitive environment. When the cooperation of the two platforms is in a fierce competitive environment and the video has a less social influence, the exclusive broadcast is the optimal strategy for the video owner platform. On the contrary, when the cooperation of the two platforms is in a fierce competitive environment and the video has a great social influence, the simulcast is the optimal strategy for the video owner platform, and the social influence is conducive to simulcast. In addition, no matter how the magnitude of the social influence is, the simulcast is always the optimal strategy for consumers, who can benefit from the effect of the social influence.

Key words online video platform, self-made drama, social influence, simulcast, exclusive broadcast

作者简介

王文怡（1989—），女，西安电子科技大学经济与管理学院讲师，研究方向为网络视频平台运营。E-mail：sxwangwenyi@163.com。

石纯来（1988—），男，西安电子科技大学经济与管理学院讲师，研究方向为物流与供应链管理。E-mail：S_Chunlai@163.com。

附　　录

附 1　独播策略

将逆需求函数 $p_A^M = a - Q_A^M + \mu Q_A^{EM}$ 代入 $\Pi_A^M = Q_A^M p_A^M$，求解式 $\partial \Pi_A^M / \partial Q_A^M = 0$ 可得 $Q_A^{M*} = a/2(1-\mu)$，继而可得 $\Pi_A^{M*} = a^2/4(1-\mu)$ 和 $CS^{M*} = a^2/8(\mu-1)^2$。

附 2　联播策略

将逆需求函数 $p_{\mathrm{A}}^{D} = a - Q_{\mathrm{A}}^{D} - \beta Q_{\mathrm{B}}^{D} + \mu\left(Q_{\mathrm{A}}^{ED} + Q_{\mathrm{B}}^{ED}\right)$ 和 $p_{\mathrm{B}}^{D} = a - Q_{\mathrm{B}}^{D} - \beta Q_{\mathrm{A}}^{D} + \mu\left(Q_{\mathrm{A}}^{ED} + Q_{\mathrm{B}}^{ED}\right)$ 分别代入 $\Pi_{\mathrm{A}}^{D} = Q_{\mathrm{A}}^{D} p_{\mathrm{A}}^{D} + \mu F$ 和 $\Pi_{\mathrm{B}}^{D} = Q_{\mathrm{B}}^{D} p_{\mathrm{B}}^{D} - \mu F$。首先，根据逆向求解法由式 $\partial \Pi_{\mathrm{B}}^{D} / \partial Q_{\mathrm{B}}^{D} = 0$ 得到 $Q_{\mathrm{B}}^{D} = \dfrac{\left(\mu Q_{\mathrm{A}}^{D} - \beta Q_{\mathrm{A}}^{D} + a\right)}{2(1-\mu)}$，将其代入 $\Pi_{\mathrm{A}}^{D} = Q_{\mathrm{A}}^{D} p_{\mathrm{A}}^{D} + \mu F$ 并求解 $\partial \Pi_{\mathrm{A}}^{D} / \partial Q_{\mathrm{A}}^{D} = 0$ 可得均衡解 $Q_{\mathrm{A}}^{D*} = \dfrac{a(\mu + \beta - 2)}{\beta^{2} - 2\beta\mu - \mu^{2} + 4\mu - 2}$。最后，将 Q_{A}^{D*} 代入式 Q_{B}^{D} 可得均衡解 $Q_{\mathrm{B}}^{D*} = \dfrac{a\left(\beta^{2} - 4\beta\mu - \mu^{2} + 2\beta + 6\mu - 4\right)}{4\left(\beta^{2} - 2\beta\mu - \mu^{2} + 4\mu - 2\right)(\mu - 1)}$。其次，将 Q_{A}^{D*} 和 Q_{B}^{D*} 代入收益函数 Π_{A}^{D}、Π_{B}^{D} 和 CS^{D} 可得到联播策略下的均衡解，所得结果如表 2 所示。

命题 1

证明：（1）当 $\mu = 0$ 且 $F = 0$ 时，比较联播和独播策略下的平台 A 收益，可得

$$M_{1} = \Pi_{\mathrm{A}}^{D*} - \Pi_{\mathrm{A}}^{M*}$$
$$= \frac{a^{2}\left(3\beta^{2} - 4\beta\right)}{8\left(2 - \beta^{2}\right)} < 0$$

（2）当 $\mu = 0$ 且 $F \in (0,1)$ 时，比较在联播和独播下的平台 A 收益，可得

$$M_{1}^{F} = \Pi_{\mathrm{A}}^{FD*} - \Pi_{\mathrm{A}}^{FM*}$$
$$= \frac{8\left(\beta^{2} - 2\right)F + a^{2}\beta(4 - 3\beta)}{8\left(\beta^{2} - 2\right)}$$

分析上式分子易知存在临界点 $F_{1} = a^{2}\beta(3\beta - 4)\big/\left(8\beta^{2} - 16\right)$，已知函数在约束内单调递减，当 $0 < F < F_{1}$ 时，$M_{1}^{F} < 0$；当 $F_{1} < F < 1$ 时，$M_{1}^{F} > 0$。

（3）当 $\mu \in (0,1)$ 且 $F = 0$ 时，比较联播和独播策略下的平台 A 收益，可得

$$N_{1} = \Pi_{\mathrm{A}}^{D*} - \Pi_{\mathrm{A}}^{M*}$$
$$= \frac{a^{2}(\mu + 3\beta - 4)(\beta - \mu)}{8\left(\beta^{2} - 2\beta\mu - \mu^{2} + 4\mu - 2\right)(\mu - 1)}$$

当 $\mu = 0$ 时，易知上式 $N_{1} < 0$。故当 $0 \leqslant \mu < \beta$ 时，$N_{1} < 0$；当 $\beta < \mu < \mu_{c}$ 时，$N_{1} > 0$。

（4）当 $\mu \in (0,1)$ 且 $F \in (0,1)$ 时，比较联播和独播策略下的平台 A 收益，可得

$$N_{1}^{F} = \Pi_{\mathrm{A}}^{FD*} - \Pi_{\mathrm{A}}^{FM*}$$
$$= \frac{4(10 - 4\beta)F\mu^{3} - 8F\mu^{4} + \left(8F\beta^{2} + 16F\beta - 48F - a^{2}\right)\mu^{2} + H_{1}^{F}}{8\left(\beta^{2} - 2\beta\mu - \mu^{2} + 4\mu - 2\right)(\mu - 1)}$$

其中，$H_{1}^{F} = 2\left(8F - 4F\beta^{2} + 2a^{2} - a^{2}\beta\right) + 3(\beta - 1.33)a^{2}\beta$。由 $G_{0}^{F} = 4(10 - 4\beta)F\mu^{3} - 8F\mu^{4} + \left(8F\beta^{2} + 16F\beta - 48F - a^{2}\right)\mu^{2} + H_{1}^{F}$ 对 μ 求偏导，在约束内分析 $G_{0}^{F\prime}$ 可得临界点：$\mu = \mu_{0}^{F}$（附图 1）。可知 $G_{0}^{F}\big|_{\mu=0} < 0$，$G_{0}^{F}\big|_{\mu=\mu_{F}^{F}} > 0$，$G_{0}^{F}\big|_{\mu=1} > 0$，函数在约束内单调先增后减，存在 $\mu = \mu_{1}^{F}$（附图 1），使得若 $0 < \mu < \mu_{1}^{F}$，$G_{0}^{F} < 0$，$N_{1}^{F} < 0$；若 $\mu_{1}^{F} < \mu < \mu_{c}$，$G_{0}^{F} > 0$，$N_{1}^{F} > 0$。综上，命题 1 得证。

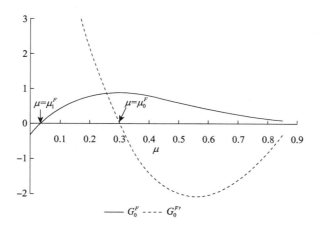

附图 1　G_0^F 和 $G_0^{F'}$ 的示意图

命题 2

证明：（1）已知当 $\mu = 0$ 且 $F \in [0,1)$ 时，$\Pi^{FD*} = \Pi^{D*}$，即无论版权费用是否为零，自制剧总收益不会发生变化。比较联播和独播策略的自制剧总收益，可得

$$M_2 = M_2^F = \Pi^{D*} - \Pi_A^{M*} = -\frac{a^2(\beta-2)(5\beta^3 - 2\beta^2 - 12\beta + 8)}{16(\beta^2 - 2)^2}$$

上式由函数 $G_0 = 5\beta^3 - 2\beta^2 - 12\beta + 8$ 决定。因 $0 < \beta < 1$，可知 G_0 为 β 的减函数，又因 $G_0|_{\beta=0} > 0$ 和 $G_0|_{\beta=1} < 0$，见附图 2。易知 $0 < \beta < \beta_0 (\beta_0 \approx 0.748)$ 时，$M_2 > 0$；$\beta_0 < \beta < 1$ 时，$M_2 < 0$。

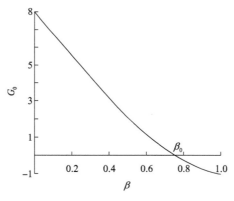

附图 2　G_0 的示意图

（2）当 $\mu \in (0,1)$ 且 $F \in [0,1)$ 时，已知 $\Pi^{FD*} = \Pi^{D*}$，比较联播和独播策略下的自制剧总收益：

$$N_2 = N_2^F = \Pi_A^{ED*} + \Pi_B^{ED*} - \Pi_A^{EM*} = \frac{a^2(\mu+\beta-2)G_1}{16(\beta^2 - 2\beta\mu - \mu^2 + 4\mu - 2)^2(\mu-1)}$$

易知上式大小由 $G_1 = \mu^3 - (\beta+2)\mu^2 - (13\beta^2 - 28\beta + 12)\mu + 5\beta^3 - 2\beta^2 - 12\beta + 8$ 决定，由 G_1 对 μ 求一阶偏导可得临界点：$\mu_1 = (\beta + 2 + 2\sqrt{10}\beta - 2\sqrt{10})/3$。当 $0 < \beta < \beta_2 (\beta_2 \approx 0.59)$ 时，$\mu_1 < 0$。当 $\beta_2 < \beta < 1$ 时，$\mu_1 > 0$。分析函数单调性可得：当 $0 < \beta < 0.59$ 时，可知 $G_1|_{\mu=0} > 0$，$G_1|_{\mu=\mu_c} > 0$，函数 G_1 为 μ 的减函数，$G_1 > 0$。当 $0.59 < \beta < 0.748$ 时，$G_1|_{\mu=0} > 0$，$G_1|_{\mu=\mu_c} > 0$，函数 G_1 在 $(0,\mu_1)$ 单调递增，在 (μ_1, μ_c) 上为减函

数，$G_1 > 0$。当 $0.748 < \beta < 1$ 时，$G_1|_{\mu=0} < 0$，$G_1|_{\mu=\mu_c} > 0$，G_1 在 $(0, \mu_1)$ 单调递增，在 (μ_1, μ_c) 上为减函数，存在 $\mu = \mu_2$，使得当 $0 < \mu < \mu_2$ 时，$G_1 < 0$；当 $\mu_2 < \mu < \mu_c$ 时，$G_1 > 0$，见附图 3。综上，命题 2 得证。

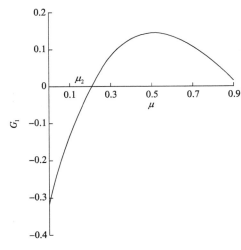

附图 3　G_1 的示意图

命题 3

证明：（1）当 $\mu=0$ 且 $F = 0$ 时，由命题 1 和命题 2 的第一条结论可知，第一，当 $0 < \beta < 0.748$ 时，联播时平台 A 收益小于独播，而自制剧总收益在独播时更高，即 $M_1 < 0$ 且 $M_2 > 0$。因而平台 A 是否选择联播，主要取决于自制剧增加的收益能否弥补平台损失的收益。由联播后平台 A 损失的收益减去自制剧增加的收益，可得

$$|M_1| - M_2 = \frac{a^2 \left(11\beta^4 - 20\beta^3 - 20\beta^2 + 48\beta - 16 \right)}{16 \left(\beta^2 - 2 \right)^2}$$

上式大小由 $G_2 = 11\beta^4 - 20\beta^3 - 20\beta^2 + 48\beta - 16$ 决定。因 $0 < \beta < 0.748$，可知 G_2 为增函数，又因 $G_2|_{\beta=0} < 0$ 和 $G_2|_{\beta=0.748} > 0$，存在 $\beta = \beta_1 (\beta_1 \approx 0.442)$ 且 $0 < \beta < 0.442$，见附图 4。当 $0 < \beta < \beta_1$ 时，$|M_1| < M_2$；当 $0.442 < \beta < 0.748$ 时，$|M_1| > M_2$。第二，当 $0.748 < \beta < 1$ 时，联播后平台 A 的收益和自制剧总收益均小于独播的情况，即 $M_1 < 0$ 且 $M_2 < 0$。平台 A 会选择独播。

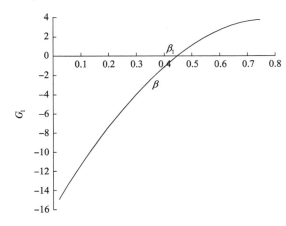

附图 4　β_1 的示意图

（2）当 $\mu=0$ 且 $F\in(0,1)$ 时，由命题 1 和命题 2 的第二条结论可知，第一，当 $0<\beta<0.748$ 且 $0<F<F_1$ 时，$M_1^F<0$ 且 $M_2>0$。由联播后平台 A 损失的收益减去增加的自制剧总收益：

$$\left|M_1^F\right|-M_2=\frac{16\left(\beta^2-2\right)^2 F+a^2\left[16-48\beta+20\beta(1+\beta)-11\beta^4\right]}{8\left(\beta^2-2\right)^2}$$

上式大小由 $G_1^F=16\left(\beta^2-2\right)^2 F+a^2\left[16-48\beta+20\beta(1+\beta)-11\beta^4\right]$ 决定，易知 G_1^F 单调递增，存在临界点 $F=F_2$，当 $0<F<F_2$，$\left|M_1^F\right|>M_2$；当 $F_2<F<F_1$，$\left|M_1^F\right|<M_2$。第二，当 $0<\beta<0.748$ 且 $F_1<F<1$ 时，$M_1^F>0$ 且 $M_2>0$，平台 A 会选择联播，甚至愿意免费分享。第三，当 $0.748<\beta<1$ 时，$M_1^F<0$ 且 $M_2<0$，平台 A 选择独播。其中，$F_2=\dfrac{a^2\left[11\beta^4-48\beta-20\beta(1+\beta)-16\right]}{16\left(\beta^2-2\right)^2}$。

（3）当 $\mu\in(0,1)$ 且 $F=0$ 时，由命题 1 和命题 2 的第三条结论可知此时存在三种情况。

第一，当 $0<\beta<0.748$ 且 $0<\mu<\beta$，或 $0.748<\beta<1$ 且 $\mu_2<\mu<\beta$ 时（因 $\beta>\mu_2$），$N_1<0$ 和 $N_2>0$ 时。此时在联播与独播下平台 A 的收益差值为负，自制剧总收益差值为正值，平台播放策略选择的关键在于自制剧增加的总收益可否弥补平台损失的收益。由联播策略下平台损失的那部分收益减去增加的自制剧总收益，可得

$$\left|N_1\right|-N_2=\frac{\mu^2\left[3\mu^4+(8\beta-20)\mu^3+\left(28-14\beta^2+4\beta\right)\mu^2+H_1\right]}{16\left(\beta^2-2\beta\mu-\mu^2+4\mu-2\right)^2(1-\mu)}$$

其中，$H_1=\left(-24\beta^3+100\beta^2-104\beta+16\right)\lambda+11\beta^4-20\beta^3-20\beta^2+48\beta-16$。上式大小由 $G_3=3\mu^4+(8\beta-20)\mu^3+\left(28-14\beta^2+4\beta\right)\mu^2+H_1$ 决定，分析 G_3 的单调性可得当 $0<\beta<0.442$ 时，$\left.G_3\right|_{\mu=0}<0$ 和 $\left.G_3\right|_{\mu=\beta}<0$，$G_3$ 为 μ 的增函数，可知 $G_3<0$。当 $0.442<\beta<0.748$ 时，$\left.G_3\right|_{\mu=0}>0$ 和 $\left.G_3\right|_{\mu=\beta}<0$，$G_3$ 为 μ 的减函数。存在 $\mu=\mu_3$（附图 4），使得当 $0<\mu<\mu_3$，$G_3>0$。当 $\mu_3<\mu<\beta$，$G_3<0$。当 $0.748<\beta<1$ 且 $\mu_2<\mu<\beta$ 时，$\left.G_3\right|_{\mu=\mu_2}>0$ 和 $\left.G_3\right|_{\mu=\beta}<0$，$G_3$ 为 μ 的减函数。可知存在 $\mu=\mu_4$，见附图 5，使得当 $\mu<\mu_4$，$G_3>0$。当 $\mu_4<\mu<\beta$，$G_3<0$。

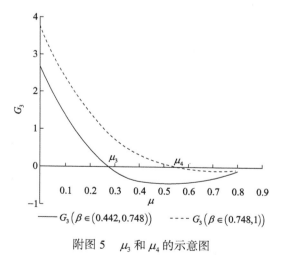

附图 5 μ_3 和 μ_4 的示意图

第二，当 $0<\beta<0.748$ 且 $\beta<\mu<\mu_c$，或 $0.748<\beta<1$ 且 $\beta<\mu<\mu_c$ 时，$N_1>0$ 和 $N_2>0$。此时即使

免费分享自制剧，平台 A 也愿意选择联播。

第三，当 $0.748 < \beta < 1$ 且 $0 < \mu < \mu_2$ 时，$N_1 < 0$ 和 $N_2 < 0$。平台 A 选择独播策略。

（4）当 $\mu \in (0,1)$ 且 $F \in (0,1)$ 时，由命题 1 和命题 2 的第四条结论可知此时存在三种情况。

已知 $\mu_1^F < \mu_2 < \mu_c$，第一，当 $0 < \beta < 0.748$ 且 $0 < \mu < \mu_1^F$ 时，$N_1^F < 0$，$N_2 > 0$。联播策略下平台 A 的收益小于独播的收益，而自制剧总收益大于独播的收益。比较联播策略下平台损失的收益与增加的自制剧总收益可得

$$\left| N_1^F \right| - N_2 = \frac{16(9-4\beta)F\mu^5 - 16F\mu^6 + \left[32\left(10\beta-14-\beta^2\right)F - 3\mu^2 \right]\mu^4 + H_3^F + H_4^F}{16\left(\beta^2 - 2\beta\mu - \mu^2 + 4\mu - 2\right)^2 (\mu-1)}$$

其中，$H_3^F = \left[16\left(\beta^2-2\right)^2 F - 4a^2(2\beta-5)\right]\mu^2 + \left[16\left(\beta^2-2\right)^2 F + 4a^2\left(6\beta^3 - 25\beta^2 + 26\beta - 4\right)\right]\mu$；$H_4^F = \left[32(2\beta-3)\left(\beta^2-2\right)F - 8a^2\beta + 20a^2\right]\mu^3 + K_0^F\mu^2 + \left(11\beta^4 - 20\beta^3 - 20\beta^2 + 48\beta - 16\right)a^2$；$K_0^F = 16\left(\beta^2 + 4\beta - 10\right)\left(2-\beta^2\right)F + 2a^2\left(7\beta^2 - 2\beta - 14\right)$。上式大小由 $G_2^F = 16(9-4\beta)F\mu^5 - 16F\mu^6 + \left[32\left(10\beta-14-\beta^2\right)F - 3\mu^2 \right]\mu^4 + H_3^F + H_4^F$ 决定。分析易知函数在约束内先增后减，存在临界点 $\beta = \beta_1^F$，使得当 $0 < \beta < \beta_1^F$ 时，$G_2^F > 0$（附图 1），$\left| N_1^F \right| < N_2$；当 $\beta_1^F < \beta < 0.748$ 时，存在临界点：$\mu = \mu_2^F$（附图 5）。使得当 $0 < \mu < \mu_2^F$，$G_2^F < 0$，$\left| N_1^F \right| > N_2$；当 $\mu_2^F < \mu < \mu_1^F$，$G_2^F > 0$，$\left| N_1^F \right| < N_2$。在符合约束的前提下，令 $a = 0.5$，$F = 0.55$，首先在 $0 < \beta < \beta_1^F$ 内，分析竞争系数 $\beta = \{0.15, 0.25, 0.35, 0.45\}$ 时函数 G_2^F 的性质，其次在 $\beta_1^F < \beta < 0.748$ 内，分析 $\beta = \{0.55, 0.65, 0.75\}$ 时函数 G_2^F 的性质，具体如附图 6 所示。

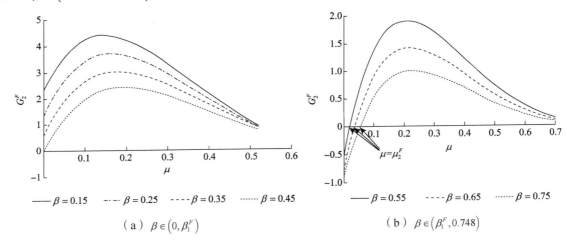

（a）$\beta \in \left(0, \beta_1^F\right)$ （b）$\beta \in \left(\beta_1^F, 0.748\right)$

附图 6　G_2^F 的示意图

第二，当 $0 < \beta < 0.748$ 且 $\mu_1^F < \mu < \mu_c$，或 $0.748 < \beta < 1$ 且 $\mu_2 < \mu < \mu_c$ 时，$N_1^F > 0$，$N_2 > 0$，平台 A 会选择联播，甚至免费分享自制剧播放权。

第三，当 $0.748 < \beta < 1$ 且 $0 < \mu < \mu_1^F$ 时，$N_1^F < 0$，$N_2 < 0$，联播下平台 A 收益和自制剧总收益均小于独播下的收益，平台 A 会选择独播。当 $0.748 < \beta < 1$ 且 $\mu_1^F < \mu < \mu_2$ 时，$N_1^F > 0$，$N_2 < 0$，易知平台 B 为亏损状态，二者无法达成合作联播，只能独播。

综上，命题 3 得证。

具有相同供应商的竞争性零售商双渠道策略研究*

郭强[1]，叶燚[1]，李增禄[2]

（1. 西南交通大学 经济管理学院，成都 610031；

2. 河南大学 商学院，开封 475004）

摘 要 考虑了具有相同供应商的第三方零售商与平台型零售商竞争情形下，第三方零售商代销渠道的开通策略。研究发现零售商未开通代销渠道时，激烈的下游竞争对供应商有利，开通后却会损害供应商的利益；内部竞争和外部竞争强度相同时，零售商开通代销渠道总是对供应商有利；内部竞争和外部竞争强度不同时，零售商激烈的内部竞争会导致供应商和零售商的利润降低，而平台利润增加，此时零售商支付较高的代理费也会损害供应商利益。

关键词 零售商，双渠道，渠道竞争，代理费

中图分类号 F270.5

1 引言

随着互联网的快速发展，越来越多的零售商开通了线上销售渠道，但在现实生活中，零售商由于资金和管理限制，无法建立自己的网站，因此会选择进入大型电商平台，如中华书局通过京东、亚马逊等电商平台自营店销售产品。根据京东和亚马逊的报告，2017 年 3 月京东平台上有超过 49 000 个第三方卖家，2018 年第一季度亚马逊的第三方卖家数量超过京东，且第三方卖家销售的产品数量超过 50%。那么零售商在平台开通线上代销渠道，是增加了渠道竞争还是更好地挖掘了市场？这是个值得探讨的问题。

零售商入驻电商平台，会为消费者提供更多的采购选择，零售商也扩大了销售渠道；对于电商平台，代销渠道的模式相对于传统供应链结构可能会加剧零售商与平台之间的竞争，但通过平台收费加强了两者之间的"合作"，有利于平台互补性地构建电子商务生态系统，所以零售商开通线上代销渠道的潜在动机及开通后对平台和供应商的影响并不是很清晰。基于此本文提出以下问题：①在什么条件下零售商开通代销渠道更有利？②零售商的决策对平台和供应商的经营有何影响？③能否找到一个对零售商、平台和供应商三者都有利的条件？

根据本文研究内容，将从以下三个方面对相关文献进行介绍：供应商的多渠道管理、电商平台的经营策略和零售商的渠道选择策略。

供应商的多渠道管理方面的研究主要涉及渠道竞争[1~3]、定价策略[4~6]、供应链的协调[7~9]。例如，Park 和 Keh 指出双渠道有利于供应商和供应链，但会损害零售商的利润[1]。然而，Chiang 等证明供应商有动机增加直销渠道，并发现增加直销渠道并不总是对零售商有害[2]。基于之前的研究，Khouja 等揭示了每单位产品的可变成本和运营成本对供应商渠道决策的影响[10]。一些学者也关注定价策略，Huang

---

* 基金项目：四川省科技厅科技支撑计划项目（2015GZ0083-1）；成都市哲学社会科学院项目（2019L17）；四川省科技厅科技支撑计划项目（2017-RK00-0043-ZF）；中国铁路总公司支撑项目（N2018Z009-1）。

通信作者：李增禄，河南大学商学院，讲师，E-mail：li_zenglu@126.com。

和 Swaminathan 研究了在互联网和传统渠道销售产品时四种流行的定价策略[4]。Chen 等引入统一定价和个性化定价两种定价策略，研究了渠道选择和回报政策[9]。跨渠道效应使渠道冲突成为一个严重的问题，因此有大量的论文聚焦于通过契约来协调双渠道，如激励措施[11]、服务合作[12]和广告合作[13]。尽管本文考虑了供应商通过零售商和平台销售产品，但在研究对象上不同于前面的研究，分析的关键问题是零售商是否有必要开通代销渠道。

电商平台经营策略方面的研究包括电商平台的战略作用[14~16]和平台代理费[17~19]。例如，Hagiu 研究了商家模式或平台模式两种市场下平台的策略[14]。Mantin 等解释了电子零售商有动机引入 3P（third-party）市场的主要原因是 3P 市场可以为电子零售商创造一个"外部选择"，从而提高其与供应商的议价能力[16]。关于平台收取代理费的问题，Wang[17]和 Sen[18]较早研究了平台直接收取费用和提成比例两种策略的最佳选择，刘妍等[19]研究了一个由弱势零售商和强势第三方电子商务平台组成的供应链在两种不同模式下商品定价、需求及电商平台佣金比例等问题。也有学者探索了平台在线市场的其他问题，如产品和设备之间的互补关系[20, 21]、投资[22, 23]等。本文并不关注电子商务平台的战略作用、代理费策略等，而是考虑平台充当经销商并提供在线市场服务，探索零售商的渠道策略对平台决策的影响。

相对于对供应商和电子商务平台的研究，对零售商渠道策略的研究还不够充分。Bernstein 等发现零售商增加网上销售渠道并不总是对自身有利，但是消费者通常更喜欢增加网上销售[24]。一些学者还研究了电子零售商是否应该增加在线市场[14, 15, 25]，并讨论如何收取比例费用[17, 18, 26]。本文主要关注零售商通过在平台上开通代销渠道来增加在线销售渠道，这与其他学者的研究非常不同，现实生活中，许多小型零售商没有能力建立自己的网上销售渠道，如线下书店兴杰图书、文乐图书、新世纪图书等，但它们可以进入当当网开代理店。

综上所述，在以往研究中电商平台往往作为供应商销售渠道的重要组成部分，为供应商提供代理或零售业务，而且大部分学者只关注以电商平台为核心的相关决策，很少涉及零售商双渠道的问题。基于此，本文主要创新点如下：渠道战略的研究对象从供应商和平台转向零售商；零售商以在平台开通代销渠道的方式进入网上市场；区分内部竞争（零售商直销渠道和代销渠道之间）与外部竞争（零售商和平台之间）。希望本研究所得结论能够丰富双渠道和 B2C（business to customer）电商平台代销渠道理论，并为相关企业的管理决策提供借鉴和参考。

2　问题及模型描述

2.1　问题描述

本文研究问题的供应链结构如图 1 所示，电商平台和零售商从供应商处采购产品，然后分别制定价格销售给消费者。若零售商开通线上代销渠道，则此时零售商可借助电商平台销售产品，增加消费者的购物选择，与此同时零售商需向电商平台支付一定比例的代理费。

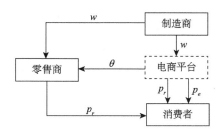

图 1　供应链结构

文章中参数符号具体如表 1 所示。

表 1 参数含义

参数符号	含义
w	供应商批发价
p_r	零售商的销售价格
p_e	电商平台的销售价格
θ	零售商在平台开通线上渠道时的代理费
U	代表性消费者的净效用
q_r	消费者在线下渠道购买零售商产品数量
q_{re}	消费者在代销渠道购买零售商产品数量
q_e	消费者购买平台产品数量
Π_r, Π_e, Π_m	分别表示零售商、平台及供应商的利润
α	表示零售商与平台的渠道竞争强度
β	表示零售商开通代销渠道后与自身直销渠道的竞争强度

2.2 需求描述

Spence[27]、Dixit[28]、Shubik 和 Levitan[29]等提出的代表性消费者效用函数，后被广泛应用于文献研究中，如 Ingene 和 Parry[30]；Lus 和 Muriel[31]；Cai 等[32]；Abhishek 等[25]；Ha 等[33]；Zheng 等[34]；Fang 等[35]。该效用函数由两部分组成，第一部分为消费者初始效用，即 $\sum_{i=1}^{n} q_i - \frac{1}{2}\sum_{i=1}^{n} q_i^2 - \alpha \sum_{i \neq j} q_i q_j$，其表明替代品的增多降低了产品边际效用，同时也包含了边际效用递减的经济学特征，以及消费者效用随产品渠道替代性的增大而减小。第二部分 $\sum_{i=1}^{n} p_i q_i$ 表示消费者从网销渠道或线下零售渠道购买产品所支付的成本。效用函数 U 是关于 q 的二元函数，该效用函数的 Hessian 矩阵 $\begin{pmatrix} -1 & -\alpha \\ -\alpha & -1 \end{pmatrix}$ 为负定，故效用函数存在最大值，即 $\partial U/\partial q = 0$ 有最优解。

3 基础模型

3.1 零售商不开通代销渠道（N）

当零售商不进入平台时，消费者从平台或零售商处购买产品所获得的净效用为

$$U_1(q_r, q_e) = q_r + q_e - \frac{q_r^2}{2} - \frac{q_e^2}{2} - \alpha q_r q_e - p_r q_r - p_e q_e \tag{1}$$

通过式（1）对 q_r, q_e 求导，并令 $\partial U_1/\partial q_r = 0, \partial U_1/\partial q_e = 0$ 可得零售商和平台的市场需求为

$$q_r = \frac{1-\alpha+\alpha p_e - p_r}{1-\alpha^2}; \quad q_e = \frac{1-\alpha+\alpha p_r - p_e}{1-\alpha^2} \tag{2}$$

此时，不考虑零售商和平台的销售成本，也不考虑供应商的产品成本。零售商、平台及供应商利润函数可表示为

$$\Pi_r = q_r(p_r - w); \quad \Pi_e = q_e(p_e - w); \quad \Pi_m = w(q_r + q_e) \tag{3}$$

通过逆推归纳法可得零售商、平台和供应商均衡价格为

$$p_r^{N*} = \frac{3-2\alpha}{2(2-\alpha)}; \quad p_e^{N*} = \frac{3-2\alpha}{2(2-\alpha)}; \quad w^{N*} = \frac{1}{2} \tag{4}$$

三者的均衡利润为

$$\Pi_r^{N*} = \frac{1-\alpha}{4(\alpha+1)(2-\alpha)^2}; \quad \Pi_e^{N*} = \frac{1-\alpha}{4(\alpha+1)(2-\alpha)^2}; \quad \Pi_m^{N*} = \frac{1}{2(1+\alpha)(2-\alpha)} \tag{5}$$

由于此处没有考虑成本，所以式（4）和式（5）中零售商和平台的均衡解是相同的，两者的产品价格、需求及利润随 α 变化也是一致的。从图 2 中可以看出零售商和平台的产品价格、利润与 α 均为负相关，即随着 α 的增加，零售商和平台之间的价格战越来越激烈，虽然双方产品需求与 α 正相关，但需求上升所带来的利润不足以弥补价格降低的利润，因此双方利润都受损。

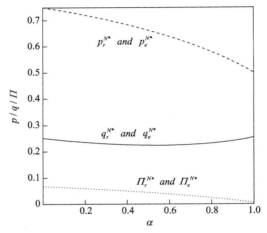

图 2　零售商和平台价格、需求及利润随 α 变化

根据式（4）的均衡解可知供应商的批发价格不变，同时从图 3 中可知供应商的最优利润是关于 α 的凹函数，因此可以推出供应商的产品需求也是关于 α 的凹函数。即当 $\alpha \in (0,0.5]$ 时，供应商的最优利润是随着 α 增加而降低，这是因为零售商和平台产品价格降低所获得的市场需求不足以弥补双方竞争增加而流失的市场需求，导致总需求减少，所以供应商利润降低；当 $\alpha \in (0.5,1)$ 时，供应商的最优利润是随着 α 增加而增加，这是因为在 α 很大的情况下，零售商和平台销售的产品价格足够低，零售商和平台的最终市场需求增加，所以供应商利润增加。

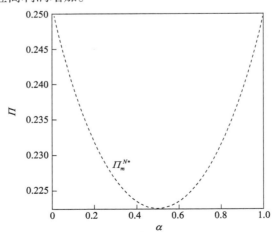

图 3　供应商的利润随 α 的变化

3.2 零售商开通代销渠道（Y）

当零售商进入平台时，消费者对于零售商的直销渠道、代销渠道和平台渠道购物所获得的净效用为

$$U_2\left(q_r,q_e,q_{re}\right)=q_r+q_e+q_{re}-\frac{q_r^2}{2}-\frac{q_e^2}{2}-\frac{q_{re}^2}{2}-\alpha\left(q_r+q_{re}\right)q_e-\beta q_r q_{re}-p_r\left(q_r+q_{re}\right)-p_e q_e \qquad (6)$$

在此假设 $\beta=\alpha$，拓展分析部分将放开该假设。通过式（6）对 q_r,q_{re},q_e 求导，并令 $\partial U_2/\partial q_r=0$，$\partial U_2/\partial q_{re}=0$，$\partial U_2/\partial q_e=0$ 可得零售商直销、代销及平台市场需求为

$$q_r=\frac{1-\alpha+\alpha p_e-p_r}{(1-\alpha)(1+2\alpha)};\quad q_{re}=\frac{1-\alpha+\alpha p_e-p_r}{(1-\alpha)(1+2\alpha)};\quad q_e=\frac{1-\alpha-(1+\alpha)p_e+2\alpha p_r}{(1-\alpha)(1+2\alpha)} \qquad (7)$$

此时，零售商、平台及供应商利润函数可表示为

$$\begin{cases}\Pi_r=(p_r-w)\left[(1-\theta)q_{re}+q_r\right]\\\Pi_e=\theta(p_r-w)q_{re}+q_e(p_e-w)\end{cases};\quad \Pi_m=w(q_{re}+q_r+q_e) \qquad (8)$$

通过逆推归纳法可得零售商、平台和供应商均衡价格为

$$p_r^{Y*}=\frac{(\theta+5)\alpha^2-5\alpha-6}{2\left(\alpha^2(2+\theta)-4(1+\alpha)\right)};\quad p_e^{Y*}=\frac{2\alpha^2(\theta+2)-\alpha(4+\theta)-6}{2\left(\alpha^2(2+\theta)-4(1+\alpha)\right)};\quad w^{Y*}=\frac{1}{2} \qquad (9)$$

三者的均衡利润为

$$\Pi_r^{Y*}=\frac{(2-\theta)(1-\alpha)(3\alpha+2)^2}{4(2\alpha+1)\left[(\theta+2)\alpha^2-4(\alpha+1)\right]^2}$$

$$\Pi_e^{Y*}=\frac{(1-\alpha)\left[4(1+\alpha)^3+\theta(2\alpha+1)\right]\left[\left(4(1+\alpha)-\alpha^2\right)-\alpha^2\theta\right]}{4(2\alpha+1)\left[(\theta+2)\alpha^2-4(\alpha+1)\right]^2} \qquad (10)$$

$$\Pi_m^{Y*}=\frac{2\alpha^2(\theta-1)+\alpha(\theta-10)-6}{4(2\alpha+1)\left[(\theta+2)\alpha^2-4(\alpha+1)\right]}$$

由图 4 可知，供应商、零售商及平台最优需求和利润大体上是随着 α 的增加而降低，这是因为零售商开通代销渠道后，不仅要和平台进行线上渠道竞争，也要和自身的线下渠道竞争，所以当 α 非常大时，供应商不能再从激烈的下游竞争中获得更大的利益。

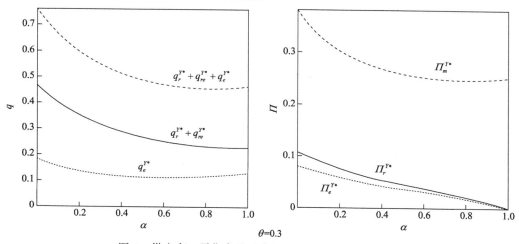

图 4　供应商、零售商及平台的需求和利润随 α 的变化

另外根据式（9）和式（10），关于利润分成比例 θ 有以下发现：①零售价格 p_r 和 p_e 随 θ 的增加而增加，但批发价格 ω 是不变的。②平台的最优利润随 θ 增加而增加，零售商和供应商的最优利润随 θ 增加而减少。这是因为较大的 θ 意味着零售商较多的利润通过线上代销渠道流向平台，而对于供应商来说，由于负效应（平台的需求减少）超过了正效应（零售商的需求增加），因此零售商和供应商的利润与 θ 均是负相关的。

3.3　模型对比分析

命题 1　当 $0<\theta<\theta_r$ 时，零售商开通代销渠道；当 $\theta_r\leqslant\theta<1$ 时，则不开通代销渠道。其中

$$\theta_r=\frac{\psi_r\left(\sqrt{(1+\alpha)\left(\alpha^2\left(\alpha^3+13\alpha^2+40\right)+\left(\alpha^3+3\alpha+1\right)16\right)}-\alpha\left(\alpha^2+3\alpha+8\right)-4\right)}{2\alpha^4(2\alpha+1)}。$$

证明：将零售商开通和不开通代销渠道的均衡利润相减可得

$$\Pi_r^{Y*}-\Pi_r^{N*}=\frac{(1-\alpha)f_r(\theta)}{4(2\alpha+1)(\alpha+1)(2-\alpha)^2\left[(\theta+2)\alpha^2-4(\alpha+1)\right]^2} \tag{11}$$

其中，$f_r(\theta)=-(2\alpha+1)\alpha^4\theta^2+\psi_r\theta+2\alpha^3\left(5\alpha^2-\alpha-24\right)+16\left(1-\alpha^2+2\alpha\right)$；$\psi_r=\left(56-17\alpha^2+27\alpha\right)\alpha^3-16\left(\alpha^2+3\alpha+1\right)$。式（11）的正负由 $f_r(\theta)$ 决定，而 $f_r(\theta)$ 是以 θ 为自变量开口方向向下的二次函数，根据韦达定理可知存在唯一正根 θ_r，当 $0<\theta<\theta_r$ 时，$\Pi_r^{Y*}-\Pi_r^{N*}>0$；当 $\theta_r\leqslant\theta<1$ 时，$\Pi_r^{Y*}-\Pi_r^{N*}\leqslant0$。

命题 1 说明零售商在 $0<\theta<\theta_r$ 时才会有开通代销渠道动机，此时开通代销渠道不仅能够显著提高其市场需求，而且较小的代理费用意味着有限的利润流向平台，因此在这种情况下开通代销渠道可以提高零售商的利润。但当 $\theta_r\leqslant\theta<1$ 时，意味着较多的零售商利润通过代销渠道流向平台，会损害零售商的利益，此时不应开通代销渠道。另外，根据 θ_r 的表达式可知，θ_r 是随着 α 的增大而降低，即如果渠道竞争非常激烈，零售商开通代销渠道的积极性会降低。

命题 2　无论 θ 值大小，供应商在零售商开通代销渠道时的利润始终高于零售商不开通代销渠道时的利润。

证明：将零售商开通和不开通代销渠道时供应商的均衡利润相减可得

$$\Pi_m^{Y*}-\Pi_m^{N*}=\frac{(1-\alpha)\left[2\left(\alpha^3+\alpha^2+3\alpha+2\right)-\theta\alpha(\alpha+2)(2\alpha+1)\right]}{4(2\alpha+1)(\alpha+1)(2-\alpha)\left[4(1+\alpha)-(\theta+2)\alpha^2\right]} \tag{12}$$

由于 $\theta\in(0,1)$ 和 $\alpha\in(0,1)$，故式（12）恒大于 0，即 $\Pi_m^{Y*}-\Pi_m^{N*}>0$。

命题 2 说明零售商开通代销渠道总是对供应商有利。这是因为无论零售商是否开通代销渠道，供应商的批发价始终保持不变，而在零售商开通代销渠道的情况下，零售商和平台的总市场需求总大于零售商不开通代销渠道时的需求，因此供应商更愿意零售商开通代销渠道。这一结论符合实际，对于供应商来说，下游渠道的扩张有助于开拓消费市场，从而提高其收益。

命题 3　当 $0<\theta<\theta_e$ 时，平台在零售商不开通代销渠道时利润更高；当 $\theta_e\leqslant\theta<1$ 时，平台在零售商开通代销渠道时利润更高。其中，

$$\theta_e=\frac{\psi_e\left[\sqrt{(2\alpha+1)(1+\alpha)\left(\alpha^4\left(2\alpha^2-5\alpha+9\right)+8\left(2\alpha+2-\alpha^2\right)\right)}-\alpha^2\left(2\alpha^2-\alpha-1\right)-4(2\alpha+1)\right]}{2\alpha^2(2\alpha+1)\left(\alpha^3-2\alpha^2+4\right)}$$

证明：根据零售商开通或不开通代理商渠道情形下平台利润可得

$$\Pi_e^{Y*} - \Pi_e^{N*} = \frac{(1-\alpha)f_e(\theta)}{4(2\alpha+1)(\alpha+1)(2-\alpha)^2\left[(\theta+2)\alpha^2 - 4(\alpha+1)\right]^2} \tag{13}$$

其中，$f_e(\theta) = -\alpha^2(2\alpha+1)(\alpha^3 - 2\alpha^2 + 4)\theta^2 + \psi_e\theta + 4\alpha(\alpha^5 - 2\alpha^4 + \alpha^3 - 7\alpha - 4)$；$\psi_e = (2\alpha+1)\left[16(1+\alpha) + 3\alpha^4 - \alpha^5 - 8\alpha^2\right]$。式（13）的正负由 $f_e(\theta)$ 决定，而 $f_e(\theta)$ 是以 θ 为自变量开口方向向下的二次函数，根据韦达定理以及 α 的范围可知存在唯一符合要求的正根 θ_e，当 $0 < \theta < \theta_e$ 时，$\Pi_e^{Y*} - \Pi_e^{N*} > 0$；当 $\theta_e \leqslant \theta < 1$ 时，$\Pi_e^{Y*} - \Pi_e^{N*} \leqslant 0$。

命题 3 说明零售商在 $0 < \theta < \theta_e$ 时不开通代销渠道动机对平台更有利，但在 $\theta_e \leqslant \theta < 1$ 的情况下开通代销渠道动机对平台更有利。这是因为零售商开通代销渠道下的需求和零售价格都低于不开通代销渠道的模型，零售商开通代销渠道将会损害平台的利润，虽然代销渠道增强了零售商的市场优势，但却会对平台构成严重威胁。因此对于平台而言，当且仅当销售利润分成比例 θ 超过阈值 θ_e 的情况下，即平台自营业务的利润损失能够由零售商代销渠道处获得的利润来补偿时，平台才会有代理零售商产品的动机。

为进一步探究各成员对零售商开通代销渠道的偏好，根据阈值 θ_r 和 θ_e 绘制了图形。

在图 5 中，R 代表零售商，M 代表供应商，I 代表电商平台。由图 5 可知当 $\theta_e < \theta < \theta_r$，零售商开通代销渠道时对三者都有利，即图 5 中的三者共赢区域；当 $0 < \theta < \min\{\theta_r, \theta_e\}$，意味着有限的利润从零售商处通过代销渠道流向平台，此时零售商开通代销渠道只对平台不利；当 $\max\{\theta_r, \theta_e\} < \theta < 1$，意味着零售商较多的利润从代销渠道流失，此时只会损害零售商的利益；当 $\theta_r < \theta < \theta_e$，较低的代理费损害了平台利润，同时激烈的市场竞争降低了零售商的利润，在这种情况下，零售商开通代销渠道只对供应商有利。

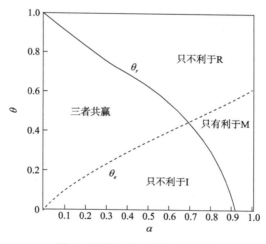

图 5　阈值 θ_r 和 θ_e 随 α 的变化

4　扩展模型（E）

若零售商开通代销渠道且 $\beta \neq \alpha$ 时，消费者对于零售商的直销渠道、代销渠道和平台渠道购物所获得的净效用为

$$U_3(q_r, q_e, q_{re}) = q_r + q_e + q_{re} - \frac{q_r^2}{2} - \frac{q_e^2}{2} - \frac{q_{re}^2}{2} - \alpha(q_r q_e + q_{re} q_e) - \beta q_r q_{re} - p_r(q_r + q_{re}) - p_e q_e \tag{14}$$

根据式（14）可得不同渠道的市场需求为

$$q_r = \frac{1-\alpha+\alpha p_e - p_r}{1+\beta-2\alpha^2}; \quad q_e = \frac{1-2\alpha+\beta-(1+\beta)p_e+2\alpha p_r}{1+\beta-2\alpha^2}; \quad q_{re} = \frac{1-\alpha+\alpha p_e - p_r}{1+\beta-2\alpha^2} \tag{15}$$

通过逆推归纳法可得零售商、平台和供应商均衡价格为

$$p_r^{E*} = \frac{(\theta+4)\alpha^2+(\alpha-6)(1+\beta)}{2\left[(\theta+2)\alpha^2-4(\beta+1)\right]}; \quad p_e^{E*} = \frac{2\alpha^2(\theta+2)+\alpha(2-\theta)-6(1+\beta)}{2\left[(\theta+2)\alpha^2-4(\beta+1)\right]}; \quad w^{E*} = \frac{1}{2} \tag{16}$$

三者的均衡利润为

$$\begin{cases} \Pi_r^{E*} = \dfrac{(2-\theta)\left[2\alpha^2+(\alpha-2)(1+\beta)\right]^2}{4\left[(\theta+2)\alpha^2-4(1+\beta)\right]^2(1+\beta-2\alpha^2)}; \quad \Pi_m^{E*} = \dfrac{\alpha\theta(1+\beta-2\alpha^2)+\xi_1}{4\left[(\theta+2)\alpha^2-4(1+\beta)\right](1+\beta-2\alpha^2)} \\[3mm] \Pi_e^{E*} = \dfrac{\theta(1+\beta-2\alpha^2)\left[\alpha^2(\alpha-1)\theta+\xi_2\right]+4(\beta+1)\left[1+\beta-\alpha(1+\alpha)\right]^2}{4\left[(\theta+2)\alpha^2-4(1+\beta)\right]^2(1+\beta-2\alpha^2)} \end{cases} \tag{17}$$

其中，$\xi_1 = 2(\beta+3)\alpha^2+4\alpha(\beta+1)-2(\beta+3)(\beta+1)$；$\xi_2 = 2\alpha^3-(\beta+1)\alpha^2+4(1+\beta)(1-\alpha)$。

在 $\beta \neq \alpha$ 的情况下，零售商代销渠道和原有直销渠道之间的竞争（内部竞争）不同于零售商和平台渠道之间的竞争（外部竞争）。通过研究内部竞争 β 的影响发现：零售价格 p_r^{E*} 和 p_e^{E*} 随着 β 的增加而增加，而供应商的批发价格依然不变，这表明内部竞争对批发价格没有任何影响，但零售商代销渠道和直销渠道之间存在严重的渠道冲突，为了减少渠道冲突造成的利润损失，零售商提高零售价格 p_r^{E*} 以保证边际收益，同时平台的最优价格 p_e^{E*} 也相应提高了。

根据式（16）、式（17）的均衡解和图 6 可知：激烈的内部竞争会损害零售商的需求 $q_r^{E*}+q_{re}^{E*}$，因此零售商利润 Π_r^{E*} 随着 β 增加而减少。但由于内部竞争削弱了外部竞争，所以平台的需求 q_e^{E*} 随着 β 增加而增加，使得平台利润 Π_e^{E*} 增加。对于供应商来说，其需求随着 β 增加而减少，主要原因是零售商需求的减少超过了平台需求的增加，由于批发价格不变，因此供应商利润也随着 β 的增加而减少。

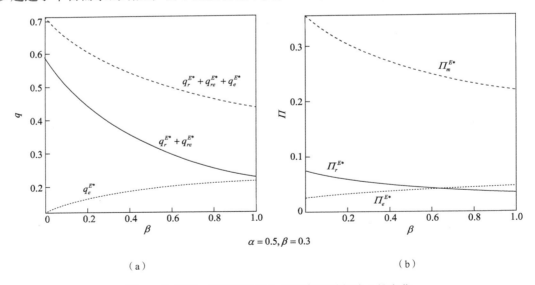

图 6　供应商、零售商及平台的需求和利润随 β 的变化

命题 4　当 $0<\theta<\theta_r^E$，零售商开通代销渠道；当 $\theta_r^E \leqslant \theta<1$，则不开通代销渠道。

证明：将零售商开通和不开通代销渠道的均衡利润相减可得

$$\Pi_r^{E*} - \Pi_r^{N*} = \frac{f_r^A \theta^2 + f_r^B \theta + f_r^C}{4(\alpha+1)(1+\beta-2\alpha^2)(2-\alpha)^2 \left[(\theta+2)\alpha^2 - 4(\beta+1)\right]^2} \tag{18}$$

其中，

$$f_r^A(\beta) = (\alpha-1)(1+\beta-2\alpha^2)\alpha^4$$

$$f_r^B(\beta) = A_r^B \beta^2 + B_r^B \beta + C_r^B$$

$$\begin{cases} A_r^B = 7\alpha^4 - \alpha^5 - 24\alpha^3 + 16(\alpha^2 + \alpha - 1) \\ B_r^B = 2\alpha^4(19\alpha - 2\alpha^2 - 15) + 32(1-\alpha)(2\alpha^2 - 1) \\ C_r^B = 16\alpha^6 - 12\alpha^7 + 39\alpha^5 - 53\alpha^4 - 40\alpha^3 + 16(3\alpha^2 + \alpha - 1) \end{cases}$$

$$f_r^C(\beta) = A_r^C \beta^3 + B_r^C \beta^2 + C_r^C \beta + D_r^C$$

$$\begin{cases} A_r^C = 16(\alpha - 1) \\ B_r^C = 2\alpha^4(\alpha - 7) + 16(2\alpha^2 - \alpha^3 + \alpha - 1) \\ C_r^C = 8(\alpha^6 - 2\alpha^4 - 2\alpha + 2) \\ D_r^C = 2\alpha^4(15 - \alpha - 4\alpha^2) + 16(\alpha^3 - 2\alpha^2 - \alpha + 1) \end{cases}$$

根 据 参 数 范 围 $\alpha \in (0,1), \max\{0, 2\alpha^2 - 1\} < \beta < 1, \theta \in [0,1)$ ，可 得 $f_r^A < 0, f_r^B < 0, f_r^C > 0$ 。故 对 于 $f_r^A \theta^2 + f_r^B \theta + f_r^C = 0$ 存在唯一的正根 θ_r^E ，当 $0 < \theta < \theta_r^E$ 时，$\Pi_r^{E*} - \Pi_r^{N*} > 0$ ；当 $\theta_r^E \leqslant \theta < 1$ 时，$\Pi_r^{E*} - \Pi_r^{N*} \leqslant 0$ 。

命题 4 说明零售商在 $0 < \theta < \theta_r^E$ 时开通代销渠道对自身有利，但在 $\theta_r^E \leqslant \theta < 1$ 的情况下零售商不开通代销渠道更有利。通过与之前的模型对比，有以下发现：在 Y 模型中如果代理费 θ 较小，其零售价格低于 N 模型，但市场需求较大。在扩展模型中，市场需求是提高零售商利润的重要因素。另外，较小的代理费 θ ，表明零售商损失有限的利润。另外根据绘图可知，阈值 θ_r^{E*} 随着 β 增加而下降，但却随着 α 增加而增加。从管理的角度来看，激烈的外部竞争 α 可以鼓励零售商开通代销渠道，从而提高其市场竞争力，而激烈的内部竞争 β 意味着代销渠道与自身渠道有较大冲突，这又会降低零售商开通代销渠道的动机。

命题 5 当 $f_e^C(\beta) \geqslant 0$ 或者 $f_e^C(\beta) < 0$ 且 $\theta_e^E \leqslant \theta < 1$ ，平台在零售商开通代销渠道时利润更高；当 $f_e^C(\beta) < 0$ 且 $0 < \theta < \theta_e^E$ ，平台在零售商不开通代销渠道时利润更高。

证明：将零售商开通和不开通代销渠道时供应商的均衡利润相减可得

$$\Pi_e^{E*} - \Pi_e^{N*} = \frac{f_e^A \theta^2 + f_e^B \theta + f_e^C}{4(\alpha+1)(2-\alpha)^2(1+\beta-2\alpha^2)\left[(\theta+2)\alpha^2 - 4(\beta+1)^2\right]} \tag{19}$$

其中，

$$f_e^A = \alpha^2(1-\alpha)(\alpha^3 - 2\alpha^2 + 4)(2\alpha^2 - \beta - 1)$$

$$f_e^B(\beta) = (A_e^B \beta + B_e^B)(1 + \beta - 2\alpha^2)$$

$$\begin{cases} A_e^B = 8(\alpha - 1)(\alpha^2 - 2) - \alpha^5 - \alpha^4 \\ B_e^B = (\alpha+1)(2\alpha - 5)\alpha^4 + 8\left[2\alpha^3 - \alpha^2 + 2(1-\alpha)\right] \end{cases}$$

$$f_e^C(\beta) = 4\alpha(A_e^C \beta^3 + B_e^C \beta^2 + C_e^C \beta + D_e^C)$$

$$\begin{cases} A_e^C = \alpha^2 - 3\alpha + 4 \\ B_e^C = (1+\alpha)(4 + 6\alpha^2 - 2\alpha^3 - 9\alpha) \\ C_e^C = \alpha^6 - \alpha^5 - \alpha^2 + 3\alpha - 4 \\ D_e^C = \alpha^5 + 2\alpha^4 - \alpha^6 - 4\alpha^3 + 3\alpha^2 + 5\alpha - 4 \end{cases}$$

根据参数范围 $\max\{0, 2\alpha^2 - 1\} < \beta < 1, \alpha \in (0,1), \theta \in [0,1)$，可得 $f_e^A(\beta) < 0, f_e^B(\beta) > 0$，故对于 $f_e^A\theta^2 + f_e^B\theta + f_e^C = 0$ 存在正根 θ_e^E，当 $0 < \theta < \theta_e^E$ 时，$\Pi_e^{E*} - \Pi_e^{N*} < 0$；当 $\theta_e^E \leqslant \theta < 1$ 时，$\Pi_e^{E*} - \Pi_e^{N*} \geqslant 0$。

命题 5 说明在 $f_e^C(\beta) \geqslant 0$ 或者 $f_e^C(\beta) < 0$ 且 $\theta_e^E \leqslant \theta < 1$ 时零售商开通代销渠道对平台有利，但在 $\theta_r^E \leqslant \theta < 1$ 的情况下零售商不开通代销渠道对平台更有利。为了更直观地分析，将用具体的数值说明内部和外部竞争如何影响平台对于零售商是否开通代销渠道的偏好。

当 $\alpha = 0.5$ 时，根据参数范围 $\max\{0, 2\alpha^2 - 1\} < \beta$，可以得出 $0 < \beta < 1$。当 $f_e^C(\beta) < 0$，可以得到图 7 中 $\theta^E(\beta)$ 的图形。θ_e^E 随着 β 的增大而减少，这表明随着内部竞争 β 的增加，较低的代理费 θ 就可以激励平台允许零售商进入其在线市场，关键原因在于激烈的内部竞争会很大程度上减弱零售商的外部竞争，进而提高平台的竞争力。

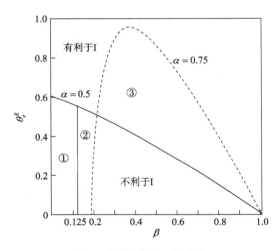

图 7　阈值 θ_e^E 随 β 的变化

当 $\alpha = 0.75$ 时，根据参数范围 $\max\{0, 2\alpha^2 - 1\} < \beta$，可以得出 $0.125 < \beta < 1$，再得到图 7 中 $\theta^E(\beta)$ 的图形。当 $0.125 < \beta < 0.19$，$f_e^C(\beta) > 0$，这表明此时零售商开通代销渠道总是对平台有利，当 $0.19 < \beta < 1$，$f_e^C(\beta) \leqslant 0$，θ_e^E 关于 β 有一个单峰，即外部竞争 α 较大，而内部竞争 β 相对适中时，平台需要收取极高的代理费才愿意让零售商进入其在线市场。

根据以上分析结果，图 7 中一共有 5 个区域，其中两个区域的结论是固定的，另外标注的三个区域①、②、③根据不同条件有以下结论：在区域①中，当且仅当 $2\alpha^2 - 1 < 0$ 时，零售商开通代销渠道对平台不利。在区域②中，如果 $2\alpha^2 - 1 < 0$，平台没有动机允许零售商进入其在线市场，但是如果 $2\alpha^2 - 1 > 0$，平台则会从零售商开通代销渠道中受益。区域③显示结果与区域②相反。综上所述，内部竞争和外部竞争的相互作用使得平台偏好多样化。

命题 6　当 $0 < \theta < \theta_m^E$，供应商在零售商开通代销渠道时利润更高，当 $\theta_m^E \leqslant \theta < 1$，供应商在零售商不开通代销渠道时利润更高。

证明：将零售商开通和不开通代销渠道时供应商的均衡利润相减可得

$$\Pi_m^{E*} - \Pi_m^{N*} = \frac{\alpha(\alpha+2)(\alpha-1)(1+\beta-2\alpha^2)\theta + f_m(\beta)}{4(\alpha+1)(2-\alpha)(1+\beta-2\alpha^2)[4(\beta+1)-(\theta+2)\alpha^2]} \quad (20)$$

其中，$f_m(\beta) = 2(1-\beta)[(\alpha^2-\alpha+2)\beta-\alpha^4-\alpha^3-\alpha^2-\alpha+2]$，根据参数范围 $\max\{0, 2\alpha^2-1\} < \beta < 1$，$\alpha \in (0,1), \theta \in [0,1)$，可得 $f_m(\beta) > 0$，当 $0 < \theta < \theta_m^E$，$\Pi_m^{E*} - \Pi_m^{N*} > 0$；当 $\theta_m^E \leqslant \theta < 1$，$\Pi_m^{E*} - \Pi_m^{N*} \leqslant 0$。

前面命题3已经说明了在内部竞争等于外部竞争的情况下，零售商开通代销渠道总是对供应商有利。然而命题 6 中如果代理费用 θ 小于阈值 θ_m^E，零售商开通代销渠道对供应商有利；如果超过阈值 θ_m^E，则会损害供应商的利益。这是因为零售价格 p_r^{E*} 和 p_e^{E*} 随着代理费用 θ 的增加而增加，从而导致市场需求下降。当代理费用相对较低时（$0 < \theta < \theta_m^E$），与 Y 模型相比，尽管平台需求减少，但零售商需求的增长会导致最终市场需求增加。随着需求的进一步增加，零售商的需求增长已经无法弥补平台的需求损失，因此总市场需求变得更低，供应商的利润低于 Y 模型。此外 θ_m^E 均是随着 β 和 α 增加而降低，这表明在拓展模型中，无论是内部还是外部的渠道竞争都会损害供应商的利润。

上述内容分析了零售商、供应商和平台对零售商开通代销渠道的偏好。接下来将探讨零售商开通代销渠道对三者都有利的条件，定性分析结果如图8、图9所示。

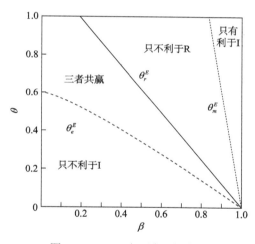

图 8　$\alpha = 0.5$ 时 θ 随 β 的变化

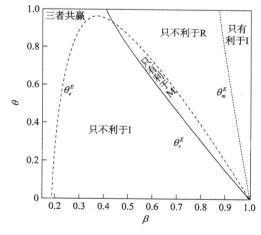

图 9　$\alpha = 0.75$ 时 θ 随 β 的变化

在图 8 中，假设外部竞争 $\alpha = 0.5$，当 $\theta_e^E < \theta < \min\{\theta_r^E, 1\}$，即零售商开通代销渠道对三者都有利。增加内部竞争系数 β 会使三者共赢区域变小，这表明内部竞争是构建三赢局面的不利因素。此外，当 $0 < \theta < \theta_e^E$，零售商开通代销渠道只会损害平台利益。较低的代理费 θ 意味着零售商有限的利润通过代销渠道流向平台，无法弥补平台因为外部竞争造成的损失。当 $\theta_r^E < \theta < \theta_m^E$，零售商没有开通代销渠道的动机，较高的代理费用 θ 和较强的内部竞争 β 阻碍了零售商开通代销渠道。当 $\theta_m^E < \theta < 1$，只有平台从零售商开通代销渠道中受益，而较高的代理费会损害零售商的利益，减少总需求，也导致了供应商利润损失。

在图 9 中外部竞争系数 $\alpha = 0.75$，三者共赢的区域出现在 $\max\{0, \theta_e^E\}$ 到 $\min\{1, \theta_r^E\}$，这种情况下的三者共赢区域小于图 8 中的三者共赢区域。这一结果表明，外部竞争 α 的加剧会降低三者开放代理渠道的积极性。如果 α 较大，只有当内部竞争 β 较小时，才会存在三者共赢区域。另外图 8 中没有 $\theta_r^E < \theta < \theta_e^E$ 的部分，这一部分是指零售商开通代销渠道对供应商有利，此时尽管外部竞争激烈，但较低的代理费仍能确保总需求的增加，从而提高供应商的利润。还有其他区域，如 $0 < \theta < \min\{\theta_r^E, \theta_e^E\}$、$\theta_e^E < \theta < \min\{1, \theta_m^E\}$、$\theta_m^E < \theta < 1$，它们与图 8 类似，这里不再赘述。

5　结论与展望

本文建立了零售商不开通代销渠道和开通代销渠道的基准模型，并通过逆向归纳法求出均衡解对其比较分析，然后进一步研究了内部竞争不等于外部竞争及供应商价格歧视下的扩展模型，研究发现：零售商未开通代销渠道时，激烈的下游竞争对供应商有利，开通后却会损害供应商的利润；内部竞争和外部竞争强度相同时，零售商开通代销渠道总是对供应商有利；内部竞争和外部竞争强度不同时，零售商激烈的内部竞争会导致供应商和零售商利润降低，而平台利润增加，此时零售商支付较高的代理费也会损害供应商利益。

本文的研究还存在一些不足，将来还可从以下几个方面进行扩展：本文只考虑了一个零售商的市场，但实际上有很多零售商在大型电商平台开通代销渠道（如 JD.com 报告称 2017 年 10 月，在线市场卖家超过 16 000 家）；本文假设平台不仅充当零售商，还向其他零售商提供在线市场，但现实中可能存在只向零售商和供应商提供的电商平台，如 tmall.com；零售商开通代销渠道后线上线下价格可能不一致；电商平台中自营产品和代销产品可以考虑不同的售后服务。

参 考 文 献

[1] Park S Y，Keh H T. Modelling hybrid distribution channels：a game-theoretic analysis[J]. Journal of Retailing and Consumer Services，2003，10（3）：155-167.

[2] Chiang W K，Chhajed D，Hess J D. Direct marketing，indirect profits：a strategic analysis of dual-channel supply-chain design[J]. Management Science，2003，49（1）：1-20.

[3] 梁喜，蒋琼. 考虑线上线下零售商竞争的制造商双渠道定价策略[J]. 控制与决策，2019，34（7）：1501-1513.

[4] Huang W，Swaminathan J M. Introduction of a second channel：implications for pricing and profits[J]. European Journal of Operational Research，2009，194（1）：258-279.

[5] Chen B，Chen J. When to introduce an online channel，and offer money back guarantees and personalized pricing?[J]. European Journal of Operational Research，2017，257（2）：614-624.

[6] 熊勇清，李小龙，黄恬恬. 基于不同补贴主体的新能源汽车制造商定价决策研究[J]. 中国管理科学，2020，28（8）：139-147.

[7] 秦培培，胡钢. 供应链成员均为公平偏好的双渠道供应链契约协调研究[J]. 长春理工大学学报（社会科学版），2020，33（3）：91-98.

[8] Cao E. Coordination of dual-channel supply chains under demand disruptions management decisions[J]. International Journal of Production Research，2014，52（23）：7114-7131.

[9] Chen J，Zhang H，Sun Y. Implementing coordination contracts in a manufacturer stackelberg dual-channel supply chain[J]. Omega，2012，40（5）：571-583.

[10] Khouja M，Park S，Cai G. Channel selection and pricing in the presence of retail-captive consumers[J]. International Journal of Production Economics，2010，125（1）：84-95.

[11] Tsay A A，Agrawal N. Channel conflict and coordination in the e-commerce age[J]. Production and Operations Management，2004，13（1）：93-110.

[12] 肖剑，但斌，张旭梅. 双渠道供应链中制造商与零售商的服务合作定价策略[J]. 系统工程理论与实践，2010，30（12）：2203-2211.

[13] 张智勇，李华娟，杨磊，等. 基于微分博弈的双渠道广告合作协调策略研究[J]. 控制与决策，2014，29（5）：873-879.

[14] Hagiu A. Merchant or two-sided platform？[J]. Review of Network Economics，2007，6（2）：115-133.

[15] Hagiu A，Wright J. Marketplace or reseller？[J]. Management Science，2015，61（1）：184-203.

[16] Mantin B，Krishnan H，Dhar T. The strategic role of third-party marketplaces in retailing[J]. Production and Operations Management，2014，23（11）：1937-1949.

[17] Wang X H. Fee versus royalty licensing in a Cournot duopoly model[J]. Economics Letters，1998，60（1）：55-62.

[18] Sen D. Fee versus royalty reconsidered[J]. Games and Economic Behavior，2005，53（1）：141-147.

[19] 刘妍，刘隽，古天龙. 弱势零售商-强势第三方电子商务平台经营博弈研究[J]. 数学的实践与认识，2019，49（20）：89-97.

[20] Jiang B，Jerath K，Srinivasan K. Firm strategies in the "mid tail" of platform-based retailing[J]. Marketing Science，2011，30（5）：757-775.

[21] Tan Y，Carrillo J E. Strategic analysis of the agency model for digital goods[J]. Production and Operations Management，2017，26（4）：724-741.

[22] Belleflamme P，Peitz M. Platform competition and seller investment incentives[J]. European Economic Review，2010，54（8）：1059-1076.

[23] Anderson E G，Parker G G，Tan B. Platform performance investment in the presence of network externalities[J]. Information Systems Research，2014，25（1）：152-172.

[24] Bernstein F，Song J，Zheng X. "Bricks-and-mortar" vs. "clicks-and-mortar"：an equilibrium analysis[J]. European Journal of Operational Research，2008，187（3）：671-690.

[25] Abhishek V，Jerath K，Zhang Z J. Agency selling or reselling？Channel structures in electronic retailing[J]. Management Science，2016，62（8）：2259-2280.

[26] Wang Z，Wright J. Ad valorem platform fees，indirect taxes，and efficient price discrimination[J]. The Rand Journal of Economics，2017，48（2）：467-484.

[27] Spence M. Product differentiation and welfare[J]. The American Economic Review，1976，66（2）：407-414.

[28] Dixit A. A model of duopoly suggesting a theory of entry barriers[J]. The Bell Journal of Economics，1979，10（1）：20-32.

[29] Shubik M，Levitan R. Market Structure and Behavior[M]. Cambridge：Harvard University Press，1980.

[30] Ingene C A，Parry M E. Bilateral monopoly，identical distributors，and game-theoretic analyses of distribution channels[J]. Journal of the Academy of Marketing Science，2007，35（4）：586-602.

[31] Lus B，Muriel A. Measuring the impact of increased product substitution on pricing and capacity decisions under linear demand models[J]. Production and Operations Management，2009，18（1）：95-113.

[32] Cai G，Dai Y，Zhou S X. Exclusive channels and revenue sharing in a complementary goods market[J]. Marketing Science，2012，31（1）：172-187.

[33] Ha A Y，Shang W，Wang Y. Manufacturer rebate competition in a supply chain with a common retailer[J]. Production and Operations Management，2017，26（11）：2122-2136.

[34] Zheng B，Yang C，Yang J，et al. Dual-channel closed loop supply chains：forward channel competition，power structures and coordination[J]. International Journal of Production Research，2017，55（12）：3510-3527.

[35] Fang F，Gurnani H，Natarajan H P. Leadership，dominance，and preeminence in a channel structure with a common retailer[J]. Decision Sciences，2018，49（1）：65-120.

Research on Dual-channel Strategy of Competitive Retailers with the Same Suppliers

GUO Qiang[1]，YE Yi[1]，LI Zenglu[2]

（1. School of Economics and Management，Southwest Jiaotong University，Chengdu 610031，China；

2. Business School，Henan University，Kaifeng 475004，China）

Abstract　This paper considers the opening strategy of the third-party retailers' consignment channels when the third-party retailers with the same suppliers compete with platform retailers. It is found that when the retailer does not open the consignment channel, the fierce downstream competition is beneficial to the supplier, but it will damage the profit of the supplier after opening it；When the intensity of internal competition and external competition is the same，it is always beneficial for retailers to open consignment channels for suppliers；When the intensity of internal competition and external competition is different，the fierce internal competition of retailers will lead to a decrease in the profits of suppliers and retailers，while the profits of platforms will increase. At this time，higher agency fees paid by retailers will also harm the interests of suppliers.

Key words　the retailers，dual-channel，channel competition，agency fee

作者简介

郭强（1970—），男，西南交通大学经济管理学院教授、博士生导师，河南偃师人，研究方向为运营管理、决策优化分析等。E-Mail：qguoqguo@163.com。

叶燚（1997—），女，西南交通大学经济管理学院 2019 年级硕士研究生，研究方向为决策优化分析。E-Mail：ye_yii@126.com。

李增禄（1990—），男，河南大学商学院，讲师，研究方向为物流与供应链管理。E-Mail：li_zenglu@126.com。

美国数字人文教育计划的实践与启示

刘卫锋*

（西北政法大学，西安 710061）

摘 要 数字时代的到来给传统学术领域带来了变革，在人文学领域出现了一种应用数字技术的新方法，即"数字人文"。目前，我国有不少研究型大学和科研机构相继开展了数字人文研究项目，但主要集中在地理信息系统、数字考古与历史建筑重建、古籍数字化、数字文艺、文本挖掘等领域，且仍存在一些不足与问题。鉴于此，本文以美国的大学、数字人文中心及大学图书馆的数字人文教育计划的案例为中心，通过实证研究对其进行分析，进而从数字人文计划的制度性层面、研究与教育层面及运用层面为我国数字人文教育计划的发展方向提供借鉴。

关键词 数字人文，教育计划，大学图书馆，数字素养，数字人文中心

中图分类号 G250

1 引言

数字时代给传统人文学领域带来了巨大变革，在人文学领域出现了应用数字技术的新方法，即"数字人文"（digital humanities）。2009 年，美国发布了《数字人文宣言》（Digital Humanities Manifesto），将数字人文的发展分为两个阶段。根据该宣言，数字人文的第一个阶段是数字策展工作（digital curation），重点对大型模拟材料进行数字化和技术基础设施建设。第二个阶段是利用数字技术分析传统人文学内容。具体来讲，第一阶段专注于文本分析的定量研究，如数据库搜索、语料库语言学与标记、文本编码和学术编辑等，而在第二个阶段探讨相关数字技术与人类互动的研究，如位置服务和地理空间信息等。目前，美国国家人文基金会（National Endowment for the Humanities，NEH）、日本商务省、中国台湾科学委员会等所援助的课程和课题，对数字人文的关注与日俱增。尤其是，美国国家人文基金会于 2006 年宣布了一项数字人文计划（digital humanities initiative），并于 2008 年与美国博物馆、图书馆服务局（Institute of Museum and Library Services，IMLS）合作正式成立了第一个数字人文机构，以支持美国大学和科研机构的数字人文研究。由美国国家人文基金会资助的数字人文学项目包括用于传播人文学科的新数字出版物，规划与开发保存、分析、访问图书馆与博物馆的新数字工具原型，灵活运用传统媒体和新媒体的公共计划和教育，人文学科的跨学科研究中使用新技术的影响和哲学含义的研究，数字文化的历史、批判、哲学与社会影响研究，等等。相比于美国，我国的人文学者对计算机技术的应用研究并不算落后。目前，我国有不少研究型大学和科研机构开展了数字人文研究项目，但主要集中在地理信息系统（geographic information system，GIS）、数字考古与历史建筑重建、古籍数字化、数字文艺、文本挖掘等领域。中国社会科学院与北京超图软件股份有限公司于 2009 年 3 月联合开发了"中国社会科学综合地理信息服务平台系统"。大学图书馆也正在将其运用于从提供基本学术信息扩展到提供研究数据，然而侧重于为他们提供服务和教育计划。因此，本文旨在考察数字人文教育计划项目的运行状况，重点

通信作者：刘卫锋，西北政法大学助理教授，人工智能与智慧法治研究院兼职研究员，E-mail：danial60@126.com。

关注正在积极开展数字人文教育计划项目的美国大学和图书馆。此外，通过对其结果的分析，探讨未来我国国内高校和图书馆中数字人文相关教育和服务应当建构和考虑的方向。

2　数字人文教育的理论分析

2.1　数字人文的范围与方法论

21 世纪以来，数字人文学研究备受关注。根据数字人文的融合性和所属学科，其内涵的界定呈现出多样性。Terras 将数字内容在人文领域的应用分析视为数字人文，同时将数字人文界定为计算机或者数字技术与人文科学相交叉的一门学科[1]。Burdick 等指出数字人文是一门新兴学科，执行协作、学制、计算机相关研究、教育与出版等相关工作[2]。从产生背景来看，数字人文是为了克服传统人文学科的局限性而产生的一门学科。传统人文学科是以大量杂志、文字、数据为中心，通过印刷品的出版和存档，并以单个研究人员为中心的研究方式。然而，这种研究方式在效率和研究结果上具有局限性。为克服这一问题，人文学科领域出现了运用数字方式研究人文学科的数字人文。在国内，为了迎合数字时代的趋势，有的学者提出了"建立人文信息学的必要性"，这是一种在人文学科研究中利用信息技术工具的新型研究方法，同时它吸收了实证主义的研究方法。因此，美国许多大学运用数字技术来创建教育计划，以提高人文水平与生产率。尤其是，目前在人文学科领域通过利用新技术，逐步激发"数码时代"学习者的兴趣与参与积极性，并以此来获得更为有效的教育效果和提高人文学科的生产性，进而建构数字人文教育计划。

至今，许多学者已对数字人文的价值、方法论和目标进行了研究。Berry 和 Fagerjord 通过"数字人文堆"的图表，将可能构成数字人文的活动、实践、技术与结构范围进行了分层，并对该学科重新进行了定义[3]。该图表是利用计算机的思考和知识表现作为数字人文的基本要素，为实现这一目标，还需要接口、系统、共享结构、编码/数据及机构等要素。通过数据算法、提取、分解、批判性技术执行及程序进行编码，且以 OCR（optical character recognition，光学字符识别）/扫描、数据库、编码、HTML（hyper text markup language，超文本标记语言）、XML（eXtensible markup language，可扩展标记语言）/TEI、设计模式等交易实施和呈现这些程序。对此进行分析的具体方法如下：数据的视觉化、信息搜索、超文本、超文本媒体、数据挖掘、文本挖掘、数码媒介、统计及数字出版等。Honn 将数字人文的价值分为批判与理论、反复与实验、协作与分散、多模式的统计与实行、开放与准入五大类[4]。此外，通过数字策展来扩大学术资源、数字编辑（标记与编码的文字、众包的方法等）、大数据的统计和算法、可视化和数据设计、数字文化制图或 GIS 等。

另外，数字人文在提高数据的操作性、可用性、探索性和再使用性等方面强调开放性，并将易于获取和有效使用数据和资料的开放性作为重点研究对象[5]。数字人文早期的研究者 Presner 认为应当鼓励专业领域之间的合作、创造，扩大人文学领域的范围，进而提高其共享价值[6]。此外，Higgins 注重图书馆和博物馆的作用，将学者塑造为策展人，与图书馆、博物馆、档案馆合作，通过数字策展过程实施对相关资料的普及与保护[7]。如上所述，以数字人文的内涵、价值及方法论等为基础，根据学科是否侧重于信息技术与人文学的融合度可以对数字人文做出不同界定。通过上述特征，将数字人文界定为具有跨学科、合作、社会参与、全球化、时机与适当性的一门学问较为合理[8]。

总言之，在数字人文学科中，有必要优先考虑跨学科融合研究计划的开发与教育，打破学科之间的界限，并利用信息技术获得新的研究领域或方法，进而将其作为一种新方法进行研究。

2.2 数字人文教育的变化和核心

随着数字人文的发展，相关教育计划和教学方法的讨论与研究也备受关注。Terras 强调了对数字人文或者人文学计算机教育研究的重要性和实用性，并且将数字人文作为"学习的核心理论和技术"[1]。Spiro 自 2006~2011 年开展了数字人文计划的研究，收集并分析了 134 个英语教学大纲[9]。研究结果显示，数字人文教育计划中仅有一部分提供数字人文学专业（16 个，11.9%），而大部分课程都是在英语、历史、媒体、图书馆和信息科学、计算机科学、修辞学、视觉、传播学、人类学和哲学等多个学科中运用。针对教学大纲中提出的关键术语进行分析结果显示，它们具有讨论、统计、编程、演示、可访问性、可持续性和算法等共同点。此外，对于数字人文教育课程的研究，有社区大学的课程[10]、人文学院的教学课程[11]、研究生院的课程[12]、图书馆和文献信息学的教学课程[13]、图书馆内的课程等正式学位课程[14]。

针对数字人文学研究的重要支撑，Burdick 等列举了三个主要因素：技术、智能和管理[2]。技术因素包括数据类型和文件格式知识、数据库知识、XML 结构化数据、元数据标准、脚本语言（软件描述语言）、GIS、虚拟仿真工具、内容管理与生产平台、界面设计与移动设计、API（application programming interface，应用程序编程接口）、定制技术等。智能因素将多元文化交流、富有创造性的想象力、重复性与横向思维视为重要力量。此外，管理因素将知识产权管理（版权）、机构管理（人力和物力管理）、资源可持续性、资金提供与保存作为核心力量。针对数字人文教育计划要解决的核心能力，Locke 指出了四种要素的重要性[15]。第一是信息素养（information literacy）。为了执行数字人文教育计划和项目探索信息，信息素养教育对于提高评估和理解信息的能力尤为重要。美国图书馆协会将信息素养定义为丰富的功能集，是信息的使用者兼信息的创造者，使学生可以成功参与共同作业空间。第二是数字素养。在理解媒体的技术原理和理论深度时，数字媒体的生产与消费较为重要。因此，数字素养被视为研究和利用数字媒体产生数字人文的重要力量。美国图书馆协会将数字素养定义为使用信息和通信技术查找、理解、评估、生成和传达数字信息的能力。第三是数据素养。鉴于数字人文研究中普遍使用开放数据和大数据，因而需要具有访问、修改、操作、严格评估和共享数据的能力。第四，计算机分析能力非常重要，包括文本挖掘、网络分析、GIS 和 Web 映射与 3D 建模，并利用计算机辅助数字人文研究的探索。

Mackey 和 Jacobson 提出了元文学（meta literary）在数字人文教育方面的能力，并指出需要扩大在数字环境中共同生产和共享信息的能力[16]。在数字时代元文学对于培养批判性思维和协作能力具有积极意义，并为有效吸引社交媒体和在线社区提供了全面架构。Clement 在一项针对大学数字人文教育的元文学研究中也提到了项目学习在数字人文中的重要性[17]。在 21 世纪本科教学中，元文学学习至关重要，即学习如何与媒体打交道，学习如何生产知识及学习这些能力等。相反，数字人文教育计划旨在帮助大学生学习数字媒体对社会的贡献。

Spiro 提出了数字人文教育的模型，认为其在获取数字人文研究人员所需的知识和技能上缺乏灵活性，并提出了一个包含四个要素的教育计划[5]。第一，网络学习本身存在技术与文化上的内在联系，学习者通过连接在线网络参与学习。第二，为了有效开展数字人文课程，开放和灵活运用社区公开课程和内容，以使教育工作者可以共享创新成果，而不必付出过多时间来开发教育资源。第三，教育计划侧重于数字人文，弥补人文学科内容和技术方法论的不足，强化制作者和理论专家对技术的理解。第四，提出了通过授予课程结业证书来替代授予学位的方案，如硕士学位或者博士学位。

3 美国大学数字人文教育计划的实践基础

3.1 文献信息学科的数字人文教育计划

3.1.1 印第安纳大学

2017 年以来，印第安纳大学已在研究生硕士学位课程中开设了"digital humanities"专业课程。该课程可以作为双专业课程，若要完成该课程，需要事先获得其他人文学硕士学位和文献信息学硕士学位。其次，为了完成本课程，学生必须修满 18 学分。必修课程为 digital humanities，capstone project 1、2。此外，还应当在文献信息学和其他学科修满 9~12 学分，文献信息学科开设 information policy、computer-mediated communication、big data analytics for web and text、information vilsualization、digital publishing standards and systems、metadata, ontologies 等。另外，还可以选修 introduction to virtual heritage、advanced topics in virtual heritage 等其他学科的课程[18]。

3.1.2 普拉特学院

普拉特学院（Pratt Institute）的数字人文学课程属于信息学科的专业课程，开设目的旨在支持大学图书馆和文化遗产机构中数字人文研究、教育和专业活动，培养信息专业人员。为了完成本课程，需要获得人文或者文献信息学硕士学位。其中必修课程包括 digital humanities、advanced projects in digital humanities。若要选修 contexts、digital content、research、user experience（UX）、special topics 等课程，需要事先在 management of archives and special collections、research design & methods、academic libraries and scholarly、data analysis、visual resources management、information visualization、programming for cultural heritage、rare books & special collections 中选修 6 学分[19]。

3.1.3 密苏里大学

密苏里大学的数字人文学课程是在信息学科和教育学科中提供跨学科的硕士和博士学位课程。该课程由 2 名教授构成的委员会负责，指导教授一般由人文学、社会科学或者其他专门领域（如英语、罗曼史语言、古典、历史、社会学、计算机科学、图书馆及信息科学、新闻）的教授和一名信息学院（information school，iSchool）教授构成。该课程需要修满 12 学分的必修课程，必修课程包括 digital humanities & information、organization of information，共 6 学分。文献信息学科开设了 game design & evaluation、designing 3d virtual environments、mobile app development、intermediate web development、information visualization、introduction to archives management、usability of information systems & services 等课程。此外，在其他学科可以选修 using infographics、introduction to geographic information system 等课程[20]。

3.2 人文学与其他学科数字人文教育计划

3.2.1 北卡罗来纳州立大学

北卡罗来纳州立大学的数字人文学教育在人文与社会学院开设。选修该课程应事先获得硕士学位和博士学位或者是硕士、博士学位在读。此外，人文与社会学院还与国家人文学中心、杜克大学、北卡罗来纳大学（教堂山）联合运营该课程，也可以通过以上三所大学的数字人文学课程修满学分。该课程须修 12 学分，提交 context、training、applied project 等三个主题报告。context 包括过去、现在和未来的数字人文研究，讲授和学术职业的问卷调查；training 包括学习程序设计或者语言、设计软件、接口协议、项目管理或者其他与媒体相关的实习、在媒体平台或者计算实习中学习实习经验。其中 applied project 是在参与数字人文课程的教授指导下开发研究项目。此外，在英语学科开设 verbal data analysis、studies in composition and rhetoric、studies in linguistics：laboratory and computational tools 等；在历史学科开设 the theory and practice of digital history、spatial history 等；在计算机工学科中开设 digital modeling、advanced visual laboratory 等；在艺术设计学科中开设 new literacies and media、teaching and learning with digital video、advanced multimedia design and applications in instruction 等[21]。

3.2.2　加利福尼亚大学（洛杉矶）

2011 年起，加利福尼亚大学（洛杉矶）已开设数字人文学课程，包括本科生和研究生学位课程，学习内容是制作数字人文计划摘要、数据评论、项目文档和最终网站形式的文档，以及进行计划协作。完成该课程须修 15 学分，本科阶段的必修课程有 introduction to digital humanities、special topics in digital humanities；研究生阶段的课程有 core seminar in digital humanities、graduate capstone seminar。此外，学生在每个学期选修 3 门任选课。例如，本科生任选课程 coding for humanities、3d modeling representing the ancient city、architectural reconstruction broadway、literary texts and literary languages：strategies of analysis and digital tools 等。研究生任选课程 user experience design、information & visualization，human/computer interaction 等[22]。

3.2.3　北卡罗来纳大学（教堂山）

北卡罗来纳大学（教堂山）的数字人文研究院对艺术与人文社会科学以及新闻学、教育学、信息与图书馆学、公共卫生学等专业研究生和非学位学生开放。若完成该课程，在数字人文学课程中学生必须至少完成 3 门课程（9 学分）和教授指导下的现场实习课程（1 学分）。学生可以在杜克大学和北卡罗来纳州立大学承认的数字人文研究生院中完成课程。digital humanities field experience agreement 是必修课程，除此之外，在艺术、人文和社会科学中开设了 digital humanities/digital American studies、anthropological applications of gis、motion graphics、special effects and compositing、data structures、technologies of literary production、information visualization 等[23]。

3.3　数字人文中心和图书馆的教育计划

3.3.1　内布拉斯加大学数字人文研究中心

2016 年以来，内布拉斯加大学数字人文辅修专业学制、研究生院结业证项目一直由人文学科数字研究中心（Center for Digital Research in the Humanities，CDRH）、图书馆、艺术大学共同运作。该中心由人类学、艺术与美术史、古典与宗教研究、英语、历史与图书馆等领域人员构成。在本课程中，目标是批判性学习参与数字媒体的方法，并学习用于研究、分析和出版的数字技能。数字人文辅修专业学制须修 18 学分，必修课程包括 being human in a digital age、digital humanities practicum 等，共计 6 学分。除此之外，还开设 visualizing the ancient city、introduction to digital humanities、digital heritage tools、digital archives and editions、gis in archaeology、digital animation 等课程。数字人文的研究生课程须完成 12 学分，且必修两门课程：digital humanities practicum、interdisciplinary reading seminar in digital humanities。此外，还应当在以下课程中完成 6 学分，即 digital heritage tools、video storytelling、seminar in digital history、visualizing the ancient city、advanced topics in digital humanities、interdisciplinary reading seminar in digital humanities[24]。

3.3.2　康奈尔大学

康奈尔大学图书馆举办数字人文教育计划的研讨会，并为学生提供奖学金。康奈尔大学图书馆提供了多种学习机会，包括跨学科协作小组、个人咨询、课堂整合课程和讲座系列。尤其是，康奈尔大学的Olin图书馆运营的"digital coLab"，提供用于合作、共同学习、探索的空间，以及大型演示屏幕、带有Click Share的大型演示屏幕，OCR，映射，统计分析和XML的专用软件等。digital humanities scholarship计划的运营者由English literature，textual analysis，audiovisual production，digitization，preservation of time-based media等专业人员构成。面向硕士研究生的讲习班计划由针对人文学博士研究生的集中计划、summer graduate fellowship in digital humanities、同龄人小组学习（计算机文本分析、地图绘制和数字人文合作）等构成。每年1月，为人文学博士研究生提供集中授课，主要为参与者提供技术、工具和培养其研究技能，以使其成为更有能力的研究人员。参与者学习文件与信息管理、著作权管理、主题研究、存档的相机使用、图像搜索、数据可视化、文本挖掘和开放获取发布等一系列动手和小组讨论。另外，每年6~7月举行夏季研讨会，通过研讨会、阅读、讨论和独立项目，为参与数字人文的研究生提供一个小型的跨学科课程[25]。

3.3.3　耶鲁大学数字人文实验室

2015年以来，为了人文学研究和教育的发展，以耶鲁大学图书馆为中心运营的数字人文实验室（digital humanities laboratory，DHLab）获得诸多援助而成立。除耶鲁大学图书馆外，该中心还与统计研究所、GIS服务、区域和人文研究所、教育和学习中心、合作艺术与媒体中心、耶鲁研究计算中心、耶鲁工程创新与设计中心、文化遗产保护研究所等合作。合作内容包括基于人文学者的原始数据开发，建立概念证明及实验的体系，研究项目应用程序流程及技术实现，通过外部资源、咨询、教育和邀请演讲构思早期数码人文学项目和对现有项目的新方向支持，文本数据整合，图像计算，支持空间分析和网络分析四个主要领域，开发开放源代码软件，支持人文主义研究和收集规模分析多种方式研究等。DHLab的教育计划由博士后研究人员、数字人文教育的高级研究人员、执行委员会构成，讲习班课程包括data visualization、maps、graphs & data，intro to digital humanities：texts、spaces、networks、maps、graphs & data等[26]。

3.3.4　杜克大学数字人文研究院

杜克大学数字人文研究院为数字人文计划、空间与活动提供支持，并探索通过研讨会和教育活动来收集、分析、解释和展示人文技术的解决方案。尤其是，为了学生教育，创建研究生院结业证课程与学位课程。教学课程则与大学和研究生院的课程相联系而运营，在信息科学研究项目中开设本科和研究生结业证课程；在数字艺术历史和计算机媒体项目中有硕士研究生学位；在电子媒体、艺术与文化学科中运作博士学位项目。该计划的授课由艺术学、人文学、社会科学、科学与工程学等领域专业人员构成，信息科学研究项目提供信息技术理论和项目实际工作相结合的本科和研究生证书。本科生可以通过参与信息、社会和文化及与其他主题有关的各种跨学科研究和项目来完成本课程。在数字艺术史/计算媒体课程中，需要在18个月内完成艺术、历史与视觉研究的硕士课程；电子媒体、艺术和文化博士学位课程，需要完成艺术、美术史与视觉研究、文学项目与人文学研究所赞助的学科博士课程与数字博士学位论文[27]。

3.3.5　南卡罗来纳大学数字人文中心

南卡罗来纳大学的数字人文中心由艺术科学学院的英文教授David Leery Miller于2010年设立，并受国家科学财团（National Science Foundation）支持。至今，已经举办了40多次数字人文学相关的讲座与研讨会。此外，该中心还与博物馆、图书馆、U.S.South Initiative 等机构合作，致力于数字人文项目的实施。该中心由各种专业的人员组成，包括哲学与语言、数字图书、视觉艺术与设计、文学、文化、稀有与特殊珍藏、生物技术、计算机科学与工程、电影与媒体、历史学等。2015年以来，该中心一直开设各种课程，具体如下，modeling literary history：the enlightenment、writing with sound、research methods in digital humanities、the digital archive and the literary annual、digital literary studies 等，workshop（工作坊）有 social network analysis、geographic information science workshop、prototyping the past、digital humanities grant development workshop、social network analysis institute、GIS institute、digital technology in the humanities classroom、TEI（text encoding initiative）workshop 等[28]。

4 美国数字人文教育计划的分析

通过表1和表2可以发现，针对数字人文教育计划，在以大学和研究生院为中心的研究中，大部分是以文献信息学、人文学和社会科学等学科为中心运营，并且2010~2015年数字人文的研究备受热议。通过对上述事例的分析，以文献信息学科为中心的数字人文教育计划主要是以研究生为对象而实施，且许多数字人文教育计划要求具有文献信息学和人文学等硕士学位。担任教育计划的教授阵容大部分是由运营该项目的基本成员及其他人员（人文学、社会科学）合作组成，该课程的必修课程主要包括数字人文概论和数字人文项目、实践等。此外，文献信息学本身的课程如下：文本分析、数据挖掘、可视化、建模与模拟、地理空间与制图、多媒体故事设计、信息设计、网络分析、接口设计等信息复读、数字化素养和数据复读相关的教育课程。

表 1　大学与研究生院教学计划

专门组织	教学计划内容	特征
印第安纳大学（department of information & library science）	必修课程：digital humanities、capstone project 1，2；此外，在文献信息学与其他学科选修 9~12 学分	需要事先获得人文学硕士和文献信息学硕士学位；总 18 学分
普拉特学院（school of information）	必修课程：digital humanities、advanced projects in digital humanities；此外，在 contexts、digital content、research、user experience（Ux）、special topic 等主题中选修 6 学分	需要事先获得人文学或者文献信息学硕士学位；总 12 学分
密苏里大学（school of information science & learning technologies）	必修课程：digital humanities & information、organization of information；此外，文献信息学选修 6 个学分	总 12 学分，已修数字项目；该数字项目由 2 名教授指导
北卡罗来纳州立大学（college of humanities and social sciences）	总 12 学分；可以在北卡罗来纳州立大学以外的北卡罗来纳大学（教堂山）、国家人文中心、杜克大学的人文学与文献信息学中选修	与外部三所大学合作开设；事先获得硕士和博士学位或者在读硕士与博士
加利福尼亚州大学（college of humanities）	大学必修课程：introduction to digital humanities、special topics in digital humanities；研究生院必修课程：core seminar in digital humanities、graduate capstone seminar	在大学辅修专业课程与研究生院（硕士学位或者结业）开设；在研究院课程中制作数字研究组合
北卡罗来纳大学（教堂山）（college of arts &sciences）	必修课程 9 学分+野外课程 1 学分；必修课程：digital humanities field experience	digital innovation Lab 内的项目；认证与杜克大学、北卡罗来纳州立大学学分互换

表 2　以数字人文中心与图书馆为主的教学计划

专门组织	教学计划内容	特征
内布拉斯加大学 digital research in the humanities	研究生院必修课程：digital humanities practicum、interdisciplinary readings in digital humanities；此外，必修 6 学分	department of english 开设；已修研究生院 12 学分；已修大学辅修专业 18 学分
康奈尔大学图书馆 digital humanities scholarship	humanities and social sciences doctoral student immersion program；summer graduate fellowship in digital humanities；mapping geospatial analysis & data visualization	康奈尔大学图书馆开设

续表

专门组织	教学计划内容	特征
耶鲁大学数字人文 Lab	data visualization、maps、graphs & data、intro to digital humanities；texts、spaces、networks、maps、graphs & data 等	耶鲁大学图书馆主管；提供最新数字人文理论与方法的图书馆资源服务
杜克大学 digital humanities initiative	开设课程：data and visualization services、digital scholarship services、OIT 等	与 Trinity College of Arts and Sciences、Duke libraries 合作运营
南卡罗来纳大学 center for digital humanities	开设课程：digital history、gis for social sciences and humanities、digital media practice	与 College of Arts and Sciences 和其他学科共同开设

　　如表 3 所示，以人文学与社会学为中心的数字人文教育计划通过各种方式运营，包括本科（辅修专业）和研究生院（硕士、博士）课程和结业证课程。该教育计划的内容不同于以文献信息学为基础的数字人文教育计划，其中涉及人文学和社会学相关课程的完成（进修），而对于数字人文研究方法论、信息复读、数字化素养及数据复读相关的课程和文献信息学、计算机工学等，则与其他学科和机构合作运营。

表 3　数字人文教育计划的类型与管理现况

机构名称	教育类型					管理		
	工作坊	学位课程		结业证课程		学科	图书馆	中心与研究所
		本科	研究生院	本科	研究生院			
印第安纳大学			○			○		
普拉特学院					○	○		
密苏里大学					○	○		
北卡罗来纳州立大学					○	○		
加利福尼亚大学（洛杉矶）		○			○	○		
北卡罗来纳大学（教堂山）					○	○		
内布拉斯加大学		○			○	○		○
康奈尔大学	○						○	
耶鲁大学	○						○	
杜克大学					○	○	○	
南卡罗来纳大学	○					○		○

注：○表示有数字人文教育计划

　　以大学图书馆和数字人文中心为主的数字人文教育计划的运营内容、方式及范围与大学课程不同。该计划的运营内容大部分是专注于开发人文学的原始数据、生成概念证明与实验的体系、研究项目的应用程序和技术实施。通过外部援助、商谈、教育和邀请讲座为初期数字人文计划提供思路和为已有项目提供新的指导，支持文本与数据挖掘、图像计算、空间分析和网络分析。不仅如此，也在为数字人文项目研究提供整体支持服务，包括开发开源软件，以支持新型、可访问的馆藏结构分析方法。此外，大学图书馆和数字人文中心是以帮助研究员建立、管理、完成数字人文项目为目的，通过对人文学专业的研究员进行教育，使他们了解选择数字人文计划时要考虑的问题，即研究问题、研究数据的定义与分析方法、项目最终目的、研究期间、研究的运作方法等。大学图书馆和数字人文中心的教育计划大部分是以 workshop 和结业证课程为中心，且本文调查的大学图书馆和数字人文中心均是专门的组织或机构。再者，组成人员除传统图书馆员之外，还有人文学和社会科学学科的教授、信息技术专家（数据管理员、数据科学家、数据顾问和数据策展专家）等。本文分析的数字人文教育计划内容是以数字人文基础课程、人文学内容课程和 Locke 提出的数字人文复古为基础，其中人文复古分为信息素养、数字素养、数字与计算分析素养[15]，归纳起来如表 4 所示。

表 4　数字人文教学计划内容

教学计划内容		教学计划提供机构
数字人文基础	数字人文入门	印第安纳大学、普拉特学院、密苏里大学、加利福尼亚大学（洛杉矶）、北卡罗来纳大学（教堂山）、内布拉斯加大学、耶鲁大学
	数字人文实习（课题）	印第安纳大学、普拉特学院、密苏里大学、北卡罗来纳州立大学、加利福尼亚大学（洛杉矶）、北卡罗来纳大学（教堂山）、内布拉斯加大学
	数字人文理论	加利福尼亚大学（洛杉矶）、内布拉斯加大学、杜克大学、北卡罗来纳大学（教堂山）、南卡罗来纳大学
	数字人文方法论	北卡罗来纳大学（教堂山）、康奈尔大学、耶鲁大学、南卡罗来纳大学
人文学目录	历史	密苏里大学、加利福尼亚大学（洛杉矶）、北卡罗来纳大学（教堂山）、杜克大学
	人类学	加利福尼亚大学（洛杉矶）、北卡罗来纳大学（教堂山）
	文学	北卡罗来纳州立大学、加利福尼亚大学（洛杉矶）、北卡罗来纳大学（教堂山）、杜克大学、南卡罗来纳大学
	艺术	加利福尼亚大学（洛杉矶）、杜克大学
信息素养	信息组织与分类	印第安纳大学、普拉特学院、密苏里大学、加利福尼亚大学（洛杉矶）、北卡罗来纳大学（教堂山）、耶鲁大学、杜克大学、南卡罗来纳大学
	信息政策、伦理、知识产权	印第安纳大学、普拉特学院、密苏里大学、北卡罗来纳大学（教堂山）
	图书馆、博物馆、美术馆	印第安纳大学、普拉特学院、加利福尼亚大学（洛杉矶）、杜克大学
	使用者经验	密苏里大学、北卡罗来纳州立大学、加利福尼亚大学（洛杉矶）、北卡罗来纳大学（教堂山）、内布拉斯加大学、普拉特学院
数字素养	数字历史	南卡罗来纳大学、北卡罗来纳州立大学、北卡罗来纳大学（教堂山）、康奈尔大学
	数字媒体实习	南卡罗来纳大学、加利福尼亚大学（洛杉矶）、北卡罗来纳大学（教堂山）、杜克大学
	数字目录	印第安纳大学、普拉特学院、密苏里大学、加利福尼亚大学（洛杉矶）、北卡罗来纳大学（教堂山）、内布拉斯加大学、南卡罗来纳大学
	媒体组织与运用	密苏里大学、北卡罗来纳州立大学、加利福尼亚大学（洛杉矶）、北卡罗来纳大学（教堂山）、康奈尔大学、耶鲁大学、南卡罗来纳大学
	计算机通信、云计算、APIs	印第安纳大学、普拉特学院、北卡罗来纳州立大学、北卡罗来纳大学（教堂山）、耶鲁大学、杜克大学
	数字教育	密苏里大学、北卡罗来纳州立大学、耶鲁大学
数字与计算分析素养	编码、数据分析与挖掘	印第安纳大学、普拉特学院、密苏里大学、耶鲁大学、杜克大学、加利福尼亚大学（洛杉矶）、北卡罗来纳大学（教堂山）、内布拉斯加大学、康奈尔大学、耶鲁大学、南卡罗来纳大学
	GIS 与网络制图	普拉特学院、北卡罗来纳州立大学、康奈尔大学、耶鲁大学、南卡罗来纳大学、康奈尔大学
	数据视觉化、故事图（story map）	印第安纳大学、普拉特学院、密苏里大学、北卡罗来纳州立大学、加利福尼亚大学（洛杉矶）、北卡罗来纳大学（教堂山）、康奈尔大学、耶鲁大学、杜克大学
	编程、电竞游戏	普拉特学院、密苏里大学、北卡罗来纳州立大学、北卡罗来纳大学（教堂山）、内布拉斯加大学、康奈尔大学、耶鲁大学
	网络分析、3D 建模、信息图	密苏里大学、北卡罗来纳州立大学、加利福尼亚大学（洛杉矶）、北卡罗来纳大学（教堂山）、内布拉斯加大学、耶鲁大学、南卡罗来纳大学

　　如上，通过对以大学、高校图书馆与数字人文中心为对象的数字人文教育计划的分析，结果发现以下特征与差异。

　　首先，以大学为中心的教育计划是以各学科的核心课程为主，并与其他学科结合，进而全面地完成人文学和数字技术相关的课程。数字人文计划不是作为一个完全的学位课程来运营，大多数课程是作为研究生结业证课程来运营。为此，大多数机构要求事先获得图书馆学、信息学和人文科学学位。虽然数字人文教育计划可以通过大学对数字人文进行系统集中的教育，并获取新的理论与方法，但存在局限性，即在实际运用新方法论的同时缺乏直接参与研究的机会。

其次，为了数字人文学专业的深入研究，大部分数字人文中心与大学、图书馆合作，并以大学教授和博士后研究员等为中心运营教育计划，而该计划提供 workshop 或者结业证课程。相比于本机构的独立运作，选择与其他机构合作对该中心或研究所的运营至关重要。数字人文中心通过与大学合作可以充分利用大学教育的理论与方法论、大学图书馆信息组织与活动等。

最后，大学图书馆的教育计划以大学和研究生院的所有专业学生为对象，并积极进行资金援助。教育计划的内容不是理论驱动教学，而是一个问题驱动教学，且在准备数字项目时需考虑研究问题、研究数据的定义与分析方法、项目的最终目的、研究期间、研究的方法等，并将重点放在数字人文项目的实践上。此外，大学图书馆可以借此有效地设计、管理和建设项目，且现行大学图书馆的教育计划也反映了这一数字人文学的融合。从目前呈现的案例来看，数字人文教育开发是以综合的社区（community）为基础，并与大学内的机构协作来运行，借此来传达数字人文的开放、创作、实践等核心价值。

总之，相比于其他机构，大学的文献信息学与大学图书馆在数字人文学教育的内容与对象研究上较为全面。对此，这可以从图书馆与文献信息学领域上存在相似性中找到缘由。文献信息学和数字人文均将焦点放在了记录的信息、文件的研究与执行上。从广义上来看，两门学科是对所有记录知识存储空间的概括、压缩。此外，以使用广泛意义上的"文件"为对象，两门学科均被视为"信息科学"[29]。因此，具有如文献信息学一样的融合性学科掌握了对内容与格式、边界知识与技术系统的新教育计划需求，并以此在文献信息学或者大学图书馆开设与数字人文相关的教育计划。尤其是在数字人文教育计划中，大学图书馆的新功能备受关注。大学图书馆以开发数字素养能力，支持灵活运用数字技术的研究，并以各种专业学生为对象开展数字人文教育计划，这也对大学图书馆的作用提出了新要求。为此，有必要对图书馆员在文献信息学专业中的作用进行研究。

5　结语

近年来，随着国内外对人文学内容和数据信息技术利用的关注程度不断提高，大学、研究中心、图书馆领域也开始讨论如何处理并使用和服务人文学的内容、数据，并且大学和图书馆也在积极适应社会需求与学术交流系统的变化。目前，不仅在美国，欧洲和其他国家也正在实施有关数字人文学的研究支持和政策，在中国，其关注度也在逐渐提高。因此，中国也有必要从大学、研究中心及图书馆的层面对数字人文学教育进行积极应对。基于这一背景，本文分析了与数字人文学教育计划有关的先行研究，并选择教育课程和资助服务较为活跃的美国大学、研究中心及图书馆进行案例分析，通过分析得出，它对我国国内数字人文学教育具有以下几点启示。

第一，在数字人文教育计划的制度性层面，制订数字人文教育计划的目标与使命是首要任务，同时将国内数字人文学计划的背景与成果的适用直接或间接地与文化内容连接起来，通过数字技术将人文学科可视化为文化内容的来源。这种背景下，应当避免因工业用途而掩盖数字人文计划项目。此外，不断地对数字时代的人文学进行检讨。如果坚持以成果为中心的数字人文学，那么数字人文学的含义与价值可能会受到质疑。相反，如果数字人文学能够自给自足，且研究成果在相关机构支持下传播，那么它就可以成为传统人文学与应用人文学的纽带，进而促进各领域文化之间的联结，这也会为未来我国数字人文学的发展提供一个机会。

第二，在数字人文计划研究与教育层面，应当将重点放在数字人文学计划如何开展，以及通过什么方式进行教育，即数字人文教育计划的发展模式上。如上所述，本文的研究对象大学、数字人文学中心和大学图书馆均得到了美国政府的拨款和其他机构的支持，形成了专门从事数字人文学教育和研究的专业组织，并提供了丰富多样的服务。尽管国内机构不能完全提供数字人文学教育计划相关的服务和基础设施，但可以为今后教育计划的展开提供指导方向。由于数字人文学计划具有学制、合作的特性，因此需要为该计划提供灵活的空间、信息资源与制度、策划与保存信息等。总之，大学图书馆为数字人文教育提供专门的教育空间，且拥有实力雄厚的数字人文研究员，而数字人文教育计划也借此参与教育，且充分利用图书馆资源进行数字人文教育及教育项目的发布、维护等。大学图书馆的数字人文教育优势具体如下：研究员可以正式通过体系性集中教育来参与数字人文学科的研究，以尝试新方法。此外，若原教育计划课程的提供是以单一学科为基础，而以大学图书馆为中心的数字人文学教育提供了依托于专业机构和社区的课程，并灵活组织和运用信息，以此加强更具开放性和网络化的教育计划。强化数字素养和支持基于数字技术的研究已成为大学图书馆的新课题，为此，图书馆应当在数字人文学教育中发挥核心作用。此外，还应当积极考虑在图书馆和文献信息学科中开发人文学教育课程，以培养运作该计划的专家。

第三，在数字人文计划实施运用层面，从美国数字人文学教育计划的实践来看，人文学领域的研究生院教育深受数字人文学的影响，且越来越多集中在数字化、归档、数据库构建、元数据和组织架构等。若上述过程是以数字方法论进行的数字人文研究，那么大数据和用于大数据分析的语料库，以及存在于其中的文本、元数据语料库或数据之间的语料库可以通过自我分析，尝试对各种数字方法进行研究，如大数据分析和语料库分析，试图通过这些方法诠释大量信息的内涵，进而促进对实际结果的研究。除此之外，还应当加强数字人文教育计划服务队伍建设，重心放在技能与交叉培训上。

参 考 文 献

[1] Terras M. Disciplined：using educational studies to analyse "Humanities Computing" [J]. Literary and Linguistic Computing，2006，21（2）：229-246.

[2] Burdick A，Drucker J，Lunenfeld P，et al. Digital Humanities[M]. Cambridge：The MIT Press，2012.

[3] Berry D，Fagerjord A. Digital Humanities：Knowledge and Critique in a Digital Age[M]. Cambridge：Polity，2017.

[4] Honn J. A guide to digital humanities：values methods[EB/OL]. https://web.archive.org/web/20150919224700/，2019-11-14.

[5] Spiro L. This is why we fight：defining the values of the digital humanities[C]//Gold M K. Debates in the Digital Humanities. Minneapolis：The University of Minnesota Press，2012：16-35.

[6] Presner T. Digital humanities 2.0：a report on knowledge[C]//Bailar M. Emerging Disciplines. Houston：The Rice University Press，2010：63-86.

[7] Higgins S. Digital curation：the emergence of a new discipline[J]. International Journal of Digital Curation，2011，6（2）：78-88.

[8] Schnapp J，Presner P. Digital humanities manifesto 2.0[EB/OL]. http://www.humanitiesblast.com/manifesto/Manifesto_V2.pdf，2019-12-15.

[9] Spiro L. Knowing and doing：understanding the digital humanities curriculum[EB/OL]. https://digitalscholarship.files.wordpress.com/2011/06/spirodheducationpresentation2011-4.pdf，2019-12-01.

[10] McGrai A B. The "whole game"：digital humanities at community colleges[C]//Gold M K，Klein L F. Debates in the Digital Humanities 2016. Minneapolis：The University of Minnesota Press，2016：16-31.

[11] Alexander B，Davis R F. Should liberal arts campuses do digital humanities? Process and products in the small college world[C]//Gold M K. Debates in the Digital Humanities. Minneapolis：The University Of Minnesota Press，2012.

[12] Selisker S. Digital humanities knowledge：reflections on the introductory graduate syllabus[C]//Gold M K，Klein L F. Debates in the Digital Humanities 2016. Minneapolis：The University of Minnesota Press，2016.

[13] Senchyne J. Between knowledge and metaknowledge：shifting disciplinary borders in digital humanities and library and information studies[C]//Gold M K，Klein L F. Debates in the Digital Humanities 2016. Minneapolis：The University of Minnesota Press，2016：368-376.

[14] Rosenblum B，Frances D，Tami A，et al. Collaboration and co-teaching librarians teaching digital humanities in the classroom[C]//Hartsell-Gundy A，Braunstein L，Golomb L. Digital Humanities in the Library：Challenges and Opportunities for Subject Specialists. Association of College & Research Libraries，2016：151-175.

[15] Locke B T. Digital humanities pedagogy as essential liberal education：a framework for curriculum development[J]. Digital Humanities Quarterly，2017，11（3）：116-123.

[16] Mackey T P，Jacobson T E. Metaliteracy：Reinventing Information Literacy to Empower Learners[M]. American Library Association，2014.

[17] Clement T. Multiliteracies in the undergraduate digital humanities curriculum：skills，principles，and habits of mind[C]//Hirsch B D. Digital Humanities Pedagogy：Practices，Principles and Politics. Cambridge：Open Book Publishers，2012：365-388.

[18] Indiana University Bloomingto. Programs：Specialization[EB/OL]. Bloomingto，https://ils.indiana.edu/programs/specializations/index.html，2020-08-15.

[19] Pratt Institute. Academics：school of information pratt institut[EB/OL]. https://www.pratt.edu/academics/information/advanced-certificates/digital-humanities/，2020-09-15.

[20] University of Missouri. Mizzou[EB/OL]. https://missouri.edu/，2020-10-05.

[21] University of South Carolina. Center for digital humanities[EB/OL]. https://www.ncsu.edu/，2020-11-12.

[22] University of California. Programs in digital humanities[EB/OL]. https://dh.ucla.edu/，2020-06-15.

[23] University of North Larolinx at Chapel Hill. Carolina digital humanities | digital innovation lab[EB/OL]. University of North Carolina at Chapel Hill，https://cdh.unc.edu/programs/dh-graduate-certificate/，2020-11-15.

[24] University of Nebraska-Lincoln. Center for Digital Research in the Humanities（CDRH）[EB/OL]. https://cdrh.unl.edu/，2020-11-15.

[25] Cornell University Library. Digital Scholarship[EB/OL]. https://digitalscholarship.library.cornell.edu/，2020-12-01.

[26] Yale University Library. Digital Humanities Lab[EB/OL]. https://dhlab.yale.edu/，2020-12-14.

[27] 唐乐. 耶鲁大学图书馆的数字人文服务实践[J]. 图书馆论坛，2019，39（6）：10-18.

[28] Duke University. Digital humanities[EB/OL]. https://digitalhumanities.duke.edu/，2020-12-22.

[29] Robinson L，Priego E，Bawden D. Library and information science and digital humanities：two discipline，joint future?[EB/OL]. https://www.zenodo.org/record/17969#.XcAcW jMzY2w，2015-05-26.

Practice and Enlightenment of American Digital Humanities Education Program

LIU Weifeng

（Northwest University of Politics and Law，Xi'an 710061，China）

Abstract　The advent of the digital age has brought changes to the traditional academic field，among which a new method of applying digital technology has emerged in the humanities field，namely "digital humanities". At present，many research universities and scientific research institutions in my country have successively launched digital humanities research projects，but they are mainly concentrated in the fields of geographic information system（GIS），digital archaeology and historical building reconstruction，digitization of ancient books，digital literature and art，and text mining. There are still some shortcomings and problems. In view of this，this research focuses on the cases of digital humanities education programs of American universities，digital humanities centers，and university libraries，and analyzes them through empirical research，then from the institutional level，research and education level of digital humanities programs，and the application level provides reference for the development direction of my country's digital humanities education plan.

Key words　digital humanities，education program，university library，digital literacy，digital humanities center

作者简介

刘卫锋（1982—），男，河南项城人，西北政法大学助理教授，人工智能与智慧法治研究院兼职研究员，硕士研究生导师，研究方向为法经济学、人工智能与法等。E-mail：danial60@126.com。

数智化转型背景下的信息管理与信息系统专业交叉与融合

许伟，程絮森，左美云*

（中国人民大学信息学院，北京 100872）

摘　要　本文基于第九届中国系统工程学会信息系统工程专业委员会年会（CNAIS）中主题为"数智化转型背景下的信息管理与信息系统专业交叉与融合"的第七届院长系主任论坛特邀专家分享与讨论内容，回顾了数智化转型背景下信息管理与信息系统专业的发展现状和面临的挑战，提出了新时代背景下信息管理与信息系统专业改革创新与交叉融合的实施路径，最后结合实际案例与研讨内容总结了该专业未来发展的建议。

关键词　数智化转型，信息管理与信息系统，专业改革，学科交叉，人才培养

中图分类号　C931.6

信息管理与信息系统专业院长系主任论坛，作为 CNAIS 的一个重要分论坛，迄今已经举办七届，成为 CNAIS 的一个品牌论坛，每次都能够吸引近百位该专业所在学院院长、系主任和相关专业教师参加，讨论当年的学科热点问题[1]。

2020 年 12 月，国务院学位委员会决定设置"交叉学科门类"，在学科专业目录上进行直接体现，以增强学术界、产业界、社会公众对交叉学科的认同度，为交叉学科提供更好的发展通道和平台。信息管理与信息系统专业（以下简称信管专业）作为典型的交叉学科，如何更好地在数智化转型背景下进行专业改革与创新、课程思政、与其他专业交叉与融合、与其他专业开展双学位/实验班建设等方面的内容，是信管类专业教师十分关注的问题。

2021 年 10 月 16 日，在第九届 CNAIS 年会召开之际，主题为"数智化转型背景下的信息管理与信息系统专业交叉与融合"的第七届院长系主任论坛作为 CNAIS 的会中会，在中国人民大学信息学院副院长左美云教授、经济信息管理系主任许伟教授和程絮森教授等三位联合主席的共同组织下顺利举办。

本次论坛由左美云教授主持论坛主旨报告，程絮森教授主持论坛专题报告，许伟教授主持后续的圆桌论坛，来自国内各高校信息管理与信息系统类专业所在学院的百余位院长、系主任和专业教师参与了本次论坛。首先，在论坛主旨报告环节，合肥工业大学科研院副院长、管理学院原院长梁昌勇教授以合肥工业大学为例，分享了新文科背景下信息管理与信息系统一流专业建设的实践探索；江苏科技大学经济管理学院党委书记王念新教授介绍了行业特色型信管专业人才培养的探索实践；南方科技大学商学院院长黄伟教授结合十年管理学院/商学院工作实际，分享了新商科背景下专业建设的思考与实践。其次，在论坛专题报告环节，中南大学商学院管理科学与信息管理系主任安庆贤教授分享了中南大学信息管理与信息系统卓越班的建设经验；对外经贸大学信息学院副院长华迎教授介绍了数字经济时代信管专业人才培养改革与创新探索；中国地质大学（武汉）经济管理学院管理科学与工程系主任朱镇教授介绍了"嵌

---

* 通信作者：左美云，中国人民大学信息学院教授；E-mail：zuomy@ruc.edu.cn。

入-融合"视角的信管与工程管理协同育人的创新教育改革；华中师范大学信息管理学院副院长卢新元教授介绍了信管专业与大数据专业的交叉与融合；汕头大学商学院企业管理系主任周军杰副教授分享了工商管理专业融入数据分析核心课程的汕大实践。接下来，由西南交通大学互联网+产业创新研究院执行院长、经济管理学院信息管理与电子商务系主任官振中教授、北京工商大学商学院工商管理系主任邓春平教授、北京石油化工学院经济管理学院信息管理系主任彭珍教授和北京语言大学信息科学学院信息管理与信息系统专业负责人赵慧周副教授组成圆桌论坛，就数智化转型背景下的信管专业交叉与融合进行了热烈讨论。在圆桌论坛结束后，来自全国多个高校信管类学科所在学院院长与系主任就数智化转型背景下的信息管理与信息系统专业的交叉与融合问题进行了即席发言和讨论，并提出了相应的未来发展建议。

1 信息管理与信息系统类专业发展背景与面临的挑战

自 1998 年教育部将经济信息管理、科技信息、林业信息管理、信息学与管理信息系统五个专业合并为信息管理与信息系统专业后，该专业已经经过了 20 多年的发展[2]。目前，全国设立相关专业的高校已达六百余所。近年来，互联网、大数据、人工智能和区块链等新一代信息技术的快速发展，对信息管理与信息系统专业原有的课程体系和人才培养模式提出了挑战。同时，国务院学位委员会设置的"交叉学科门类"也对信息管理与信息系统专业的交叉与融合提出了挑战。信息管理与信息系统专业作为典型的交叉学科，如何更好地在数智化转型背景下进行专业改革与创新、课程思政、与其他专业交叉与融合、与其他专业开展双学位/实验班建设等，是信息管理与信息系统专业改革与创新十分关注的问题。

2 信息管理与信息系统类专业改革创新与交叉融合路径

数智化转型背景的冲击和交叉融合的专业特色导致信管类专业发展在面临机遇的同时也仍然存在着各种挑战。基于本次论坛讨论内容，本文总结出以下信管专业改革创新与交叉融合的实施路径。

（1）信息管理与信息系统专业改革创新。在新技术快速发展的今天，信管类专业可以利用新技术进行转型升级。同时，信管类专业可以结合行业特色，建立具有专业特色和优势的信管类专业。另外，还可以通过设立拔尖人才培养计划实验班重构课程体系，建立创新的人才培养体系。例如，中南大学商学院开设了信息管理与信息系统卓越班，该卓越班以"数据科学与商务分析"为核心，采用小班授课制，鼓励教师创新教学方法，重视课程内容改革，落实学业导师和企业导师的分工合作制度，实践类课程明显增加，取得了明显的效果。又如，江苏科技大学经济管理学院建立具有行业特色的信息管理与信息系统专业，通过校企合作开发行业特色教学资源，结合行业实际制定课程，重构了课程体系，增进学生对行业的理解，提升了学生实践开发动手能力。

（2）管理科学与工程类专业的交叉融合。在大数据时代背景下，管理科学类专业内部进行交叉融合后，可以对原有各专业形成协同效应。例如，中国地质大学（武汉）经济管理学院对信息管理与信息系统专业和工程管理专业的融合进行了教学改革，结合"智慧建造""数字经济""大数据"等新兴行业需求，提出了管科类两个专业"嵌入-融合"的培养机制，结合教学实践进行系列创新，探索了跨专业协同育人机制。又如，华中师范大学信息管理学院对信息管理与系统专业和大数据管理与应用专业进行了交叉融合。在大数据时代背景下信息管理与信息系统专业的目标是培育掌握一定信息管理基础理论和数据分析技术的复合型人才，依托一定的数据分析技术对海量的数据进行分析和处理，为具体的管理决策活动提供支撑。

（3）信管专业与其他专业的交叉融合。信息管理与信息系统专业作为管理与技术相结合的专业，可以汲取其他领域的专业知识，与其他专业形成专业交叉。例如，汕头大学将信息管理与信息系统专业的核心课程融入工商管理和市场营销专业中，加强师资力量建设，完善课程体系，给学生充分的选择权，使教学活动受到了学生的普遍欢迎。

3　数智化转型背景下信息管理与信息系统专业发展建议

数智化转型背景下，信管类专业承担着培养新型人才的任务，面临着难得的发展机遇。本文面向信管类专业目前发展中面临的挑战，结合上文归纳的信管类专业改革创新与交叉融合路径及本次院长系主任论坛特邀专家分享与讨论内容，提出以下促进信管类专业发展的建议。

（1）重视课程思政，持续完善信息管理与信息系统专业人才培养体系。重视"以本为本"与"四个回归"（四个回归，是指教育部建设高水平本科教育和人才培养质量提出的回归常识、回归本分、回归初心、回归梦想）。重视"立德树人"在信息管理与信息系统专业教学中的深度融合，重视课程思政与社会主义核心价值观在信息管理与信息系统专业全过程人才培养中的贯穿。以习近平总书记围绕"培养社会主义建设者和接班人"的一系列重要论述为指导加强课程思政建设，明确学生培养质量标准，规范课程管理程序，加强教学过程管理，形成教学质量持续改进的闭环体系。在新技术快速发展的新时代，不断更新课程体系，在保持信息管理与信息系统专业核心课程稳定的基础上，研发一批与时俱进的新课程，保证信管类专业在相对稳定建设与发展的同时与时俱进。

（2）体现专业特色，结合院校特色与优势学科发展信管专业。由于各个学校具备不同的院校特色和优势学科，因此主要承担着培养某行业与某学科领域内人才的责任。因此，在保持信管专业人才培养体系和核心课程稳定发展的前提下，各院校可从自身特色出发，结合学校优势学科，如工学类、财经类、医学类等，通过交叉融合形成特色专业模块，重点培养具有院校特色的经济管理与信息技术交叉复合特征的信息管理与信息系统专业人才。

（3）重视实践育人，提高信管类专业学生的创新创业能力。利用专业交叉的特点与优势，积极推动学生课外实践活动，建立学生创梦空间，积极推动本科生进实验室开展科学研究。同时，邀请企业管理人员作为企业导师，在了解企业需求的同时宣传信管专业人才的特色优势，加强人才培养与社会企业需求的深层次融合。

（4）促进交叉融合，探索双学位/跨专业协同育人机制。积极探索信管专业人才培养模式的创新，积极探索信管专业作为交叉学科的创新人才培养模式，引领信管专业向培养模式多样化发展。在数智化转型背景下，各学科专业都面临着数据赋能的转型升级需求。把握时代特征，积极面对其他专业转型升级的需求，探索信管专业双学位/跨专业协同育人机制，具有重要的作用和深远的影响。

综上所述，一方面，信管专业要坚守初心，坚持立德树人，围绕信息管理与信息系统专业内涵加强课程思政建设，在新技术驱动下转型升级实现可持续发展；另一方面，信管专业要开放创新，积极与其他专业进行交叉融合，扩大专业和学科影响力。

参 考 文 献

[1] 程絮森, 颜志军, 左美云. 数字化转型背景下的信息管理与信息系统类学科建设[J]. 信息系统学报, 2020, (2): 108-111.

[2] 中华人民共和国教育部高等教育司. 普通高等学校本科专业目录和专业介绍[M]. 北京: 高等教育出版社, 1998: 90-98.

The Multidisciplinary Cross Connection between Information Management and Information System and Related Disciplines in the Context of Digitalization and Intelligent Transformation

XU Wei，CHENG Xusen，ZUO Meiyun

（School of Information，Renmin University of China，Beijing 100872，China）

Abstract　Drawing on the presentation of invited expert and results of discussion in the seventh deans and department chairs meeting with theme of "The Multidisciplinary Cross Connection between Information Management and Information System and Related Disciplines in the Context of Digitalization and Intelligent Transformation" at the Ninth China Association for Information Systems, this paper has reviewed current situation of information management and information system and related discipline in the context of digitalization and intelligent transformation. After that, this paper has claimed that the discipline faces with unprecedented opportunities in the new setting and given the approach for the multidisciplinary cross connection between information management and information system and related disciplines. Finally, this paper summarizes the suggestions about future development of the information management and information system by combining the practical case and the discussion content.

Key Words　Digitalization and Intelligent Transformation，Information Management and Information System，Discipline Reform，Multidisciplinary Cross Connection，Talent Cultivation

作者简介

许伟（1981—），男，中国人民大学信息学院教授，研究方向为信息系统、商业分析、大数据应用等；E-mail：weixu@ruc.edu.cn。

程絮森（1984—），男，中国人民大学信息学院教授，研究方向为共享经济与数字商务、信任及互联网行为、虚拟团队与人机协作等；E-mail：xusen.cheng@ruc.edu.cn。

左美云（1971—），男，中国人民大学信息学院教授，研究方向为智慧医养、医养大数据分析、区块链应用、政府数据治理等；本文通信作者，E-mail：zuomy@ruc.edu.cn。

审 稿 专 家

按姓氏音序排列：

安利平（南开大学）   安小米（中国人民大学）

曹慕昆（厦门大学）   陈福集（福州大学）

陈华平（中国科学技术大学）   陈荣（清华大学）

陈文波（武汉大学）   陈晓红（中南大学）

陈禹（中国人民大学）   陈智高（华东理工大学）

程絮森（中国人民大学）   崔巍（北京信息科技大学）

党延忠（大连理工大学）   邓朝华（华中科技大学）

丁学君（东北财经大学）   董小英（北京大学）

董毅明（昆明理工大学）   杜荣（西安电子科技大学）

方佳明（电子科技大学）   冯海洋（天津大学）

冯玉强（哈尔滨工业大学）   甘仞初（北京理工大学）

高慧颖（北京理工大学）   高学东（北京科技大学）

葛世伦（江苏科技大学）   顾东晓（合肥工业大学）

顾睿（对外经济贸易大学）   郭伏（东北大学）

郭熙铜（哈尔滨工业大学）   郝辽钢（西南交通大学）

胡安安（复旦大学）   胡立斌（西安交通大学）

胡祥培（大连理工大学）   黄京华（清华大学）

黄丽华（复旦大学）   黄奇（南京大学）

黄伟（西安交通大学）   贾琳（北京理工大学）

姜锦虎（西安交通大学）   姜元春（合肥工业大学）

蒋国瑞（北京工业大学）   蒋玉石（西南交通大学）

金悦（对外经济贸易大学）   孔祥维（大连理工大学）

赖茂生（北京大学）   黎波（清华大学）

李东（北京大学）   李红（北京航空航天大学）

李慧芳（中国科学技术大学）   李亮（对外经济贸易大学）

李敏强（天津大学）   李明志（清华大学）

李倩（中国人民大学）   李文立（大连理工大学）

李希熙（清华大学）   李一军（哈尔滨工业大学）

李勇建（南开大学）   梁昌勇（合肥工业大学）

廖列法（江西理工大学）   廖貅武（西安交通大学）

林杰（同济大学）   林丽慧（清华大学）

林志杰（清华大学）   刘春（西南交通大学）

刘登攀（清华大学）   刘盾（西南交通大学）

刘冠男（北京航空航天大学）   刘红岩（清华大学）

刘建国（上海财经大学）   刘鲁（北京航空航天大学）

刘鲁川（山东财经大学）　　　　刘汕（西安交通大学）

刘位龙（山东财经大学）　　　　刘璇（华东理工大学）

刘烨（清华大学）　　　　　　　刘咏梅（中南大学）

刘震宇（厦门大学）　　　　　　刘仲英（同济大学）

卢涛（大连理工大学）　　　　　卢向华（复旦大学）

鲁耀斌（华中科技大学）　　　　陆本江（南京大学）

陆文星（合肥工业大学）　　　　罗城（天津大学）

罗念龙（清华大学）　　　　　　马宝君（上海外国语大学）

马费成（武汉大学）　　　　　　马卫民（同济大学）

毛基业（中国人民大学）　　　　梅姝娥（东南大学）

苗苗（西南交通大学）　　　　　闵庆飞（大连理工大学）

牛东来（首都经济贸易大学）　　潘煜（上海外国语大学）

戚桂杰（山东大学）　　　　　　齐佳音（上海对外经贸大学）

邱凌云（北京大学）　　　　　　裘江南（大连理工大学）

任菲（北京大学）　　　　　　　任明（中国人民大学）

任南（江苏科技大学）　　　　　单晓红（北京工业大学）

邵培基（电子科技大学）　　　　沈波（江西财经大学）

史楠（上海对外经贸大学）　　　宋明秋（大连理工大学）

宋培建（南京大学）　　　　　　宋婷婷（上海交通大学）

苏芳（暨南大学）　　　　　　　孙建军（南京大学）

孙磊磊（北京航空航天大学）　　唐晓波（武汉大学）

童昱（浙江大学）　　　　　　　万岩（北京邮电大学）

王聪（北京大学）　　　　　　　王刚（合肥工业大学）

王昊（清华大学）　　　　　　　王洪伟（同济大学）

王君（北京航空航天大学）　　　王刊良（中国人民大学）

王楠（北京工商大学）　　　　　王念新（江苏科技大学）

王珊（中国人民大学）　　　　　卫强（清华大学）

闻中（北京外国语大学）　　　　吴鼎（清华大学）

吴金南（安徽工业大学）　　　　吴俊杰（北京航空航天大学）

吴亮（贵州师范大学）　　　　　夏昊（哈尔滨工业大学）

肖静华（中山大学）　　　　　　肖泉（江西财经大学）

肖勇波（清华大学）　　　　　　谢康（中山大学）

徐心（清华大学）　　　　　　　徐云杰（复旦大学）

许伟（中国人民大学）　　　　　闫强（北京邮电大学）

闫相斌（北京科技大学）　　　　严建援（南开大学）

严威（中国传媒大学）　　　　　颜志军（北京理工大学）

杨波（中国人民大学）　　　　　杨善林（合肥工业大学）

杨雪（南京大学）　　　　　　　杨彦武（华中科技大学）

杨翼（浙江大学）　　　　　　　姚忠（北京航空航天大学）

叶强（哈尔滨工业大学）　　　　叶青（清华大学）

叶琼伟（云南财经大学）　　　　易成（清华大学）

殷国鹏（对外经济贸易大学）　　于笑丰（南京大学）

余力（中国人民大学）　　余艳（中国人民大学）
袁华（电子科技大学）　　曾庆丰（上海财经大学）
张诚（复旦大学）　　张金隆（华中科技大学）
张瑾（中国人民大学）　　张明月（上海外国语大学）
张楠（清华大学）　　张朋柱（上海交通大学）
张文平（中国人民大学）　　张新（山东财经大学）
张紫琼（哈尔滨工业大学）　　赵建良（香港城市大学）
赵昆（云南财经大学）　　赵捧未（西安电子科技大学）
赵英（四川大学）　　仲秋雁（大连理工大学）
仲伟俊（东南大学）　　周军杰（汕头大学）
周涛（杭州电子科技大学）　　周荫强（香港大学）
周中允（同济大学）　　朱庆华（南京大学）
左美云（中国人民大学）　　左文明（华南理工大学）